AF318707

LE

BUDGET DES CULTES

EN FRANCE

PARIS. — IMPRIMERIE DE CH. LAHURE ET Cⁱᵉ

Rues de Fleurus, 9, et de l'Ouest, 21

LE
BUDGET DES CULTES

EN FRANCE

DEPUIS LE CONCORDAT DE 1801 JUSQU'À NOS JOURS

PAR

CHARLES JOURDAIN

Agrégé des Facultés des Lettres
Chef de division au Ministère de l'instruction publique et des cultes

PARIS

LIBRAIRIE DE L. HACHETTE ET Cie

RUE PIERRE-SARRAZIN, N° 14
Près de l'École de médecine)

—

1859

A SON EXCELLENCE

M. ROULAND

MINISTRE DE L'INSTRUCTION PUBLIQUE ET DES CULTES.

Monsieur le Ministre,

Il y aura deux ans bientôt, vous avez daigné accueillir avec indulgence l'ouvrage dans lequel je venais de retracer les vicissitudes du budget de l'Instruction publique depuis la fondation de l'Université impériale jusqu'à ces dernières années. Votre Excellence me donne aujourd'hui le plus haut témoignage qui pût honorer et récompenser mes travaux, en m'autorisant à publier sous ses auspices le tableau des charges que l'État s'est libéralement imposées durant la première moitié de ce siècle pour la restauration du Culte. Je prie Votre Excellence d'agréer l'expression de ma vive et sincère gratitude. Puisse-t-elle retrouver dans les pages qui suivent quelques reflets des prudentes et généreuses pensées qui l'animent, et dont les deux grands services confiés à sa sollicitude ont déjà si souvent éprouvé les salutaires effets!

Je suis avec le plus profond respect,

Monsieur le Ministre,

de Votre Excellence,

Le très-humble et très-obéissant serviteur,

CHARLES JOURDAIN.

AVANT-PROPOS.

L'accueil favorable que nos études précédentes sur l'histoire financière de l'Instruction publique ont obtenu, nous a confirmé dans le dessein que nous avions de consacrer au budget des Cultes un ouvrage conçu dans le même esprit, rédigé sur des documents analogues, mais offrant peut-être un intérêt plus général.

Notre point de départ est le Concordat de 1801. Nous exposons, suivant l'ordre des chapitres du budget, la progression des dépenses publiques effectuées dans un but religieux, depuis cette époque mémorable jusqu'à la fin de l'année 1856.

L'État, les départements, les communes et la charité privée contribuent aujourd'hui dans des proportions inégales aux charges du culte. La part de l'État, sans contredit la plus considérable, excepté dans quelques centres populeux, est la seule que nous ayons recherchée, parce qu'elle est la seule qui puisse être appréciée exactement. A quel chiffre s'élèvent aujourd'hui les offrandes privées qui forment le casuel des paroisses? A quel chiffre s'élevaient-elles il y a dix ans, il y a vingt ans? Qui le sait et qui pourrait le dire d'une manière certaine? Les documents ont été en partie publiés pour le diocèse de Paris; pour les autres diocèses, il serait à peu près impossible de les recueillir.

Le présent ouvrage n'offre donc pas le tableau complet des ressources pécuniaires dont les différents cultes disposent; il ne fait connaître que le montant et l'emploi des sommes qu'ils ont puisées chaque année dans les caisses de l'État, en vertu des lois de finances. Nous dressons l'inventaire authentique des allocations payées depuis un demi-siècle par le Trésor public, pour les traitements du sacerdoce et l'entretien des édifices religieux. Quant aux donations particulières et aux subventions fournies par les communes et les départements, nous les avons laissées en dehors de ces études.

En compulsant les anciens budgets et les autres documents de comptabilité, nous ne pouvions détourner entièrement notre pensée des circonstances au milieu desquelles l'Église gallicane, abattue pour quelques années par les pouvoirs révolutionnaires, sortie de ses ruines sous le Consulat, tour à tour persécutée, protégée et abandonnée par les gouvernements, a renoué les fils de la tradition, constitué son sacerdoce, relevé ses temples, évangélisé les peuples et servi l'État sans le dominer. Les chiffres sont par eux-mêmes une lettre morte et un signe sans valeur; pour les rendre intelligibles, il faut les rapprocher des faits qui les expliquent; ce n'est qu'ainsi qu'on parvient à retrouver et à suivre, sous les évolutions de la dépense, le mouvement des idées, le développement des institutions, et en dernière analyse, le progrès moral de la société. Lorsque le sujet nous a paru le comporter, nous nous sommes efforcé de vivifier les arides détails de la statistique par le récit des événements qui ont ralenti quelquefois et plus souvent accéléré la progression des charges du Trésor. Ces développements historiques, nous en avons l'espoir, ne nous seront pas reprochés comme une digression inopportune.

5 mars 1859.

LE
BUDGET DES CULTES

EN FRANCE

DEPUIS LE CONCORDAT JUSQU'A NOS JOURS.

CHAPITRE I.

APERÇU GÉNÉRAL DU BUDGET DES CULTES AVANT ET DEPUIS 1789.

Malgré les atteintes profondes que, sous Louis XIV et sous Louis XV, l'autorité royale et les parlements avaient portées à son influence et à ses richesses, l'Église de France était encore, au moment de la convocation des états généraux, l'une des plus florissantes de la chrétienté. Elle comptait pour une population de 24 millions d'habitants, 130 archevêchés et évêchés, près de 600 collégiales et chapitres nobles, 40 000 cures et annexes, plus de 800 abbayes d'hommes, plus de 300 abbayes de femmes qui, en y comprenant les prieurés de leur dépendance, renfermaient 52 000 religieux et religieuses[1]. Des donations dont quelques-unes remontaient à l'origine de la monarchie, et qui s'étaient accrues de siècle en siècle, tant par la munificence des fidèles que par une gestion habile, avaient procuré à tous ces établissements des possessions territoriales dont le revenu net s'élevait, suivant des calculs modérés, à 70 millions. Outre ses biens-fonds, le clergé avait très-anciennement le privilége de percevoir la dîme, c'est-à-dire une part des fruits de la terre, tels que le froment, l'orge, le seigle et l'avoine. Autant qu'on peut en juger, la dîme rapportait en moyenne 80 millions par année, ce qui joint aux produits fonciers, constituait à l'Église de France un revenu d'environ 150 millions[2].

Ces richesses ne formaient pas une masse commune, confiée à une autorité unique, et destinée à être répartie, selon les besoins, entre tous les diocèses. Malgré

1. On trouvera l'état détaillé des archevêchés et évêchés, chapitres nobles, collégiales, cures, annexes, abbayes, etc., dans la *France ecclésiastique* de Duchesne. Nous avons eu sous les yeux l'édition de 1782, Paris, in-12. Cf. Beaunier, *Recueil historique, chronologique et topographique des archevêchés, évêchés, abbayes et prieurés de France*, Paris, 1726, 2 vol. in-4, et l'Almanach royal de 1789. M. J. Desnoyers a donné dans l'*Annuaire historique* publié par la Société de l'Histoire de France, années 1853 et 1859, la *Topographie ecclésiastique de la France pendant le moyen âge et dans les temps modernes, jusqu'en* 1790; mais cet excellent travail, le plus profond et le plus exact qui ait paru sur ces matières, n'est malheureusement pas achevé.

2. « On ne connaît pas exactement la valeur des dîmes ecclésiastiques, » disait le roi, le 18 septembre 1789, dans les observations qu'il présenta sur les votes du 4 août. La même ignorance existait à l'égard des revenus fonciers. J'emprunte les chiffres qui précèdent à la motion de l'évêque d'Autun sur

l'agence générale qui veillait aux affaires ecclésiastiques, et qui, tous les cinq ans, adressait son rapport à l'assemblée du clergé, la centralisation existait moins encore pour le service du culte, que pour les autres branches de l'administration française. Chaque diocèse, chaque paroisse, chaque abbaye avait sa fortune propre et en disposait. Dans une même généralité, dans une même province, les possesseurs de bénéfices n'étaient pas solidaires entre eux, mais vivaient indépendants les uns des autres, chacun usant avec liberté, dans les limites posées par les lois et par les canons, des biens qui lui appartenaient. Il résultait de là sous le rapport des ressources une grande inégalité entre les situations ecclésiastiques ; ici l'opulence, là au contraire le dénûment ; ici des revenus certains et abondants qui permettaient de mener une existence presque fastueuse ; là une rétribution insuffisante et précaire. Le pouvoir royal, d'accord avec l'autorité spirituelle, avait reconnu de bonne heure la nécessité impérieuse de corriger cette choquante disproportion, et d'assurer des moyens d'existence à tous les membres du sacerdoce. Les donations faites au clergé avaient eu toutes pour objet l'entretien du culte et de ses ministres. La dîme surtout n'avait pas d'autre origine que cette vieille et sainte maxime, que le prêtre qui se consacre à l'autel doit vivre de l'autel. Cependant elle

les biens du clergé (octobre 1789). Il est à remarquer qu'ils ne furent pas contestés par l'évêque de Nancy, M. de La Fare, qui s'en fit un argument, au point de vue financier, contre les mesures proposées (12 février 1790). Le rapport de Chasset, au nom du comité des dîmes (9 avril 1790), donne des chiffres un peu plus élevés.

avait été peu à peu détournée de sa destination primitive, et était tombée entre les mains de riches bénéficiers, quelquefois de communautés religieuses, qui se déchargeaient sur des prêtres gagés de toutes les obligations du ministère sacerdotal. Dans un certain nombre seulement de paroisses, elle était restée attachée à la cure et faisait partie des rétributions du curé. Afin d'obvier à l'injustice criante d'un pareil état de choses, on commença, dès le xvie siècle, à fixer un minimum de traitement, ou *portion congrue*, qui fut attribué à tous les desservants délégués pour remplir les fonctions curiales. La portion congrue ne fut d'abord que de 120 livres ; sous Louis XIII, elle fut élevée à 200 ; sous Louis XIV à 300 ; sous Louis XV à 500 ; sous Louis XVI à 700 ; et, au moment de la convocation des états généraux, il était question de la porter encore plus haut[1]. Afin de diminuer leurs charges, quelques bénéficiers avaient imaginé de confier les cures à de simples vicaires, moyennant une modique rétribution fixée de gré à gré ; mais la législation avait encore déjoué ce misérable calcul de la cupidité. L'édit de 1686 disposa que les vicaires qui desserviraient les paroisses pourvues autrefois de curés, recevraient un titre perpétuel ; qu'ils seraient assimilés aux curés, et qu'ils auraient droit aux mêmes avantages. Pour les simples vicaires révocables à la volonté de ceux qui les avaient nommés,

---

1. Voyez le *Rapport de l'Agence contenant les principales affaires du clergé, depuis* 1780 *jusqu'en* 1785, par M. l'abbé de Périgord et par M. l'abbé de Boisgelin, Paris, in-fol., p. 12, et la Déclaration du Roi du 2 septembre 1786, dans les pièces justificatives à la suite du rapport.

2. Déclaration du 29 janvier 1686, pour faire établir des

il fut ordonné qu'ils recevraient un minimum de traitement fixé d'abord à 150 livres, puis à 250, et en 1781 à 350.

Indépendamment de ces obligations qui concernaient les personnes, les biens ecclésiastiques étaient grevés de charges très-lourdes pour tout ce qui tenait à l'entretien des bâtiments et du mobilier consacrés au service du culte.

Les bénéficiers étaient tenus d'entretenir en bon état les églises et autres lieux dépendants de leurs bénéfices. En cas de négligence, ils pouvaient être contraints par voie de justice, et à leur mort, des répétitions pouvaient être exercées contre leurs héritiers. Dans les Églises cathédrales, la dépense concernait le chapitre et l'évêque, après épuisement des fonds de la fabrique; dans les Églises collégiales, elle était supportée par le chapitre seul; dans les palais épiscopaux, par l'évêque. Dans les autres églises, elle était répartie entre la fabrique et le bénéficier laïque ou ecclésiastique qui touchait les fruits de la dîme. Les réparations de la nef, où se tenait le peuple, regardaient la fabrique; celles du chœur, étaient à la charge du décimateur. Celui-ci devait également pourvoir à l'entretien des ornements, quand l'usage des lieux l'y obligeait, ou quand la fabrique était trop pauvre pour supporter la dépense[1].

curez ou vicaires perpétuels en titre dans des paroisses qui sont desservies par des prêtres amovibles.

1. Édit du mois d'avril 1695 sur la juridiction ecclésiastique, articles 21, 22 et 23. Cf. Guy du Rousseau de La Combe, *Recueil de jurisprudence canonique et bénéficiale*, Paris, 1755, in-fol., *verbo* Réparations.

A l'origine, non-seulement l'État représenté par le Roi restait étranger aux frais du culte, pour lesquels, il faut en convenir, les revenus ecclésiastiques suffisaient largement, mais il imposait au clergé, sous des titres divers, des contributions qui atteignaient un chiffre très-élevé. Ainsi le clergé fournissait les fonds pour le payement des anciennes rentes qui provenaient des dettes contractées durant les guerres civiles par Henri III, sous le prétexte que ces dettes avaient eu lieu pour la défense de la religion catholique. En 1775, une contribution de 442 650 livres, qui devait se continuer pendant dix ans, fut imposée à cette fin sur tous les bénéficiers du royaume. Une charge plus considérable était l'impôt appelé *don gratuit*, parce qu'il était demandé par le Roi et accordé tous les cinq ans, comme don volontaire, par les assemblées du clergé; il s'élevait à 16 ou 18 millions; ce qui était l'équivalent d'une redevance annuelle de 3 400 000 livres. Il faut y joindre les subsides extraordinaires que l'Église devait se résigner à payer toutes les fois que les circonstances, comme une guerre, augmentaient les charges publiques. Ainsi à l'occasion de la guerre d'Amérique, 30 millions furent votés en 1780, et un nouveau don de 16 millions en 1782. Quatorze diocèses et les cinq évêchés de la Corse n'étaient pas représentés dans les assemblées du clergé de France, et par conséquent ne contribuaient pas aux taxes qu'elles établissaient; c'étaient les diocèses de Cambrai, Besançon, Strasbourg, Metz, Toul, Verdun, Arras, Saint-Omer, Belley, Orange, Perpignan, Saint-Claude, Saint-Diez et Nancy; mais ils subvenaient d'une autre manière aux dépenses publiques, soit en s'imposant eux-mêmes dans leurs assemblées particulières, soit en payant leur quote-part des impositions de la province.

Ces appels de fonds répétés auxquels il répondait toujours, faisaient dire au clergé que loin de tirer avantage de ses immunités, il supportait de plus fortes impositions que les autres sujets du Roi[1]. Pour prix du concours généreux qu'il avait si souvent accordé à l'État, il avait obtenu en 1748 que 500 000 livres lui seraient comptées annuellement, à titre de secours, sur le produit du bail des fermes. Cette modique indemnité fut augmentée, en 1780, d'un million dont le payement devait avoir lieu pendant quatorze ans, et deux ans après, Louis XVI y ajouta encore 700 000 livres qui devaient être continuées jusqu'en 1802. Il ne fallait pas moins que cet engagement du pouvoir royal pour obvier aux embarras pécuniers du clergé ; car les dettes provenant des emprunts qu'il avait contractés dans l'intérêt du royaume, indépendamment de celles qui étaient particulières à chaque diocèse, représentaient, au 1er avril 1783, un capital de 132 864 704 livres. S'il ne survenait pas d'événements extraordinaires, et si de nouveaux dons gratuits n'étaient pas réclamés, on espérait qu'au moyen de remboursements successifs, échelonnés de manière à ne pas trop grever les bénéficiers, ce capital serait entièrement amorti au com-

1. *Procès-verbal de l'assemblée générale du clergé de France, tenue à Paris au couvent des Grands-Augustins en l'année* 1775, Paris, 1777, in-fol. p. 59. « Le clergé, bien loin de trouver un avantage dans ses immunités, se voit obligé de représenter à Sa Majesté que ceux qui le composent supportent de plus fortes impositions que les sujets des différents états du royaume. »

mencement de l'année 1806, c'est-à-dire dans l'espace de 24 ans[1].

Telle était donc en 1789, l'organisation financière du culte catholique dans notre pays : un clergé richement doté, mais ayant la charge de pourvoir lui-même à toutes ses dépenses, de rémunérer convenablement tous ses membres et de réparer lui-même ses édifices ; à l'origine aucun secours venant de l'État, puis, sur la fin, une faible subvention pour alléger le poids des sacrifices ; intervention constante du pouvoir royal, en vue d'assurer un meilleur emploi des biens ecclésiastiques et de garantir à la fois les intérêts du clergé inférieur et le bon entretien des églises ; participation du clergé aux charges du pays, sous la forme de subsides ordinaires et extraordinaires, en apparence volontairement accordés.

Six mois ne s'étaient pas écoulés depuis l'ouverture des états généraux, que cette organisation vénérable par son antiquité, se trouvait bouleversée de fond en comble. Dans la nuit fameuse du 4 août 1789, qui vit s'écrouler les priviléges féodaux, l'Assemblée constituante décréta que la dîme serait rachetée ; huit jours après, elle en prononça l'abolition pure et simple. Le 10 octobre suivant, M. de Talleyrand, évêque d'Autun, qui avait fait partie de l'agence générale du clergé,

---

1. J'ai relevé tous les chiffres qui précèdent dans les procès-verbaux des assemblées générales du clergé de 1775, 1780 et 1782. C'est là que se trouvent réunis les documents les plus complets touchant les subsides votés par le clergé, les emprunts contractés en conséquence, les secours annuels promis par le Roi, le montant des dettes, et l'époque des remboursements successifs.

développa une motion pour la vente de tous les biens-fonds possédés par l'Église, dont le prix serait affecté à l'extinction de la dette publique et au rachat des offices de judicature, sous la juste condition que l'État prendrait les dépenses du culte à son compte. Nous n'avons pas à retracer ici les débats mémorables qui suivirent cette proposition inattendue, le coup le plus rude qui eût été porté, depuis la réforme du xvie siècle, au pouvoir ecclésiastique, et je dirai même au droit de propriété. Malgré d'éloquentes protestations auxquelles les adversaires du clergé opposaient le caractère particulier de la propriété ecclésiastique, le pressant intérêt du pays et l'urgence de combler par tous les moyens le déficit des finances, le plan de l'évêque d'Autun, amendé par Mirabeau, l'emporta. Tous les fonds de terre, tous les bâtiments, toutes les redevances qui de temps immémorial composaient la fortune de l'Église de France, furent réunis au domaine de la nation, et offerts à ses créanciers comme le plus riche et le plus précieux des gages. Ce changement soudain, ou plutôt cette révolution, signe avant-coureur des bouleversements qui se préparaient, fut confirmée par la constitution civile du clergé, qui, résumant les dispositions des décrets antérieurs, assimila définitivement le culte catholique aux autres services publics entretenus et soldés par l'État. Le traitement de l'archevêque de Paris fut fixé à 50 000 livres; le traitement des autres évêques devait varier de 12 000 livres à 20 000 livres; celui des vicaires généraux de 2400 à 6000; celui des curés de 1200 à 6000; celui des simples vicaires de 700 à 2400. L'ensemble de la dépense normale, calculée pour 48 000 ministres du culte, était évalué à 65 400 000 livres, y compris 12 millions pour la construction et l'entretien des églises et presbytères ; mais dans les premières années, elle devait s'élever beaucoup plus haut, par suite de l'obligation morale où on se trouvait de respecter, dans une certaine mesure, les droits acquis. Le rapport du comité des dîmes en fixe le chiffre pour l'année 1790, à 133 884 800 livres, dont 45 millions pour les indemnités et pensions à servir aux ecclésiastiques sans emploi, et aux membres des communautés religieuses supprimées[1].

Quand l'Église comparait la situation opulente qu'elle avait si longtemps occupée dans notre pays, à la condition nouvelle qui lui était faite inopinément par le magistrat politique, elle devait éprouver autant d'affliction que d'étonnement. Et toutefois, si la constitution civile du clergé n'eût fait que réduire ses richesses, sans toucher à la hiérarchie, sans ébranler les bases de la discipline, sans jeter la perturbation dans le sanctuaire, peut-être le sacerdoce eût-il subi avec résignation les conséquences financières des nouvelles lois. Mais la rigueur des dispositions fiscales était aggravée par des changements tout autrement profonds qui n'allaient pas à moins qu'à renverser la juridiction ecclésiastique. Le Pape Pie VI condamna solennellement cette législation arbitraire, qui, sans l'aveu du pouvoir spirituel, venait de supprimer cinquante-trois diocèses et de changer le mode de nomination des évêques. La partie saine du clergé imita l'exemple de ses premiers pasteurs ; elle refusa les serments d'obéissance et de fidélité qui lui furent demandés ; et alors com-

---

1. Rapport de Chasset sur les dîmes, 9 avril 1790.

mencèrent de longues persécutions qui devinrent d'autant plus ardentes qu'elles étaient plus vaines, et qui conduisirent d'abord sur les chemins de l'exil, et ensuite sur l'échafaud, non-seulement des évêques, mais de simples prêtres, fidèles à leur conscience. La nouvelle organisation religieuse qui servait de prétexte à ces violences, ne tarda pas elle-même à disparaître dans la tourmente révolutionnaire. Qui songeait encore, en 1793, aux débats orageux dont quatre années auparavant l'Assemblée constituante avait retenti? Il ne s'agissait plus alors de savoir si l'on maintiendrait plus ou moins de diocèses, ni comment il serait pourvu aux fonctions et aux dépenses ecclésiastiques, mais si l'exercice public du catholicisme et celui d'aucune religion serait permis en France. Durant quelque mois, l'athéisme et l'impiété s'abandonnèrent à tous les excès, sans épargner le triste clergé qui se qualifiait de constitutionnel, et qui espérait, à la faveur de ses serments, sauver sa propre situation[1]. Mais quand, effrayée elle-même de ces scandales, la Convention essaya de ranimer la dernière étincelle du sentiment religieux, elle ne sut que promulguer de fastueuses déclarations pour couvrir l'iniquité de ses lois. En proclamant la liberté des cultes, elle établit que la nation n'en salariait aucun. En conséquence, elle raya du budget les allocations que la Constituante y avait inscrites au nom

---

1. On trouve de tristes mais précieux détails sur la position précaire du clergé constitutionnel dans l'ouvrage de M. Ed. Fleury, *le Clergé du département de l'Aisne pendant la Révolution*, Paris, 1853, in-8, t. II, *passim*. Voyez entre autres détails caractéristiques, un arrêt du conseil général de la commune de Soissons contre l'évêque du département, Marolles.

du clergé, et elle mit à la charge des particuliers tous les frais de leurs croyances. Dans plusieurs villes, les églises furent ou fermées ou vendues, ou affectées à des usages profanes; les cérémonies de la religion étaient les seules que la loi ne permît pas d'y célébrer. Par une tyrannique prévoyance, il fut interdit aux communes de faire ce que l'État ne faisait pas, je veux dire de louer ou d'acquérir aucun local pour l'exercice du culte. Jamais à aucune époque de l'histoire des barrières plus profondes n'avaient séparé la société civile et la société spirituelle. Celle-ci, écartée de tous les lieux ordinaires de réunion, était reléguée par les lois dans des oratoires privés, où aucun signe extérieur, ni le son des cloches, ni la vue de la croix ne devait révéler sa présence[1]. Comme s'il n'eût voulu la connaître que pour la frapper, le législateur continuait à exiger des serments qui alarmaient les consciences, et à punir des peines les plus sévères tantôt le prêtre qui exerçait son ministère sans les avoir prêtés, tantôt celui qui étant déporté, avait osé fouler le sol de la France.

Dans les derniers jours de la Convention et sous le

1. Loi du 3 ventôse an III (*Bull.*, Iʳᵉ S., 126, nº 665) : « Art. 1ᵉʳ. Conformément à l'art. 7 de la Déclaration des droits de l'homme et à l'art. 122 de la Constitution, l'exercice d'aucun culte ne peut être troublé. Art. 2. La République n'en salarie aucun. Art. 3. Elle ne fournit aucun local, ni pour l'exercice du culte, ni pour le traitement de ses ministres. Art. 4. Les cérémonies de tout culte sont interdites hors de l'enceinte choisie pour leur exercice. Art. 5. La loi ne reconnaît aucun ministre du culte : nul ne peut paraître en public avec les habits, ornements, ou costumes affectés à des cérémonies religieuses. Art. 7. Aucun signe particulier à un culte ne peut être placé dans un lieu public, ni extérieurement de quelque manière que ce soit. Aucune inscription ne peut désigner le lieu qui lui est af-

Directoire, ces rigueurs odieuses que le parti jacobin poussait le gouvernement à perpétuer, s'adoucirent un peu par l'ascendant des mœurs et du sentiment public ; mais au 18 fructidor, elles reprirent leur cours avec autant de violence qu'à l'époque de la Terreur. Ce ne fut qu'après le 18 brumaire que la situation s'améliora sensiblement. Le Premier Consul fit cesser aussitôt les persécutions. Le seul engagement qu'il demanda aux prêtres déportés qui voulaient rentrer en France et à tous ceux qui désiraient y rester, fut la promesse générale de l'obéissance aux lois du pays. Les églises fermées sous la Convention, furent ouvertes par mesure générale, aux cérémonies du culte, et le même jour les fidèles retrouvèrent des autels et des pasteurs légitimes. Une impulsion faible à son point de départ, mais bientôt irrésistible, conduisit la France, en moins de deux années, du despotisme de l'impiété révolutionnaire à la loi sagement libérale du Concordat qui scellait la réconciliation définitive de son gouvernement avec le catholicisme.

Mais en relevant les autels, il n'était pas entré dans la pensée du Premier Consul de rendre à l'Église les

fecté. Aucune proclamation ni convocation publique ne peut être faite pour y inviter les citoyens. Art. 8. Les communes, ou sections de commune, en nom collectif, ne pourront acquérir ni louer de local pour l'exercice des cultes.... » La loi plus libérale du 11 prairial suivant (*Bull.* Ire S., 150, n° 878) permit que les édifices destinés originairement à l'exercice du culte fussent ouverts pour les cérémonies de la religion. Voyez aussi les lois du 20 fructidor an III contre les prêtres déportés, et du 7 vendémiaire sur l'exercice et la police extérieure des cultes (*Bull.*, Ire S., 176 et 186, n°s 1072 et 1134). Cf. Picot, *Mémoires pour servir à l'histoire ecclésiastique pendant le dix-huitième siècle*, 3e édit., t. VI, p. 426, 441, 453 et suiv.

richesses qu'elle avait perdues et de refaire un clergé propriétaire. Par l'article 13 du Concordat, Pie VII déclarait que ni lui, ni ses successeurs ne troubleraient en aucune manière les acquéreurs des biens ecclésiastiques aliénés, et qu'en conséquence la propriété de ces mêmes biens, les droits et revenus y attachés, demeureraient incommutables entre leurs mains ou celles de leurs ayants cause. Par l'article suivant, le gouvernement prenait l'engagement de faire un traitement convenable aux évêques et aux curés dont les diocèses et les paroisses étaient compris dans la nouvelle circonscription. Ainsi, après dix ans de luttes et d'épreuves, les maximes de l'Assemblée constituante triomphaient, du moins en ce qui touche la partie financière de l'organisation religieuse. Les florissantes abbayes et les opulents chapitres qui avaient si longtemps fait l'honneur et la force temporelle de l'Église de France n'étaient pas rétablis ; le Saint-Siége ne semblait se souvenir des anciennes possessions du clergé que pour en consacrer l'aliénation définitive et pour tranquilliser la conscience de ceux qui les avaient acquises des autorités révolutionnaires. Mais de son côté l'État, répudiant les traditions du Directoire et de la Convention, prenait à sa charge toutes les dépenses ecclésiastiques, et promettait de remplacer par un salaire régulier les ressources plus abondantes que le sacerdoce trouvait autrefois dans sa fortune territoriale et dans les produits de la dîme.

Tandis que le gouvernement consulaire concertait avec le Souverain Pontife ce compromis nécessaire entre l'ancien droit et les récents intérêts issus de la Révolution, les autres cultes recevaient aussi une constitution adaptée à la situation nouvelle du pays. Le jour même où parut le Concordat, une loi était également promulguée concernant les communions protestantes. Peu d'années après, un arrêté spécial régla ce qui regardait le culte israélite[1]. Le principe de la liberté des cultes recevait ainsi dans les lois une large et sérieuse application, sans que néanmoins le législateur entendît donner pleine carrière aux entreprises de toutes les sectes qui viendraient à s'élever.

Mais pour veiller à d'aussi nombreux et d'aussi graves intérêts, pour assurer l'existence des règlements qui les protégeaient, une administration particulière était indispensable. Sous l'ancienne monarchie, lorsque le catholicisme était la seule religion reconnue et que les diocèses et les paroisses mêmes, quoique unies par le lien de la foi, formaient autant d'individualités distinctes qui avaient leurs biens et qui les régissaient à leur manière, les cours de justice et le Conseil du Roi pouvaient suffire à l'examen de toutes les affaires qui concernaient la religion. Mais quand trois et même quatre cultes différents se furent partagé l'empire des âmes, sous la protection de la loi ; quand ils eurent été soumis à des règles uniformes, émanées de la puissance publique, et qu'ils eurent reçu des mains de cette puissance les allocations nécessaires à l'entretien de leurs ministres et à la réparation de leurs monuments, il fallut bien constituer, au centre même du gouvernement, une surveillance active et une véritable gestion du temporel des églises. Ce fut là l'origine de cette

---

1. Décret du 17 mars 1808 concernant les juifs. (*Bull.* IVe S., 187, n° 3237.)

branche importante de l'administration française qui a été nommée tour à tour le Ministère des Cultes et le Ministère des Affaires ecclésiastiques [1].

Un demi-siècle s'est écoulé depuis que le génie du Premier Consul fondait sur ces bases l'organisation du culte public. A travers tant de vicissitudes que le pays a éprouvées, son œuvre s'est conservée dans ce qu'elle a d'essentiel, et aujourd'hui elle subsiste encore. Les seuls changements qu'elle ait subis sont ceux que le temps amène dans ses institutions les plus durables, et qui consistent à les maintenir en harmonie avec les vœux et la condition perpétuellement mobile des sociétés. Il en résulte en général une augmentation de la dépense ; mais elle se justifie par l'extension continue et nécessaire du service.

Au lendemain du Concordat, le gouvernement avait à pourvoir en ce qui concernait la religion catholique à deux sortes de charges. La première et la plus lourde était celle des pensions dues à l'ancien clergé et aux anciens membres des congrégations religieuses, en vertu des lois de l'Assemblée constituante : elles formaient un total d'environ 23 millions, qui devait décroître, il est vrai, à mesure que la mort éclaircirait les rangs des pensionnaires, mais qui n'en constituait pas moins pour le présent une dette énorme. La seconde charge du gouvernement, la charge pour ainsi dire normale, non susceptible de réduction et très-certainement destinée à s'accroître, c'étaient les dépenses ordinaires du culte prévues par le Concordat et par la loi du 18 germinal an x.

---

1. Arrêté du 15 vendémiaire an x ; décret du 21 messidor an XII.

Afin d'alléger les obligations du Trésor, le Premier Consul résolut d'imposer le plus possible les départements et les communes. L'État ne devait payer d'abord que le traitement des évêques et celui des curés et des pasteurs protestants ; tout le surplus de la dépense était laissé à la charge des budgets locaux. Les conseils généraux furent autorisés à voter des suppléments de traitement pour les évêques, des rétributions pour les vicaires généraux et les chanoines, et les crédits nécessaires pour l'acquisition, l'entretien et la réparation des édifices diocésains, pour l'ameublement des palais épiscopaux, pour l'achat des objets nécessaires à la célébration du culte dans les Églises cathédrales, etc. Les conseils municipaux avaient de leur côté à pourvoir sur les revenus de la commune aux suppléments de traitement des curés, aux traitements des vicaires et desservants, à leur logement, au service du culte dans les Églises paroissiales et dans les succursales[1], etc. On conçoit facilement que, dans ces conditions, le Trésor n'ait pas eu beaucoup à dépenser pour la religion, et que pour l'an x, par exemple, les sommes payées aient à peine dépassé 1 200 000 fr., les pensions ecclésiastiques non comprises.

Mais un régime pareil condamnait sur presque tous les points du territoire les membres du clergé aux plus cruels embarras, en faisant dépendre leur sort des suffrages d'une assemblée souvent peu éclairée et peu bienveillante , toujours parcimonieuse. Le Premier Consul ne tarda pas à reconnaître que les règles qu'il

---

1. Arrêtés des 7 ventôse et 18 germinal an xi. (*Bull.* III' S., 268, n° 2624.)

avait établies étaient d'une application difficile ; qu'en voulant les maintenir, il ajournerait indéfiniment la restauration religieuse de la France, et qu'ayant relevé les autels, il devait à sa gloire de pourvoir lui-même à la subsistance de leurs ministres, sinon splendidement, du moins dans les limites à peu près suffisantes. Il fit donc rentrer successivement dans le budget de l'État, toutes les dépenses du personnel[1] à l'exception 1° des traitements des vicaires qui aidaient les curés et les desservants, 2° des suppléments que les conseils généraux ou municipaux voulaient bien allouer. Il y joignit des indemnités de premier établissement pour les évêques, des secours pour les prêtres dans le besoin, quelques subventions aux départements pour leurs édifices diocésains, aux communes pour leurs églises et presbytères. Dès lors les charges du Trésor public prirent des développements considérables. Ce chiffre de 1 200 000 fr. qui était celui du début, grossit d'année en année ; en 1813, il était plus que décuplé, puisque le budget de cet exercice porte 17 millions, dont 4 millions à peine s'appliquent à des contrées qui ne font plus aujourd'hui partie de la France.

Avec la Restauration, la dépense reçut un nouvel essor. Tous les anciens traitements furent élevés et l'État en prit de nouveaux à sa charge, notamment ceux des vicaires. Cette centralisation progressive ne laissa bientôt peser à la charge des budgets locaux que la dépense des édifices diocésains dont l'entretien était confiée à la vigilance des préfets et à la libéralité du conseil général du département. Mais en 1819, cette

1. Décrets des 14 ventôse an XI, et 11 prairial an XII.

dépense elle-même s'en vint pour ainsi dire rejoindre toutes les autres et prit place à côté d'elles, au budget de la France, comme une dette nationale envers la religion et envers les fondateurs de ces magnifiques édifices qui sont à la fois l'une des richesses et l'une des gloires du pays. A dater de cette époque, le matériel et le personnel, les traitements, les secours, les subventions, toutes les branches que l'administration temporelle du culte catholique embrasse, furent représentées dans la répartition des deniers publics. Les allocations payées par l'État furent complétées sans doute en beaucoup d'occasions, par les départements, les communes et même les particuliers ; mais les grandes lignes, les détails même du budget se trouvèrent désormais arrêtés, et les seules modifications qui aient eu lieu depuis, ont affecté le chiffre plutôt que l'objet de la dépense.

Ce n'était pas le catholicisme seul qui profitait de la libéralité croissante de l'État. Les cultes protestants obtenaient aussi des indemnités en faveur des pauvres pasteurs et des subventions pour la construction et la réparation des temples. Leur dotation qui, jusqu'à l'an xiii, n'atteignait pas 200 000 fr., s'élevait, sur la fin de la Restauration, à près de 700 000.

Ce surcroît continu de charges que les pouvoirs publics déploraient souvent, mais que la politique, l'équité, la force elle-même des choses les engageaient toujours à subir, donna d'année en année au budget des cultes les plus vastes proportions. En 1829, la dépense, plus que doublée depuis la chute de l'Empire, figure dans les comptes pour 35 581 510 fr. Vainement, après la révolution de Juillet, le nouveau gouvernement réalisa de passagères économies ; les réductions qu'il opéra furent inférieures aux augmentations que la nécessité commandait. Quand la dynastie d'Orléans tomba du trône, le service des cultes coûtait a l'État plus de 39 millions. Ce chiffre s'est encore accru sous la République de 3 millions et depuis l'Empire de 5 millions. Au budget de 1859, la dépense est inscrite pour 47 422 000 fr., et pour tous ceux qui tiennent compte des besoins et des vœux des populations, il est manifeste qu'elle n'a pas encore atteint sa dernière limite.

Mais pour bien comprendre la progression que le budget des cultes a présentée presque sans interruption depuis le Concordat jusqu'à nos jours, une vue générale ne suffit pas ; un examen détaillé, minutieux même, est indispensable. Nous allons donc reprendre une à une toutes les parties du service et en raconter l'histoire financière. Nous ferons connaître ce qu'ont été depuis cinquante ans, sous les divers régimes, l'organisation de l'administration centrale, les traitements des cardinaux et des évêques, ceux des chapitres et du clergé paroissial, les subventions accordées aux séminaires pour l'entretien de leurs élèves, et aux communes pour les réparations de leurs églises et de leurs presbytères, les grands travaux entrepris dans les édifices diocésains, les secours alloués aux prêtres âgés et infirmes, etc. Après avoir reconstitué les budgets successifs de l'Église catholique, nous dresserons aussi le compte des sommes qui ont été allouées durant la même période aux communions dissidentes et au culte israélite. Enfin, nous ne pourrons nous dispenser de toucher quelques mots de la situation des cultes en Algérie. Cette revue exacte, dans laquelle nous nous bornons le plus souvent à consigner des chiffres empruntés à des documents officiels, prouvera, nous l'espérons, que les sacrifices qui ont été faits répondaient à des nécessités sociales constatées de la manière la moins équivoque; qu'il n'était pas au pouvoir des différentes administrations qui se sont succédé de les éviter; et qu'en dernière analyse, le Trésor ne doit pas les regretter, puisqu'elles ont eu pour résultat de procurer aux populations les secours religieux dont elles ne pouvaient être frustrées sans préjudice pour elles, sans danger pour le pays.

CHAPITRE II.

Lorsque les négociations secrètement commencées après la bataille de Marengo pour le rétablissement de l'Église de France, furent parvenues à leur terme, et que la convention passée à Paris eût été ratifiée par le Saint-Siége, le gouvernement consulaire jugea opportun de confier à une administration spéciale la surveillance et la protection des intérêts religieux, si longtemps sacrifiés, restaurés si heureusement et destinés à occuper en tout temps une si large place dans le cœur de la nation.

Il décidait, en conséquence, le 15 vendémiaire an x, de s'attacher un conseiller d'État, qui travaillerait directement avec les consuls et dont les attributions seraient :

1° De présenter les projets de lois, règlements, arrêtés et décisions touchant la matière des cultes;

2° De proposer à la nomination du Premier Consul les sujets propres à remplir les places de ministres des différents cultes;

3° D'examiner avant leur publication en France tous les rescrits, bulles et brefs de la cour de Rome;

4° D'entretenir toute correspondance intérieure relative à ces objets[1].

1. *Bull.* IIIe S., 107, n° 881.

Telle fut l'origine de l'administration des cultes : elle suivit de bien près la conclusion du Concordat et précéda de quelques mois seulement sa promulgation comme loi du pays.

Le conseiller d'État qui fut placé à sa tête était un ancien avocat au parlement de Provence, qui avant la révolution s'était acquis une juste célébrité par d'habiles plaidoiries contre Beaumarchais et Mirabeau; qu'on avait vu siéger sous le Directoire au Conseil des Anciens devant lequel il avait plaidé avec talent et courage la cause du clergé, et qui venait tout récemment de prendre une part très-active à la préparation du nouveau Code civil. Par son expérience des affaires, son intégrité, son caractère à la fois ferme et bienveillant, M. Portalis inspirait non-seulement au Premier Consul mais à tous les partis une confiance méritée que les événements justifièrent.

Le traitement du nouveau directeur fut fixé à 60 000 fr; ses frais annuels d'administration, personnel et matériel compris, à 40 000 fr; il reçut, en outre, une indemnité extraordinaire de 30 000 fr. pour son installation. La dépense fut imputée pendant les premiers mois sur les fonds du conseil d'État, et à la date du 1er germinal an XI sur les crédits spéciaux affectés aux cultes[1].

Dès l'origine, la somme allouée pour le service des bureaux se trouva insuffisante. Pour accélérer le travail de la circonscription des diocèses qu'il importait au gouvernement de voir se terminer dans le plus court délai, il fallut avoir recours à des employés auxi-

---

1. Arrêtés du 18 vendémiaire an X et 2 germinal an XI.

liaires, et commander des impressions dont les frais s'élevèrent plus haut qu'on n'avait présumé. L'administration obtint pour couvrir le déficit un supplément de 6000 fr.[1]. Pour l'an xi, la dépense totale atteignit 61 920 fr. 20 c. ainsi répartis : Un chef de la correspondance générale, 12 000 fr.; bureau particulier du conseiller d'État, 7900 fr.; section du culte catholique 14 300 fr.; section du culte protestant, 3600 fr.; section des comptes, 9000 fr.; frais de bureaux, 15 120 fr. 20 c. L'année suivante les cadres furent conservés ; mais le personnel s'augmenta de nouveaux employés, ce qui porta la dépense, malgré une réduction de 5000 fr. sur le matériel, au chiffre de 75 300 fr. L'administration comprenait alors un chef de la correspondance générale, à 12 000 fr. ; un secrétaire intime à 4000 fr. ; trois chefs de section à 6000 fr. ; trois commis d'ordre à 3000 fr. ; un commis *analyseur*, c'est l'expression du temps, à 2400 fr. ; dix expéditionnaires ayant de 1500 fr. à 2000 fr. ; trois garçons de bureaux à 1000 fr.

Le 21 messidor an xii, M. Portalis échangea le titre modeste sous lequel il dirigeait les affaires ecclésiastiques contre celui de Ministre des Cultes. Il eut en cette qualité, comme tous les autres Ministres, un traitement de 100 000 fr., plus une indemnité de frais de maison de 20 000 fr. qui devaient être affectés aux frais de représentation, aux acquisitions de meubles et à l'entretien du mobilier appartenant à l'État, sans

---

1. Rapport présenté aux Consuls de la République par le conseiller d'État chargé des affaires concernant les cultes, 5 brumaire an xi.

qu'aucune dépense de cette nature pût être mise à la charge du Trésor[1].

Si le développement continu et la dignité du service avaient paru justifier la création d'un ministère spécial pour les cultes, les mêmes motifs portaient à augmenter le budget annuel de l'administration centrale. En effet, pour l'an XIII, les crédits s'élevèrent tout à coup à 170 000 fr. ; aux cadres incomplets des années précédentes succéda une organisation comprenant un secrétariat général, et trois divisions : la première pour le culte catholique, la seconde pour les cultes protestants, la troisième pour la comptabilité[2].

Au mois d'août 1807, M. Portalis fut enlevé par une mort prématurée au service de l'Empereur et à la reconnaissance de l'Église. Sous le ministère de M. Bigot de Préameneu son successeur, l'extension du service conduisit à scinder le personnel et le matériel du culte catholique : ce qui porta en 1810 le nombre des divisions de trois à quatre[3]. Il en résulta une progression nécessaire de la dépense qui figura au budget :

En 1809 pour	216 000 fr.
1810	225 000
1811	230 000
1812	230 000
1813	230 000

A partir de 1810 une somme annuelle de 6000 fr. était versée comme premier fonds dans une caisse de retraites, établie en faveur des employés de l'adminis-

1. Décrets du 5 fructidor an XII et du 19 pluviôse an XIII.
2. *Almanach impérial de* 1806.
3. *Almanach impérial de* 1810.

tration centrale[1]. Les dépenses du matériel oscillaient de 25 à 30 000 fr. C'était donc environ 195 000 fr. qui se trouvaient affectés au personnel.

De toutes les institutions impériales, nulle ne paraissait répondre mieux à l'esprit du gouvernement de la Restauration, aux idées et aux tendances qu'il représentait, que cette charge puissante et honorée dont l'objet spécial, exclusif, était la tutelle des intérêts religieux. Cependant, soit par des motifs de pure économie, soit par d'injustes préjugés contre l'immixtion du pouvoir civil dans les affaires du clergé, le ministère des cultes fut supprimé en 1814, et le service rattaché au ministère de l'Intérieur, sous un administrateur général qui fut le baron Jourdan, conseiller d'État. Il semble que du moins les fonctions de M. Jourdan auraient dû être les mêmes que celles qui avaient été confiées dans l'origine à M. Portalis; mais, cédant à des scrupules honorables dans leur principe, le gouvernement retint la présentation aux titres ecclésiastiques et la nomination aux bourses dans les séminaires, qu'il remit aux mains du grand Aumônier[2]. Il fut même arrêté un moment que la juridiction de la grande Aumônerie s'étendrait en général à tout ce qui concernait le clergé catholique; mais des difficultés d'exécution et la résistance de M. Lainé, alors Ministre de l'Intérieur,

____

1. Décret du 14 juin 1810. Aux dispositions contenues dans ce décret, l'ordonnance du 15 décembre 1824 substitua celles du règlement du 4 juillet 1806 concernant les retraites des employés du ministère de l'Intérieur. Le règlement de 1806 a été abrogé à son tour par la loi du 9 juin 1853 qui a soumis à des règles communes la pension de tous les fonctionnaires de l'ordre civil.

2. Ordonn. des 13 août et 24 sept. 1814.

firent avorter ce plan[1]. La question de personnel étant une fois réservée, l'impulsion quotidienne d'un haut fonctionnaire n'était plus indispensable pour l'expédition du reste des affaires; des chefs de division travaillant avec le ministre, y suffisaient. Aussi en mai 1816, quelques semaines après la retraite de M. Jourdan, le poste d'administrateur général fut supprimé, comme l'avait été deux ans plus tôt le ministère des Cultes, et désormais le service temporel de l'Église catholique se trouva partagé de fait et de droit entre le grand Aumônier qui présentait les candidats aux titres ecclésiastiques, et le Ministre de l'Intérieur qui contre-signait l'ordonnance de nomination, et avait le service du matériel, celui des cultes protestant et israélite et la comptabilité[2]. Le bureau des titres ecclésiastiques comprenait, en principe, un secrétaire à 4000 fr.; un chef de bureau à 6000 fr.; un sous-chef à 3000 fr; un commis d'ordre à 2500 fr.; deux expéditionnaires à 2000 fr.; un expéditionnaire à 1500 fr.;

1. Voyez à ce sujet les *Mémoires historiques sur les affaires ecclésiastiques de France pendant les premières années du* XIXe *siècle*, t. III, p. 131 et suiv.

2. Ordonn. du 29 mai 1816 : « Art. 1. Notre ordonnance du 24 septembre 1814, qui attribue à notre cousin l'archevêque de Reims, notre grand Aumônier, la présentation des sujets les plus dignes d'être promus aux archevêchés, évêchés et autres titres ecclésiastiques, ainsi que la nomination des bourses dans les séminaires, continuera d'être exécutée selon sa forme et teneur.... Art. 2. L'administration générale des Cultes est supprimée, et toutes les attributions autres que celles fixées par l'article 1er de la présente ordonnance, et qui dépendaient de l'ancien ministère des Cultes, restent exclusivement affectées au ministère de l'Intérieur. » Une décision royale du 4 septembre 1816 chargea en outre le grand Aumônier : 1° de la dis-

et un garçon de bureau à 1000 fr.[1]. Il occupait, rue du Bac, n° 95, une portion d'hôtel dont la location, y compris les frais de concierge, s'élevait annuellement à 9000 fr. Le reste de l'administration, réuni au ministère de l'Intérieur dont le siége était déjà rue de Grenelle, formait deux bureaux qui furent placés, à partir de 1817, sous un chef de division. Le premier était chargé du clergé catholique; le second, des cultes protestant et israélite. L'ordonnancement et la liquidation des dépenses étaient confiés à un bureau spécial rattaché à la comptabilité centrale du ministère.

Cette situation effacée et peu prospère se prolongea près de huit années, durant lesquelles de graves événements s'accomplirent. Des négociations importantes furent suivies avec le Saint-Siége; un nouveau concordat fut débattu, signé, puis ajourné; trente siéges épiscopaux furent établis; de sérieuses améliorations adoucirent les maux de l'Église. En raison même de sa gravité, le mouvement échappait à la compétence des bureaux, et la direction en était réservée au pouvoir royal et à la diplomatie. Cependant, lorsque les bases générales de la rénovation de l'Église de France eurent été convenues et les circonscriptions nouvelles des diocèses arrêtées, on sentit qu'il était nécessaire

tribution des fonds destinés à secourir les prêtres âgés ou infirmes; 2° de la distribution des fonds affectés aux congrégations; 3° de présenter à l'approbation du roi les statuts des congrégations religieuses non autorisées. Voyez les *Documents concernant la grande Aumônerie et le chapitre de Saint-Denis*, publiés par ordre du Ministre de l'Instruction publique et des Cultes, Paris, 1854, in-4°, p. 41, 49 et 54.

1. Arrêté ministériel du 18 décembre 1816.

de fortifier et de relever l'administration centrale. Ce fut alors que l'ordonnance royale du 24 août 1824 établit le ministère des Affaires ecclésiastiques et de l'Instruction publique, où fut appelé l'évêque d'Hermopolis, M. de Frayssinous. Les cultes protestant et israélite, qu'il eût paru trop étrange de faire administrer par un évêque, demeurèrent dans les attributions du ministère de l'Intérieur; mais la direction temporelle du culte catholique passa tout entière aux mains du nouveau Ministre, y compris même la présentation aux titres ecclésiastiques qu'on enleva au grand Aumônier[1]. L'État fit l'acquisition d'un hôtel situé rue des Saints-Pères, où la nouvelle administration fut installée dans le cours de l'année 1825 moyennant une dépense totale de 832 080 fr. 33 cent[2]. Le personnel, composé de soixante-quatre employés sans compter ceux de l'instruction publique, fut partagé en trois divisions : l'une, des nominations et dépenses diocé-

---

1. *Bull.* VIIe S., 694, n° 17617 : « Art. 1. Les affaires ecclésiastiques et l'instruction publique seront dirigées à l'avenir par un Ministre secrétaire d'État qui prendra le titre de Ministre d'État au département des Affaires ecclésiastiques et de l'Instruction publique. Art. 2. Les attributions du Ministre des Affaires ecclésiastiques et de l'Instruction publique comprendront la présentation des sujets les plus dignes d'être promus aux archevêchés, évêchés et autres titres ecclésiastiques de notre royaume, les affaires concernant la religion catholique et l'instruction publique, les dépenses du clergé catholique, des édifices diocésains, des colléges royaux et des bourses royales. »

2. Savoir, sur l'exercice 1824........ 99 782 fr. 31 c.
                  1825........ 710 110   55
                  1828........ 22 187   47
           Total égal... 832 080 fr. 33 c.
Voyez les comptes de cet exercice.

saines ; l'autre, des établissements ecclésiastiques et des secours; la troisième division, de la comptabilité. Un directeur général, un secrétariat formant deux bureaux et le cabinet du Ministre complétaient l'organisation. Le traitement du directeur général était de 30000 fr., celui des chefs de division de 9000 fr. Le ministre recevait 110000 fr. sur les fonds des cultes et 40000 fr. sur ceux de l'instruction publique en qualité de grand maître de l'Université. La dépense, en y joignant quelques indemnités à d'anciens employés, ne s'élevait pas à moins de 300000 fr., auxquels il faut joindre environ 25000 fr. pour les frais matériels.

On aurait pu croire que le sort de l'administration des cultes était fixé pour longtemps ; mais depuis un demi-siècle, cet important service a la singulière destinée, qu'il partage avec l'instruction publique, de changer perpétuellement d'organisation. Il n'y a pas au monde d'intérêts plus permanents que ceux qu'il a pour mission de protéger, puisque ces intérêts ont Dieu pour terme; et cependant, par un étrange contraste, effet des passions et de la faiblesse humaines, il a si souvent varié, que l'historien peut à peine suivre ses vicissitudes. En 1828, les affaires ecclésiastiques sont distraites de l'instruction publique et forment un ministère séparé. En 1829, elles sont de nouveau annexées à l'instruction publique ; mais le ministre perd la présentation aux évêchés vacants qui est confiée, comme en 1814, à un prélat désigné par le roi. Cette combinaison est renversée par le gouvernement issu de la révolution de 1830, qui complète la réunion de l'instruction publique et des cultes catholiques, en y rattachant les cultes protestant et israélite. En octobre 1832, les cultes sont rattachés au ministère de la Justice; moins de trois mois après, ils rentrent dans les attributions du ministère de l'Intérieur, puis en sont distraits une dernière fois en avril 1834 et reviennent alors à la Chancellerie, de laquelle ils relèvent pendant les quatorze années suivantes[1].

L'administration centrale des cultes ne traversa pas ces nombreuses péripéties sans en éprouver quelque dommage. Les crédits affectés au personnel des bureaux, qui s'étaient élevés en 1829 à 202 413 fr. 31 c., non compris 11 700 fr. portés au budget du ministère de l'Intérieur pour les cultes non catholiques, tombèrent:

En 1830 à	173 973 fr.	90 c.
1831	173 743	07
1832	165 421	58
1833	151 898	96
1834	144 749	91
1835	144 999	97

Les fonctions de directeur général furent supprimées, les divisions ramenées à deux, le personnel notablement réduit. Afin de revenir en aide aux fonctionnaires dépossédés, on affecta une partie des économies obtenues à des indemnités qui leur tenaient lieu de pensions. Cette dépense, qui dépassait annuellement 16 000 fr., se confondit, à partir de 1840, avec la subvention réclamée pour la caisse des retraites de l'administration; elle forma dès lors un chapitre à part,

---

1. Ordonn. des 4 janvier 1828, 8 août 1829, 11 août 1830, 11 octobre et 31 décembre 1832, 4 avril 1834.

dont le chiffre s'est élevé d'année en année jusqu'à 53 896 fr., et qui a disparu en 1854, lors de la mise à exécution de la dernière loi sur les pensions civiles.

Les réductions que les gouvernements faibles consentent à opérer, sous prétexte d'économie, dans le nombre et la rémunération des employés, ne remettent pas l'ordre dans les finances; mais elles préjudicient d'une manière infaillible au bien du service. Les funestes effets de la désorganisation des bureaux des cultes après 1830, ne tardèrent pas à se faire sentir. Beaucoup d'affaires languissaient, des intérêts graves étaient laissés en souffrance, on se plaignait qu'en général l'administration ne recevait pas une impulsion qui lui fût propre et qui répandît dans ses diverses branches l'ordre et la vie. Des voix s'élevèrent dans les Chambres législatives pour demander le rétablissement de l'ancien ministère des cultes; et cette proposition recueillit de tels suffrages que deux fois la commission du budget s'en fit l'interprète[1]. Le gouvernement adopta en 1839 un terme moyen qui consistait non pas à créer un ministère spécial, mais une direction des Cultes dont le premier titulaire fut M. Dessauret. Le traite-

1. Voyez les rapports des Commissions chargées de l'examen des projets de budgets pour 1837 et 1838. « C'est non-seulement un budget de 33 millions dont il faut surveiller l'emploi, disait M. Daunant au nom de la Commission du budget de 1838; mais il s'agit de quelque chose de bien plus précieux : il faut pourvoir aux intérêts moraux d'une grande nation qui reconnaît chaque jour à quel point ils ont été compromis par le relâchement du lien religieux. Pénétrée de ces considérations, la Commission de l'année dernière émit le vœu de la création d'un ministère des Cultes. La Commission de cette année croit devoir le renouveler. » Séance de la Chambre des députés du 24 avril 1837.

ment du nouveau directeur, fixé d'abord à 15 000 fr.,
fut porté en 1844 à 18 000 fr. L'administration, dans
l'intervalle, réparant une partie des pertes éprouvées
en 1830, avait vu son budget remonter peu à peu à
180 500 fr. Afin de compléter le progrès et de disposer
favorablement la Chambre élective, une nouvelle organisation des bureaux eut lieu à la fin de 1844[1], selon le
vœu de la loi de finances de l'exercice courant. Le service fut partagé en quatre sous-directions, dont la première comprenait l'enregistrement, les archives et le
personnel du clergé catholique; la seconde, les affaires
d'intérêt diocésain, le service paroissial, et les congrégations religieuses; la troisième, les cultes non
catholiques; et la quatrième, la comptabilité. Outre le
directeur et les sous-directeurs, le personnel devait
se composer de chefs de bureaux, au nombre de neuf,
de sous—chefs, de rédacteurs et vérificateurs, et d'expéditionnaires dont le traitement minimum était fixé
à 1500 fr. Armé de l'ordonnance qui avait établi cette
organisation, le ministre sollicita des Chambres législatives une augmentation qui, dès l'année 1845,
porta le crédit du chapitre à 199 500 fr. La Commission
du budget, moins sévère que ne le sont en général les
Commissions financières, fit sagement remarquer, en
faveur de la proposition ministérielle, que si le nombre des employés de l'administration était assez limité,
il exigeait des hommes spéciaux, offrant des garanties
personnelles, d'où naissait la nécessité de les bien
rétribuer, afin de les conserver et avec eux les bonnes
traditions administratives.

---

1. 31 décembre 1844, *Bull.* IXe S., 1164, n° 11 711.

La situation s'était donc améliorée sensiblement; les traitements se relevaient, non pas sans doute au gré de toutes les impatiences et dans la mesure de tous les besoins; mais des règles fixes existaient, dont l'application équitable suffisait pour récompenser le zèle de l'employé modeste et laborieux. Pour les dépenses du matériel, le crédit était fixé depuis plusieurs années à 27000 fr., et, administré avec une sage économie, il permettait de pourvoir à l'entretien de toutes les parties du mobilier, et notamment à celui de la bibliothèque qui s'enrichissait annuellement de quelques ouvrages nouveaux.

La révolution de Février 1848 compromit cette position favorable. Détachée du ministère de la justice qui venait d'être confié à un Israélite, M. Crémieux, l'administration des Cultes faillit retomber dans les vicissitudes qui l'avaient affaiblie 15 ans auparavant. Après avoir été un jour, un seul jour, érigée en ministère spécial, elle fut heureusement annexée à l'Instruction publique dont les intérêts se lient d'une manière si étroite à ceux de la religion. Mais cette alliance que les événements devaient resserrer, ne la sauvèrent pas des bouleversements ruineux qui étaient le contre-coup en quelque sorte nécessaire de la Révolution. Des arrêtés successifs renversèrent l'organisation établie en 1845. Les sous-directions furent supprimées et remplacées par des divisions ayant des attributions différentes : la division de comptabilité qui avait plus de 40 ans d'existence devint un simple bureau; plusieurs admissions à la retraite furent prononcées, sans qu'il en résultât un sérieux adoucissement au sort des employés qui avaient conservé leur position : car l'ensemble de la dépense qui s'élevait en 1847 à 197 999 fr. 33 c., tomba :

En 1848 à. . . . . 181 098 fr. 76 c.
   1849 . . . . 171 713   36
   1850 . . . . 167 929   55
   1851 . . . . 169 720   82

Cependant le nombre et l'importance des affaires, bien loin de diminuer, s'augmentaient d'année en année ; le service, par exemple, des édifices diocésains, comprenant la construction, les grosses réparations et l'entretien des cathédrales, séminaires et évêchés, devenait l'une des branches les plus considérables de l'administration française ; le service du culte en Algérie, distrait du ministère de la Guerre, recevait pour la première fois une organisation régulière ; un service entièrement nouveau, celui de la caisse des retraites ecclésiastiques était à la veille d'être créé ; des questions d'une délicatesse extrême, soulevées par l'Assemblée constituante et par l'Assemblée législative, donnaient lieu à des travaux de recherches, de rédaction et d'expédition qui n'exigeaient pas moins d'expérience que d'activité. Malgré leur budget réduit, les employés, tristes mais résignés, poursuivaient leur tâche quotidienne avec une persévérance d'autant plus méritoire qu'elle était peu récompensée.

D'autres administrations que celle des Cultes ont eu à souffrir plus ou moins des suites de la Révolution ; mais les pertes qu'elles éprouvèrent aux heures de l'agitation et de la misère publique furent amplement réparées, lorsque la sécurité eut reparu. En général, les traitements des fonctionnaires sont aujourd'hui plus élevés qu'ils ne l'étaient en 1847 ; devant le prix croissant de toutes les denrées, les Commissions du budget ont compris qu'il ne serait ni juste, ni sage de ne pas augmenter la rétribution des serviteurs de l'État. Par une exception regrettable, cette bienveillance a peu profité à l'administration des Cultes et elle n'a obtenu jusqu'ici qu'une bien faible part des largesses du gouvernement. Les jours heureux qui luisent pour tant d'autres sont à peine levés pour elle. En 1858, son budget était même inférieur de 7500 fr. à ce qu'il était dans les dernières années de la monarchie de Juillet. Son directeur général recevait le même traitement que les chefs de division du ministère de l'Intérieur, c'est-à-dire, 15000 fr.; ses chefs de division, le même traitement qu'un chef de bureau de 1re classe au ministère des Finances, c'est-à-dire, 9000 fr. Sur 58 employés elle en comptait 35 qui avaient moins de 3000 fr., 8 qui avaient moins de 1500 fr. Quelle peut être l'existence d'un fonctionnaire à qui son emploi qui devrait être sa principale ressource, ne procure annuellement qu'une rétribution qu'on peut appeler dérisoire, tant elle est modique ! Une augmentation de 12000 fr. inscrite au budget de 1859, a permis d'obvier en partie à ces misères : mais elle ne suffira certainement pas pour opérer toutes les améliorations qui sont devenues indispensables. Nous ne pouvons la considérer que comme le premier pas du gouvernement dans une voie vers laquelle son penchant le poussait, qui lui a été longtemps fermée par les circonstances, mais que désormais la prospérité du pays lui fournit les moyens de parcourir tout entière. Puissent de nouveaux progrès s'accomplir prochainement; puissent aussi, nous osons

exprimer ce vœu, les Cultes et l'Instruction publique
rester longtemps unis? Leur annexion opérée au lendemain de la révolution de Février a pour beaucoup
contribué dans ces dernières années à la pacification
religieuse du pays, et à la meilleure direction des études. Le clergé et l'Université poursuivent une œuvre
commune, l'éducation de la jeunesse. La loi les appelle
aujourd'hui à siéger dans les mêmes conseils, conseil
départemental, conseil académique, conseil impérial.
Si l'Université possède 64 lycées et 250 colléges communaux, le clergé compte 120 séminaires et plus de
250 établissements de tout ordre où se pressent les
nouvelles générations[1]. On ne confierait pas sans péril
des intérêts si rapprochés, si semblables à des autorités différentes, peut-être rivales, dont le désaccord ou
les vues trop exclusives exposeraient sans cesse le
pays à voir renaître d'anciennes et déplorables que-
relles.

1. Voyez le rapport à l'Empereur sur les établissements particuliers d'enseignement secondaire, 4 avril 1854.

CHAPITRE III.

Après avoir tracé le tableau rapide des vicissitudes que l'administration centrale des Cultes a éprouvées, nous arrivons à la partie du budget la plus importante, à celle qui comprend le personnel du culte catholique. La classification des dépenses résulte ici de la hiérarchie des fonctions. Les cardinaux et les évêques d'une part, de l'autre les vicaires généraux des évêques, les chapitres diocésains et le clergé paroissial, forment les divisions naturelles de la statistique financière que nous nous proposons de dresser.

§ I. — CARDINAUX.

Lorsque le Pape Sixte-Quint organisa, en 1586, le collége des cardinaux, il le composa de soixante-dix membres partagés en trois ordres, savoir : six cardinaux évêques, cinquante cardinaux prêtres et quatorze cardinaux diacres.

La fonction propre des cardinaux est de former le conseil du Pape, et, quand le Pape est mort, d'élire son successeur. Ce sont eux qui préparent les décisions sur toutes les matières qui concernent le dogme, la discipline et les intérêts généraux de l'Église. Mais comme l'Église vit et agit en face de la société civile et laïque, comme le Pape occupe un rang parmi les souverains, et que sa puissance est à la fois spirituelle et temporelle, il s'ensuit que les cardinaux ont un caractère mixte, et qu'indépendamment des services qu'ils sont appelés à rendre dans l'ordre purement religieux, ils ont, à certains égards, un côté et une influence essentiellement politiques.

On comprend dès lors l'importance que les nations catholiques ont de tout temps attachée au choix des cardinaux. Bien que ce choix appartienne au Pape et ne puisse pas être remis à une autre autorité que la sienne, cependant l'usage a prévalu que la catholicité tout entière serait représentée dans le sacré collége, et que les grands États, selon leur étendue, auraient droit à un certain nombre de nominations qui se feraient sur la proposition des gouvernements respectifs. De là ces promotions dites des couronnes, dont il est parlé si souvent par les historiens et qui alternent avec celles que le Souverain Pontife décrète de son propre mouvement.

En 1789, les cardinaux de la couronne de France étaient au nombre de cinq. Les riches dotations dont ils jouissaient à d'autres titres permettaient de n'attacher aucune indemnité spéciale à leur dignité, qu'ils avaient les moyens de soutenir sans faire appel à la munificence de l'État. La constitution civile du clergé ne les comprit pas au nombre des ministres du culte qui devaient être payés par la nation. A plus forte raison ne figurent-ils pas, sinon comme frappés de proscription, dans les lois de la période révolutionnaire. Mais ce qu'il y a de remarquable, c'est qu'ils ne sont pas mentionnés dans le Concordat ni dans la loi de germinal. Les adversaires du cardinalat ont souvent

triomphé de cette omission, et, en 1835[1], M. Isambert
la signalait à la Chambre des députés comme un argument décisif contre la reconnaissance de l'institution
par le gouvernement français. Mais la portée d'une
loi, surtout quand elle touche à des intérêts de cet
ordre, s'apprécie non-seulement par son texte, mais
par l'interprétation qu'elle a reçue de ses auteurs et
par les événements qui l'ont immédiatement suivie. A
peine quelques mois s'étaient écoulés depuis la conclusion du Concordat, que le Premier Consul demandait la pourpre romaine pour les archevêques de Paris,
de Lyon, de Rouen et de Tours[2], et, par un arrêté du
7 ventôse an xi, fixait le traitement annuel des cardinaux à 30000 fr., et leur allouait à chacun 45000 fr.
pour frais d'installation. Deux nouveaux chapeaux furent demandés presque immédiatement : l'un, pour
M. de Noé, évêque de Troyes; l'autre, pour M. Ber-
nier, qui avait concouru à la rédaction du Concordat;
et, en 1807, l'Empereur porta ses prétentions jusqu'à
vouloir que le tiers au moins des membres du sacré
collége appartînt à la France[3]. La France, il est vrai,
c'était alors, outre les quatre-vingt-six départements
que le territoire national comprend aujourd'hui, la

1. Séance du 8 juin 1835.
2. *Mémoires historiques sur les affaires ecclésiastiques de
France*, Paris, 1823, 3 vol. in-8, t. I, p. 325 et suiv.; Artaud,
Histoire de Pie VII, t. I, p. 308 et suiv.; p. 386 et suiv.
3. Voyez dans les *Mémoires historiques*, etc., t. II, p. 240, le
projet de traité qui fut soumis au Pape en 1807 : « Le nombre
des cardinaux de l'Empire français sera porté au tiers total
des membres du sacré collége. Seront considérés comme cardinaux français ceux qui sont nés dans les ci-devant États du
Piémont, de Parme et de Gênes. »

moitié de l'Italie, la Belgique et une partie de l'Allemagne.

A part cette courte période dans laquelle les passions démagogiques accumulent les ruines, on peut dire que l'institution des cardinaux a toujours été reconnue en France, et que, dès le rétablissement du culte, elle a reçu de la libéralité des pouvoirs publics cette sorte de consécration que j'appellerai financière, et qui consiste dans une allocation sur les fonds de l'État.

Ce n'était pas sous le gouvernement de la branche aînée des Bourbons que ces traditions de pieuse munificence pouvaient s'effacer ni s'amoindrir. Aussi voyons-nous quatre et cinq cardinaux figurer à cette époque dans les budgets avec ce même traitement de 30000 fr. que l'arrêté consulaire de l'an xi avait fixé. Cependant il est à remarquer, parce qu'on a invoqué dans la suite ce précédent comme une présomption défavorable, que les frais d'établissement n'étaient pas imputés sur le budget des Cultes, mais sur les fonds secrets du ministère des Affaires étrangères. Quant à l'opposition que la dépense excitait dans les rangs du parti libéral et que les documents de comptabilité n'avaient pas à refléter, c'est à peine si l'on en trouve quelques vestiges dans les débats législatifs.

Après la révolution de Juillet, une ordonnance royale du 21 octobre 1830[1] rapporta l'arrêté de l'an xi et décida qu'à dater du 1ᵉʳ janvier suivant, le traitement alloué jusqu'alors aux cardinaux résidant en France cesserait de leur être payé. L'économie était évaluée au projet de budget à 150000 fr.; mais l'expé-

____
1. *Bull.* IXᵉ S., IIᵉ P., 26, n° 475.

rience ne tarda pas à montrer le grave préjudice dont elle menaçait, dans un cas donné, l'ascendant légitime du gouvernement français. Le Pape Pie VIII venait de mourir; un conclave était indiqué pour élire son successeur. La France ne comptait que quatre cardinaux; l'un, Mgr de Latil, archevêque de Lyon, avait suivi Charles X dans l'exil; un autre, Mgr de Rohan, archevêque de Reims, avait quitté son siége épiscopal; Mgr d'Isoard, archevêque d'Auch, et Mgr de Croï, archevêque de Rouen, restaient seuls pour faire prévaloir la politique française au milieu des événements les plus critiques[1]. Mais quelle autorité pouvaient avoir auprès d'eux les conseils du gouvernement qui venait d'appauvrir leur dignité !

Le péril que notre influence allait courir était certain; et cependant les préventions contre le clergé étaient encore si aveugles, qu'il ne fut pas aperçu, et que trois années se passèrent sans que le gouvernement revendiquât pour les cardinaux une partie tout au moins des avantages qui leur avaient été enlevés imprudemment. Lors de la présentation du budget de 1836, le Ministre des Cultes hasarda une augmentation de 20 000 fr. à répartir entre Mgr d'Isoard et Mgr de Croï, qui gouvernaient encore les diocèses d'Auch et de Rouen[2]. M. Isambert prononça un de ses discours les plus âpres contre la proposition qui, soutenue vivement par M. Charles Dupin, fut votée à une grande

1. Tous ces faits ont été habilement groupés dans un rapport à la Chambre des députés, le 7 août 1841, par M. Dessauret.

2. Séance du 30 décembre 1834. La Commission du budget fit un rapport favorable dans la séance du 18 mai suivant.

majorité[1]. Ce premier succès encouragea le gouvernement à faire un pas de plus, et, l'année suivante, il présenta un projet de loi portant ouverture d'un crédit de 55 000 fr., dont 10 000 fr. pour le traitement, et 45 000 fr. pour les frais d'installation d'un nouveau cardinal, Mgr de Cheverus, archevêque de Bordeaux[2]. La vénération universelle qui entourait l'illustre et saint prélat appelé à revêtir la pourpre romaine, l'emporta cette fois chez les esprits les moins religieux sur de vieilles répugnances, et le projet passa presque sans discussion à la Chambre des députés comme à la Chambre des pairs.

L'abrogation de l'ordonnance du 21 octobre 1830 se trouvait commencée de fait; le fil des traditions était renoué. Tous les pouvoirs publics avaient compris l'utilité pour la France d'être représentée au sacré collége et ils ne refusaient plus à ceux qui devaient y siéger en son nom les moyens de faire honneur à leur dignité et à leur pays. Dans les années qui suivirent, le gouvernement demanda et obtint plusieurs promotions : Mgr de la Tour d'Auvergne, évêque d'Arras en 1840; Mgr de Bonald, archevêque de Lyon en 1841 ; Mgr Bernet, archevêque d'Aix en 1843 ; Mgr Giraud, archevêque de Cambrai en 1845 ; Mgr Dupont, archevêque de Bourges en 1847, furent désignés pour combler les vides que la mort avait faits parmi les cardinaux de la couronne de France.

Au moment de la révolution de 1848, les membres

1. Séance du 8 juin 1835.
2. Séances des 9, 23 et 29 mars 1836 à la Chambre des députés, et des 15 et 21 avril à la Chambre des pairs.

de l'épiscopat français qui faisaient partie du sacré collége, étaient au nombre de quatre. Les traitements affectés à leur titre furent alors dénoncés comme un luxe inutile, et celui du cardinal de Bourges, qui n'était pas inscrit au budget de l'exercice 1848, nécessitant un crédit spécial, la loi qui l'accordait ne fut pas votée sans opposition[1].

Pour l'exercice suivant, la Commission du budget prit l'initiative d'une diminution de 20 000 fr. sur cet article, ce qui ramenait de 10000 fr. à 5000 fr. l'indemnité accordée à chaque prélat[2]. Le gouvernement combattit faiblement cette réduction qui s'accordait avec les principes d'économie proclamés par l'Assemblée constituante, et le parti démocratique parut provisoirement s'en contenter. Deux années environ s'écoulèrent sans que de nouveaux projets et de nouveaux débats remissent en question le règlement qui avait eu lieu. Le cardinal de Cambrai étant mort dans l'intervalle, le gouvernement négocia la nomination des cardinaux de Besançon, de Reims et de Toulouse[3] qui, selon l'usage, touchèrent chacun 45000 fr. pour dépenses de premier établissement. Mais au mois de mars 1851, à l'occasion d'un crédit extraordinaire demandé par l'administration des Cultes, neuf mem-

1. Séances de l'Assemblée nationale des 18 et 26 déc. 1848, et du 2 janvier 1849.

2. Séances des 30 mars et 9 avril 1849.

3. Le cardinal de Toulouse, Mgr d'Astros, est mort le 29 septembre 1851. Deux nouveaux cardinaux français ont été créés depuis cette époque, Mgr Donnet, archevêque de Bordeaux, en 1852, et Mgr Morlot, alors archevêque de Tours, aujourd'hui archevêque de Paris, en 1853.

bres de l'Assemblée législative déposèrent une proposition qui ne tendait pas à moins qu'à la suppression complète, à partir du 1er mai suivant, du traitement spécial et des frais d'installation des cardinaux français[1]. La discussion occupa la séance du 26 avril; comme toutes celles de la même époque, elle fut empreinte d'une extrême vivacité. Les auteurs de la proposition triomphaient de l'apparente inutilité de la fonction et du chiffre élevé des frais d'établissement qu'elle coûtait au Trésor, non pas, disait-on, dans l'intérêt de la France, mais dans celui des congrégations romaines. Le gouvernement, par la bouche de M. de Crouseilhes, Ministre des Cultes, opposait le caractère à la fois politique et religieux du cardinalat, la mission qu'il remplissait dans la chrétienté, les services qu'il avait rendus au pays, la convenance et la nécessité du faible subside inscrit au budget en faveur de l'institution. Complétant cette dernière pensée, M. Benoît d'Azy demandait : « Voulez-vous savoir pourquoi vous êtes obligés d'allouer des traitements aux cardinaux? C'est parce que, pour l'honneur de votre clergé, il est pauvre et est resté pauvre; c'est parce que ceux qui sont promus au cardinalat, la plus haute dignité du monde, sont nés dans les rangs les plus pauvres de la société; c'est parce qu'ils n'ont pas de quoi vivre quand ils arrivent à la prêtrise; c'est parce qu'ils ont dépensé tout ce qu'ils ont reçu dans leurs diverses positions; c'est parce que archevêques, évêques, ils ont tout donné, oui tout, et qu'il ne leur reste rien pour pourvoir au

1. Séance du 26 mars. Voyez le rapport de M. Poujoulat sur cette proposition à la séance du 10 avril.

soin de cette dignité publique de chefs de l'Église. »
Ces simples et éloquentes paroles répondaient aux
sentiments de l'immense majorité de l'Assemblée. Par
deux votes successifs, la proposition du côté gauche
fut écartée et le crédit demandé par l'administration
des Cultes accordé.

Après les événements du 2 décembre 1851, le traitement des cardinaux fut reporté de 5000 fr. à 10 000 fr.;
de plus, l'article 20 de la constitution du 14 janvier
suivant leur donna entrée au Sénat, avec une dotation
annuelle de 30 000 fr. Ils recouvrèrent ainsi dans toute
leur étendue et même avec de notables améliorations,
les avantages qui dès le commencement du siècle,
avaient été concédés à l'éminence de leur dignité.

En général, la cour de Rome ne se refuse pas au
vœu des nations qui réclament leur part de représentation dans le sacré collége; mais elle demande à son
tour, et avec raison, que les prélats qu'elle revêt de la
pourpre, aient des revenus assurés qui leur permettent de soutenir leur position. Elle ne désire pas pour
eux une vie somptueuse, mais elle veut une vie honorée qui laisse entrevoir sous la simplicité de leurs
habitudes l'élévation de leur rang, et qui devant les
misères sociales, ou publiques, ou particulières, ne
soit pas dénuée de tout moyen de les secourir. Félici-
tons-nous que ce vœu si légitime, combattu passagère-
ment par d'injustes préjugés, trouve aujourd'hui son
double accomplissement dans le budget et dans la
constitution politique de la France.

§ II. — ARCHEVÊQUES ET ÉVÊQUES.

Avant 1789, la France, y compris l'île de Corse, était partagée en 136 diocèses[1] dont 118 évêchés et 18 archevêchés qui possédaient des revenus propres évalués à 5 500 000 livres, en biens-fonds, rentes et redevances de toute nature[2].

L'Assemblée constituante voulut que la division politique du territoire servît désormais de base aux circonscriptions ecclésiastiques. Elle décida que chaque département formerait à l'avenir un seul diocèse, et que chaque diocèse aurait la même étendue et les mêmes limites que le département[3]. Cinquante-quatre siéges furent supprimés, et même après la réunion du comtat Venaissin à la France, il n'en exista plus que quatre-vingt-trois partagés en dix arrondissements métropolitains, dont les métropoles furent Rouen, Reims, Besançon, Rennes, Paris, Bourges, Bordeaux, Toulouse, Aix et Lyon. Les traitements, comme nous l'avons dit plus haut, étaient fixés pour l'évêque de Paris à 50 000 livres : pour les évêques des villes d'une population de 50 000 âmes et au-dessus à 20 000 livres, pour les autres évêques à 12 000 livres. Il devait être fourni en

---

1. Ce chiffre ne comprend pas l'archevêché d'Avignon et les évêchés de Carpentras, Cavaillon et Vaison, situés dans le comtat Venaissin qui forme aujourd'hui la plus grande partie du département de Vaucluse, mais qui, comme on sait, dépendait alors du Saint-Siége.

2. Cette évaluation est le résultat d'un relevé que j'ai fait diocèse par diocèse, d'après la *France ecclésiastique* de Duchesne et l'*Almanach royal* de 1789.

3. Décret sur la constitution civile du clergé, 12-24 juil. 1790, titre III, du traitement des ministres de la religion.

outre à chaque évêque un logement convenable, à la charge par lui d'y faire les réparations locatives.

Il est étrange que l'Assemblée constituante ait eu la prétention d'opérer par sa seule autorité, malgré le Pape et malgré les évêques, des bouleversements aussi profonds dans l'organisation ecclésiastique de la France, et qu'elle n'ait pas écouté les sages conseillers qui l'avertissaient qu'en suivant cette pente, elle marchait à des abîmes. Le Premier Consul, éclairé par l'expérience et par son génie, ne commit pas la même faute; il comprit que modifier l'antique circonscription des diocèses, c'était déplacer la juridiction spirituelle, tantôt resserrer ses limites, tantôt les étendre; et pour terminer heureusement cette œuvre complexe et délicate, il invoqua l'autorité du Saint-Siége. Après de laborieuses négociations, le nombre des archevêchés fut fixé à dix : celui des évêchés à cinquante. Mais parmi ces soixante siéges, se trouvaient compris l'évêché de Chambéry, suffragant de l'archevêché de Lyon; l'évêché de Nice, suffragant de l'archevêché d'Aix; l'archevêché de Malines; les évêchés de Tournai, Gand, Namur, Liége, Aix-la-Chapelle, Trèves et Mayence, de sorte que les diocèses composant le territoire actuel de la France, étaient seulement au nombre de cinquante. L'organisation nouvelle était bien moins favorable que celle de 1790, puisqu'elle supprimait trente-trois siéges conservés par la constitution civile du clergé : mais du moins elle avait pour elle l'assentiment du Souverain Pontife; elle était promulguée en son nom par un cardinal revêtu de ses pouvoirs; elle ne s'établissait pas par la seule volonté de l'autorité civile, au mépris de la tradition et de la discipline ecclésiastiques. Aussi tandis que l'Église avait maudit la délibération moins sévère de l'Assemblée constituante, elle accueillit comme un bienfait les dispositions du Concordat de 1801, malgré les sacrifices qu'elles lui coûtaient.

Les articles 64 et 65 de la loi du 18 germinal an x, fixèrent le traitement des archevêques à 15 000 fr. et celui des évêques à 10 000 fr. Les frais de chancellerie à payer en cour de Rome pour l'expédition des bulles qui accordent l'institution canonique aux prélats choisis par le gouvernement, furent réglés par l'arrêté du 23 ventôse an xiii, au tiers du traitement, savoir : 5000 fr. pour les archevêques, 3333 fr. pour les évêques : c'était un souvenir des *annales* que les titulaires des bénéfices ecclésiastiques étaient tenus autrefois d'acquitter avant d'en prendre possession. Des indemnités de premier établissement égales à leur traitement annuel furent accordées aux nouveaux prélats, qui reçurent en outre une crosse et un anneau pastoral[1].

1. Dans un recueil des arrêtés des Consuls qui fait partie des archives de la comptabilité des Cultes, je trouve, sous la date du 19 germinal an x, la copie de la lettre suivante, adressée à M. Portalis, par un secrétaire d'État, Maret, je crois : « Vous êtes autorisé, citoyen, à faire donner pour frais d'établissement à chacun des archevêques nommés, la somme de 15 000 francs, et celle de 10 000 francs à chacun des évêques. A cet effet, et pour cette fois seulement, le Ministre de l'Intérieur est autorisé à ordonnancer pour cet objet une somme de 500 000 francs.... Le Premier Consul désire que cette disposition soit tenue secrète. Vous êtes invité en conséquence à prendre les mesures convenables dans le travail de vos bureaux pour cet objet, et à engager chacun des évêques et archevêques à garder le silence sur l'exécution des instructions du gouvernement. » Malgré la restriction que cet avis paraît contenir, des frais d'établissement ont toujours été accordés sous l'Empire aux nouveaux prélats.

Enfin, des circulaires pressantes, invitèrent les conseils généraux des départements à voter les allocations nécessaires pour accroître les ressources et rehausser l'éclat de l'institution. En 1802, l'année même de la restauration du culte, la dépense ne s'éleva pour le personnel qu'à 277 625 fr. 08 c.; à partir de 1803, elle oscilla entre 650 000 et 660 000 fr. jusqu'en 1811, où le traitement du cardinal Maury, archevêque de Paris, ayant été porté à 100 000 fr., elle dépassa 750 000 fr. En déduisant la portion de dépense afférentes aux diocèses étrangers, nous retomberions, depuis 1811, au chiffre de 630 000 fr. environ, pour ceux qui ont continué d'appartenir à l'Église de France.

Quant aux frais de bulles et de premier établissement, sur lesquels la déduction ne peut pas être aussi facilement opérée, ils atteignirent :

En 1802.	706 000 fr. » c.
1803.	412 412 »
1804.	254 565 »
1805.	263 528 21 c.

Pour les années suivantes, ils sont confondus dans les documents de comptabilité avec d'autres dépenses accidentelles dont il est impossible de les distinguer.

Cependant des plaintes n'avaient pas tardé à s'élever contre l'insuffisance du nombre des siéges épiscopaux. Vingt-quatre diocèses comprenaient deux départements : six en renfermaient jusqu'à trois. Certains évêques, comme ceux de Nancy, de Metz et de Lyon avaient une population de plus de 900 000 âmes à évangéliser, au lendemain d'une révolution qui avait

sapé les croyances religieuses par la base et dispersé
le sacerdoce. La tâche était au-dessus des forces humaines, et pour que l'épiscopat pût accomplir sa mission de paix et de charité, il devenait indispensable
que ses rangs fussent élargis. En 1808, le décret concernant l'organisation du nouveau département de
Tarn-et-Garonne ordonna qu'il serait établi un évêché
à Montauban[1], où un autre décret, celui du 17 septembre 1808 sur le régime de l'Université, venait de
fonder une faculté de Théologie protestante[2]. Mais déjà
de graves mésintelligences avaient éclaté entre la
France et le Saint-Siége. La bulle d'érection du nouvel
évêché de Montauban ayant été expédiée au commencement de 1809, le conseil d'État refusa de l'enregis-
trer, parce qu'elle ne mentionnait pas l'intervention du
gouvernement français. Bientôt l'alliance deux fois salutaire qui avait tourné au commun avantage de l'É-
glise et de l'État, fut rompue ouvertement. Le Souverain
Pontife qui n'avait pour se défendre ni de puissantes
armées ni le prestige de cent victoires, se servit des
seules armes qui fussent entre ses mains et refusa
d'instituer les évêques désignés par l'Empereur. En
1811, vingt-sept évêchés étaient privés de pasteurs.
L'abîme où l'Église gallicane était menacée de s'en-
gloutir, à peine restaurée, s'agrandit dans les années
suivantes. Mais ce n'est pas ici le lieu de raconter ces
lamentables démêlés, et nous laissons volontiers à d'autres que nous une aussi pénible tâche. Après la Restauration, un des premiers soins du gouvernement des

1. Décret du 21 nov. 1808, *Bull.* IV⁰ S., 214, n° 3940.
2. Décret du 17 septembre 1808, dans le *Recueil des lois et
règlements concernant l'instruction publique*, t. IV, p. 35.

Bourbons fut d'apaiser les différends qui s'étaient élevés et d'en prévenir le retour par la conclusion d'un nouveau Concordat destiné en même temps à rehausser la puissance de l'Église et à étendre ses moyens d'influence[1]. L'accroissement du nombre des diocèses, non moins désiré que nécessaire, fut admis en principe tant par la cour de Rome que par le gouvernement français; mais il offrait des difficultés d'exécution qui n'étaient pas sans gravité. Fallait-il rétablir les anciennes circonscriptions, telles qu'elles existaient avant 1789, ou se borner à fonder quelques nouveaux siéges, suivant le vœu et les besoins des populations? Le premier parti souriait aux esprits absolus; mais outre qu'il eût été fort dispendieux, il ressemblait à une résurrection de l'ancien régime, qui aurait irrité profondément les partisans même les plus calmes de la Révolution. La sagesse du Saint-Siége réussit non sans peine à l'écarter. On s'entendit moins difficilement sur le choix des nouvelles circonscriptions. Après une négociation de plus de deux années, le nouveau Concordat fut signé. Indépendamment des siéges déjà établis on en érigeait quarante-deux, savoir sept archevêchés et trente-cinq évêchés. Le nombre des diocèses de la France se trouvait ainsi porté à quatre-vingt-douze. Au lieu du traitement stipulé par la loi de germinal, le gouvernement promettait d'assurer à tous les siéges tant anciens que nouveaux, dès que les circonstances le permettraient, une dotation convenable

---

1. Nous empruntons la plupart des détails qui suivent aux *Mémoires historiques sur les affaires ecclésiastiques de France*, attribués à M. Jauffret, qui a longtemps occupé un poste important à l'administration des Cultes.

en biens-fonds et en rentes sur l'État[1]. Un projet de loi qui consacrait ces dispositions et les autres clauses du nouveau Concordat fut soumis à la Chambre des députés dans la séance du 22 novembre 1817. Mais il souleva dans des camps divers une violente tempête, dont le résultat fut un ajournement indéfini. Trois années se passèrent encore, sans que l'Église de France affermie eût recouvré, avec la paix, une organisation fixe, durable et non contestée par l'esprit de secte ou de parti. Le gouvernement préludait par des mesures financières aux changements qui étaient annoncés. Une ordonnance du 9 avril 1817, rendue en exécution de la loi de finances de l'exercice de 1818, porta le traitement des évêques à 15 000 fr. et celui des archevêques à 25 000 fr. Les prélats désignés pour occuper les nouveaux diocèses dont la circonscription n'était pas encore civilement déterminée, reçurent des indemnités dont l'ensemble monta en 1817 à 116 214 fr. 50 c., en 1818 à 188 592 fr. 25 c. Mais ces marques de munificence n'étaient pas même des palliatifs, et n'apportaient aucun remède à des maux qui s'aggravaient de jour en jour. La rareté des premiers pasteurs se faisait sentir d'un bout de la France à l'autre. Ici un ancien évêque démissionnaire était attendu pour faire une ordination *extra tempora;* là c'était un prélat en exercice qui, malgré son grand âge et ses infirmités, quittait son propre diocèse pour aller

---

1. Concordat de 1817, art. 8 : « Il sera assuré à tous lesdits siéges, tant existant qu'à ériger de nouveau, une dotation convenable en biens-fonds et en rentes sur l'État, aussitôt que les circonstances le permettront, et en attendant, il sera donné à leurs pasteurs un revenu suffisant pour améliorer leur sort. »

dans un autre conférer le sacerdoce et donner la confirmation[1]. En 1818, il n'y avait plus en place qu'un seul archevêque, celui de Bordeaux, alors âgé de 82 ans; tous les autres étaient morts sans avoir de successeurs. La cour de Rome hésitait à modifier la circonscription des diocèses et les autres points réglés en 1817; elle craignait de laisser échapper pour toujours les avantages que le dernier Concordat assurait à la religion; mais quand elle eut appris par la voix des évêques eux-mêmes[2] l'étendue des maux de l'Église de France, elle se résigna, non sans douleur, à négocier sur de nouvelles bases.

Au commencement de l'année 1821[3], M. Siméon, Ministre de l'Intérieur, soumit à la Chambre des députés un projet de loi portant que les fonds rendus disponibles par l'extinction graduelle des pensions ecclésiastiques seraient affectés en partie à l'établissement et à la dotation de douze siéges épiscopaux que le roi désignerait. La discussion fut longue et animée. Sans contester l'opportunité de la création de nouveaux évêchés, le côté gauche demandait à savoir où ils seraient établis, et il déniait au gouvernement la faculté de fixer lui-même, de concert avec Rome, mais sans le concours du pouvoir législatif, les circonscriptions diocésaines. Le côté droit s'étonnait, au contraire, que les avantages accordés à la religion eussent été mesurés d'une main aussi avare, et qu'après avoir subordonné à

1. *Mémoires historiques*, etc., t. III, p. 216.
2. Voyez la lettre adressée au Saint-Père, le 30 mai 1819, par les cardinaux, archevêques et évêques de France, dans l'appendice du IIIe vol. des *Mémoires historiques*, etc., p. CXVII.
3. *Mémoires historiques*, etc., t. III, p. 276 et suiv.

la mort des vieux serviteurs du sanctuaire l'érection des
nouveaux diocèses, le Ministère n'en voulut ériger que
douze. La commission chargée de l'examen du projet
de loi proposait de n'admettre aucune limite de nombre, et de aisser à l'autorité royale toute latitude pour
agir selon les besoins et les vœux des populations.
Malgré les efforts du rapporteur, M. de Bonald, l'amendement fut écarté ; mais aux termes primitifs du projet
on substitua une réduction plus large qui a passé dans
la loi du 4 juillet 1821[1] : « A partir du 1er janvier 1821,
les pensions ecclésiastiques actuellement existantes
et qui sont annuellement retranchées de la dette publique à raison du décès des pensionnaires, accroîtront
au budget du ministère de l'Intérieur, chapitre du
clergé.... Cette augmentation de crédit sera employée à
la dotation de douze siéges épiscopaux ou métropolitains, et successivement à la dotation de 18 autres
siéges dans les villes où le Roi le jugera nécessaire ;
l'établissement et la circonscription de tous ces diocèses seront concertés entre le Roi et le Saint-Siége. »
En exécution de cette loi et à la suite de nouvelles négociations que termina heureusement la bulle pontificale du 10 octobre 1822, publiée en France le 31 du
même mois[2], cinq archevêchés furent institués à Sens,
Reims, Auch, Albi et Avignon, qui possédait déjà
un siége épiscopal ; vingt-six nouveaux évêchés furent
établis dans les villes de Chartres, Blois, Langres,
Saint-Claude, Nevers, Moulins, Châlons, Beauvais,
le Puy, Tulle, Rodez, Perpignan, Périgueux, Aire,

1. *Bull.* VII⁰ S., 462, n° 10 887.
2. *Bull.* VII⁰ S., 570, n° 13 866.

Tarbes, Montauban, Pamiers, Luçon, Marseille, Fréjus, Gap, Verdun, Belley, Saint-Dié, Nîmes et Viviers. Ces créations portèrent le nombre des diocèses de France à 80, dont 14 archevêchés et 66 évêchés. La dépense des traitements accrue dans une proportion considérable, dépassa, dès 1823, un million. Les frais de premier établissement que l'ordonnance du 4 septembre 1820 avait maintenus, comme sous l'Empire, à 15000 fr. pour les archevêques et à 10 000 fr. pour les évêques, éprouvèrent une progression rapide qui ne s'arrêta que lorsque la nouvelle organisation fut complète : Il en fut de même pour les frais de bulles dont le chiffre annuel est également subordonné à celui des nominations faites dans l'année. A partir de 1825, la nonciature qui est chargée des informations canoniques sur le savoir et les mœurs des prélats nouvellement élus, obtint du gouvernement pour cet objet, 400 fr. par archevêque, et 300 fr. par évêque. Enfin, à dater de la même époque, les comptes de chaque exercice mentionnent une dépense de 120000 fr. environ pour les frais des tournées ou visites que l'article 22 de la loi de germinal an x oblige les évêques de faire annuellement dans leurs diocèses.

Toutes ces causes d'augmentation réunies portèrent en 1829 les dépenses de l'épiscopat à 1 735 193 fr. 16 c. Mais les vicissitudes politiques arrêtèrent bientôt ce rapide essor. Après la révolution de Juillet, les traitements furent ramenés au chiffre indiqué par la loi de l'an x, savoir : 10 000 fr. pour les évêques, 15 000 fr. pour les archevêques, à l'exception de l'archevêque de Paris, qui reçut 40 000 fr. Les frais de premier établissement descendirent à 10 000 fr. et à 8000 fr. En cas de translation d'un diocèse à un autre, les évêques n'avaient droit à aucune indemnité ; s'ils étaient promus à un siége métropolitain, il leur était alloué un complément de 2000 fr. Le crédit accordé antérieurement pour frais de visites diocésaines subit aussi au budget de 1831 une forte réduction, un peu tempérée, il est vrai, au budget de 1832, et qui fit régler le chiffre de l'indemnité à 1500 fr. pour les diocèses composés de deux départements, et à 1000 fr. pour ceux qui n'en comprenaient qu'un seul [1].

Ces mesures rigoureuses que l'économie n'avait pas seule inspirées, et qui se ressentaient de la vieille animosité du parti libéral contre le clergé, n'étaient que l'accessoire d'une proposition beaucoup plus grave dont l'adoption aurait livré l'Église de France à de nouvelles agitations. Lors de la discussion préparatoire du budget de 1832, quelques membres demandèrent que les siéges érigés en 1821 fussent supprimés à la première vacance, et qu'on revînt aux circonscriptions établies par le Concordat de 1802. La Commission adhérait à ce vœu et en consigna l'expression dans son rapport [2]; un débat très-animé eut lieu devant la Chambre. Le gouvernement se retrancha derrière la prérogative royale et des fins de non recevoir tirées du contrat passé avec le Saint-Siége. Malgré les efforts de l'opposition, la Chambre ne consentit pas à s'engager dans la voie

1. Circulaires des 27 mai 1831 et 19 avril 1832, dans le recueil des *Circulaires relatives aux affaires ecclésiastiques*, Paris, 1841, in-8, pages 159 et 193.
2. Voyez le rapport de la Commission de la Chambre des députés sur le budget des dépenses de l'exercice 1832, présenté dans la séance du 30 décembre 1831.

périlleuse où les adversaires de l'épiscopat voulaient l'entraîner; elle vota les crédits nécessaires à l'entretien de 80 siéges qui existaient alors[1]. Cette année même la dépense totale n'atteignit pas 1 100 000 fr.; en 1829, elle avait dépassé 1 700 000 fr.; c'était donc une réduction de plus de 600 000 fr., comparativement au chiffre de la dernière année de la Restauration.

En 1833, lors de la discussion du budget de l'exercice courant, le débat sur les circonscriptions diocésaines se ranima faiblement[2] et sans autre résultat qu'une diminution de 25 000 fr. dont le traitement de l'archevêque de Paris fut frappé par un amendement improvisé; mais il reprit avec plus de vivacité trois mois après, à propos du budget de 1834. Cette fois, malgré le ministère, l'opposition réussit à faire insérer dans la loi de finances une disposition ainsi conçue : « A l'avenir, il ne sera pas affecté de fonds à la dotation des siéges épiscopaux et métropolitains non compris dans le Concordat de 1801, qui viendraient à vaquer, jusqu'à la conclusion définitive des négociations entamées avec la cour de Rome[3]. » Ces négociations, en supposant même qu'on se décidât à les suivre d'une manière sérieuse, ne pouvaient évidemment aboutir. Comment le Saint-Siége eût-il consenti à remanier pour la troisième fois l'organisation ecclésiastique, non-seulement sans profit pour l'Église, mais à son préjudice ? Le vote de la Chambre aurait donc causé de sérieux embarras au gouvernement, s'il avait exprimé

1. Séances des 14 et 15 février 1832.
2. Séance de la Chambre des députés du 18 février 1338.
3. Loi du 28 juin 1833, art. 5. *Bull.* IX⁰ S., I⁰ P., n° 106.

une résolution irrévocable de la majorité, et s'il n'avait
pas rencontré au dehors la répulsion la plus énergique
de la part des départements intéressés à la conservation de leur siége épiscopal. Mais l'évêché de Nevers,
que ce vote menaçait de suppression, étant devenu
vacant, 221 communes de la Nièvre adressèrent en
faveur de son maintien des pétitions pressantes que la
Chambre pouvait écarter par l'ordre du jour, et dont
elle ordonna le renvoi au Ministre des Cultes[1]. Un
mois après, de nouvelles pétitions concernant seize
autres évêchés institués en 1821, furent recommandées,
comme les premières, à l'équitable appréciation de
l'autorité compétente[2]. Ainsi le sentiment des populations se manifestait d'une manière éclatante, et plutôt
que de le contredire, la Chambre se montrait disposée à
infirmer sa propre décision. Le Ministère pourvut réso-
lûment à la vacance de Nevers, et nonobstant la loi de
1833, maintint au budget de 1835 la dépense, qui fut
votée sans débat. L'année suivante, lors de l'examen du
budget de 1836, la question se présenta de nouveau ;
la Commission se contenta d'inviter le gouvernement à
poursuivre les négociations avec Rome pour la réduction ou le déplacement de quelques siéges trop rapprochés[3], et au jour de la discussion publique malgré les
vives doléances de M. Isambert auquel M. Charles
Dupin répondit[4] la Chambre accorda l'ensemble des
crédits qui lui étaient demandés pour 80 siéges. La
loi de 1833 se trouvait implicitement rapportée et le

1. Séance du 1ᵉʳ mars 1834.
2. Séance du 26 avril 1834.
3. Séance du 18 mai 1835.
4. Séance du 8 juin 1835.

maintien des évêchés établis en 1821 ne donna plus lieu, pendant quelques années, à aucune contestation.

En 1841, mourut M. de Belmas, ancien évêque constitutionnel, qui occupait l'évêché de Cambrai depuis 1801. Cambrai était au nombre des archevêchés, qui devaient être érigés d'après le Concordat de 1817; la mesure n'avait été ajournée qu'en raison des antécédents et de la position personnelle du titulaire, à qui la cour de Rome n'entendait pas accorder cette marque de faveur. La mort de M. de Belmas ayant écarté tout motif d'ajournement, l'érection eut lieu par la bulle du 1er octobre 1841, publiée en France au mois de décembre suivant[1]. Le gouvernement avait agi sans le concours des Chambres, en vertu des pouvoirs que lui conférait la loi de 1822, concernant les circonscriptions diocésaines. Quelques objections s'élevèrent dans le sein de la Chambre des députés, au moment de la discussion du budget de l'exercice 1843[2], et il fut entendu qu'à l'avenir, pour l'établissement de nouveaux évêchés ou de métropoles, une loi serait nécessaire.

Après la révolution de Février, toutes les questions si péniblement résolues par les précédents gouvernements, furent livrées au hasard des discussions populaires. Le comité des Cultes qui comptait trois prélats parmi ses membres, eut la sagesse de reconnaître qu'avant d'introduire des changements dans l'organisation religieuse, il fallait s'entendre avec le Saint-Siége sur les bases du Concordat nouveau. S'il inclinait pour la suppression de cinq archevêchés, il se prononçait pour de nouveaux

---

1. *Bull.* IX° S., 877, n° 9 794.
2. Séances du 27 avril et du 18 mai 1842.

siéges dans les départements qui n'en possédaient pas[1]. Ce double vœu ne fut pas même porté à la tribune, et il ne donna lieu à aucune discussion. L'Assemblée législative montra la même réserve que l'Assemblée constituante ; elle se contenta de maintenir la situation léguée par la monarchie à la République, et ne chercha pas à innover. Toutefois, pendant la dernière session, aussi orageuse que stérile, deux projets émanés de l'initiative parlementaire menacèrent de bouleverser l'épiscopat. Le premier avait pour objet la suppression de dix-huit siéges diocésains et métropolitains[2], le second était relatif aux traitements, qu'il réduisait dans une proportion considérable. Selon la population des villes, chefs-lieux de diocèses, les archevêques auraient reçu 11 000, 12 000 et 14 000 fr.; les évêques, 6000, 8000, et 10 000 fr.[3]. Ces deux projets n'eurent pas même l'honneur d'une discussion publique ; ils échouèrent devant le ferme bon sens de la Commission que le règlement de l'Assemblée chargeait d'arrêter au passage les propositions inexécutables ou dangereuses. Quelle utilité aurait offerte la réduction du nombre des diocèses ? A peine procurait-elle au Trésor une économie de 200 000 fr.; fallait-il pour un aussi mince résultat affronter la chance d'une grave querelle avec la cour de Rome, agiter l'Église de France, troubler les rapports du clergé avec

1. Voyez les procès-verbaux du comité dans l'ouvrage de M. Pradié, *La Question religieuse en* 1682, 1790, 1802 et 1848, etc., Paris, 1849, in-8, p. 197 et suiv.

2. Proposition relative à la suppression de dix-huit siéges diocésains et métropolitains, séance du 17 juin 1851.

3. Proposition relative au traitement des archevêques et évêques, séance du 23 juillet 1851.

ses chefs, relâcher les liens de la discipline ecclésiastique en aggravant les difficultés de la surveillance, cau-
ser enfin un grave sujet de mécontentement aux populations de dix-huit départements? Il importe aussi de
se rappeler que la France, comme le remarquait M. de
Parieu[1], est de tous les États catholiques celui dans lequel l'administration religieuse est le plus concentrée;
pour une population de trente-six millions d'âmes elle
comptait en 1851, quatre-vingts évêques ou archevêques; ce qui donnait environ 400 000 habitants par
diocèse. Pour les diocèses étrangers, la moyenne est bien
moins élevée; elle n'est que de 375 000 âmes en Ba-
vière, de 350 000 en Autriche, de 203 000 en Espagne,
de 113 000 en Portugal, de 110 000 dans les États-Sar-
des, de 106 000 dans les Deux-Siciles. En ajoutant,
comme elle l'a fait, trente nouveaux siéges à ceux qui
furent établis lors du Concordat, la loi de 1822 n'a donc
rien exagéré; elle n'a pas supposé des besoins factices
pour y satisfaire par des créations coûteuses et frivoles;
elle répondait dans des proportions modestes à une
nécessité sociale que, depuis lors, l'accroissement continu de la population a rendue évidente pour tous les
esprits de bonne foi.

Des considérations non moins pressantes militaient
contre la réduction des traitements de l'épiscopat. Il
importe sans doute de ménager les ressources du budget, et de ne pas imposer au Trésor des charges excessives; mais il y a des économies plus ruineuses que
les dépenses, et dans le nombre se trouvent celles qui

______

1. Rapport au nom de la 21ᵉ commission d'initiative parlementaire, séance du 21 juillet 1851.

ont lieu sur le traitement des évêques. Amoindrir les situations épiscopales, ce n'est pas toujours, comme on le croyait en 1830, atteindre l'excès, retrancher le superflu, ramener à la modestie des temps primitifs un luxe et un faste inconciliables avec la mission de l'épiscopat; c'est trop souvent, ainsi que M. le comte de Melun le disait en 1851, à l'Assemblée législative[1]. « C'est trop souvent économiser sur le pain et le soulagement du pauvre, sur la pension et l'éducation des jeunes lévites, sur la prospérité des œuvres de bienfaisance; c'est fermer la porte de toutes les grandes fonctions ecclésiastiques à un grand nombre de prêtres, qui sortis comme les apôtres des ateliers et des rangs les plus humbles de la société, n'ont, comme eux, pour fortune, que leur dévouement et leur foi. C'est, en un mot, frapper du même coup et la charité dont on tarit la source, et la sainte égalité de l'Église catholique, qui ne demande à ceux qu'elle appelle à ses plus hautes dignités que la science et la vertu. »

Les attaques dirigées du sein de l'Assemblée législative contre l'organisation de l'Église de France, faisait partie du programme que la démocratie préparait pour les élections de 1852. Elles s'évanouirent après les journées de décembre, sans laisser de traces dans la législation. Dès lors, il ne fut question ni de restreindre le nombre des diocèses, ni d'amoindrir les ressources de leurs premiers pasteurs : une pensée de haute prévoyance poussait le gouvernement nouveau dans des voies tout opposées. Le budget de 1852 reproduisit les chiffres de l'année précédente; mais

---

1. Séance du 4 août 1851.

en 1853, le traitement des archevêques fut porté à 20 000 fr.; celui des évêques à 12 000 fr. et une somme de 72 000 fr. fut destinée à être répartie entre 24 prélats qui résidaient dans de grands centres de population où les charges sont plus nombreuses et plus lourdes. En 1855, un nouveau siége épiscopal fut érigé à Laval[1], et eut pour circonscription le département de la Mayenne qui dépendait autrefois de l'évêché du Mans. La même année, un évêque auxiliaire fut attaché au diocèse de Paris[2]. Enfin comme l'inégalité devant le budget entre les situations épiscopales avait donné lieu à de sérieuses réclamations, une somme de 126 000 fr. a été accordée par la loi de finances du 23 juin 1857, afin de porter le traitement de tous les évêques au taux normal et uniforme de 15 000 fr. à partir du 1er janvier 1858.

Ces améliorations successives expliquent en grande partie le développement du chapitre des dépenses de l'épiscopat, depuis 1852. Les charges qui ne s'étaient élevées en 1851 qu'à 1 011 027 fr. 58 c. et en 1852 à 1 098 764 fr. 11 c., ont atteint :

En 1853.	1 396 516 fr. 63 c.
1854.	1 328 675 »
1855.	1 414 999 02
1856.	1 430 800 »
1857.	1 434 400 »

1. Décret du 30 août 1855, *Bull.*, XIe S., 323, n° 2993.

2. « L'évêque auxiliaire est celui qui est adjoint avec un titre d'évêque *in partibus* à un prélat pour l'aider dans ses fonctions, sans être appelé à lui succéder comme le coadjuteur.» *Dict. de l'administration française*, p. 805, *in verbo* ÉVÊQUE.

et les budgets des exercices 1858 et 1859, les évaluent à 1 507 500 fr. Cependant l'augmentation des traitements n'a pas seule contribué à cette progression rapide; il faut tenir compte aussi des variations qu'ont présentées les frais d'informations, les frais de bulles et ceux de premier établissement. Les réductions opérées après 1830 sur ce dernier article eurent pour résultat une diminution sensible de la dépense; toutefois elle s'éleva encore en 1841 à 98 000 fr.; en 1847 à 100 000 fr.; en 1850 à 158 000 fr. Elle est descendue à 8000 fr. pendant l'année 1854 où un seul évêque fut nommé, celui de Perpignan; mais elle est remontée en 1855 à 45 000 fr.; en 1856 à 69 000 fr.; en 1857 à 95 000 fr.

Malgré son respect pour la loi des finances, l'administration accordait quelquefois aux prélats transférés d'un siége à un autre des frais d'installation supérieurs à ceux que l'usage autorisait. Tel évêque devenu archevêque a reçu 5000 fr. au lieu de 2000 fr. qui auraient dû lui être alloués; tel autre qui changeait seulement d'évêché a obtenu des frais de déplacement que le budget n'avait pas prévus. En 1848, le chef du pouvoir exécutif n'hésita pas à mettre à la disposition de Mgr Sibour, qui venait de passer du siége de Digne à celui de Paris une somme de 20 000 fr. pour son installation. C'est qu'en effet, les modiques allocations passées en usage depuis 1830 n'étaient pas suffisantes. Ce n'est pas avec 2000 fr. qu'un évêque couvrira les dépenses qui résultent de son élévation sur un siége métropolitain. S'il change de diocèse n'a-t-il pas, même dans ce cas, des frais de translation considérables? S'il est promu au siége de Paris, les charges ne s'accroissent-elles pas en raison de l'éminente renommée et des innombrables besoins de l'Église confiée à sa sollicitude. Je ne parle ni des engagements qu'il a pu contracter dans le cours de son administration précédente et qu'il doit acquitter, ni des aumônes qui sont la bénédiction paternelle d'un pasteur à son ancien troupeau et à celui qu'il vient évangéliser. Le gouvernement avait donc agi sagement en modifiant, selon les nécessités du service, non pas les ordonnances, mais la pratique imposée à l'administration des Cultes par les économies intempestives qui suivirent la révolution de 1830. Toutefois, comme en toute espèce de matière, et surtout en celle-ci, la règle vaut mieux que l'arbitraire, le décret du 12 octobre 1857[1] a, pour la troisième fois, consacré les dispositions suivies sous l'Empire et sous la Restauration, qui fixent les frais d'établissement des archevêques à 15 000 fr. et ceux des évêques à 10 000 fr. En cas de translation d'un diocèse à un autre, le décret accorde 5000 fr. aux archevêques, et la même somme aux évêques qui sont promus à un archevêché; 4000 fr. à ceux qui changent seulement de siége épiscopal. Enfin il affranchit de l'application de ces règles le diocèse de Paris, dont la position est tellement exceptionnelle, qu'il est plus sage de ne pas enchaîner à l'avance la liberté du gouvernement, et de lui laisser le soin d'apprécier équitablement ce qui dans un cas donné est dû aux personnes et aux situations.

1. *Bull.* XI° S., 550, n° 5028.

CHAPITRE IV.

CHAPITRES DIOCÉSAINS ET CLERGÉ PAROISSIAL.

§ I.. — VICAIRES GÉNÉRAUX ET CHANOINES.

Au-dessous de l'évêque, la hiérarchie ecclésiastique comprend d'abord le conseil composé de ses grands vicaires et de ses chanoines, puis les curés, les desservants des succursales, les vicaires, les aumôniers et la foule des prêtres qui, dans chaque diocèse, exercent le ministère sacerdotal.

De même que dans l'ordre civil, toute personne constituée en dignité et dépositaire de la puissance publique est entourée de coopérateurs immédiats qui sont pour ainsi dire ses seconds, qui la représentent, qui la remplacent, et qui, sans rien décider par eux-mêmes, préparent ses décisions, transmettent ses ordres et font rayonner en quelque sorte son autorité dans tous les sens; de même, dans l'ordre ecclésiastique, l'évêque a près de lui des grands vicaires ou vicaires généraux que sa confiance associe à l'administration diocésaine, et qui sont les surveillants ordinaires du clergé. L'article 21 de la loi de germinal an x en reconnaît trois aux archevêques, deux aux évêques, indépendamment de ceux que chaque prélat peut se donner, mais qui n'ont pas d'existence légale aux yeux du gouvernement.

Mais la coopération des vicaires généraux n'a pas

été jugée suffisante pour la bonne administration des diocèses. Les canons de l'Église demandent quelque chose de plus ; ils veulent que chaque évêque soit assisté d'un conseil ou chapitre, composé de prêtres éminents par la piété, qui servent d'exemple aux autres, dont l'expérience et le zèle soulagent et éclairent l'autorité épiscopale; enfin, qui méritent d'être appelés, selon la belle expression du concile de Trente [1], « un sénat ecclésiastique. »

Quand l'évêque vient à mourir, la juridiction épiscopale passe temporairement au chapitre; il l'exerce de plein droit durant la vacance du siége, par l'entremise de vicaires qu'il a choisis librement et qui, pour ce motif, prennent le nom de *vicaires capitulaires*.

Ce ne fut pas l'une des moindres erreurs de la constitution civile du clergé que la suppression aussi injuste qu'imprudente de ces vénérables établissements qui, sans remonter aux siècles apostoliques, avaient une origine très-ancienne, et se recommandaient par leurs services. Nulle blessure, nul outrage ne furent plus douloureux pour l'Église et en particulier pour l'épiscopat. La plupart des évêques protestèrent avec énergie contre l'inique décision qui les séparait des coopérateurs légitimes de leur administration.

A l'époque du Concordat, la reconstitution des chapitres fut l'un des principaux objets de la sollicitude du Souverain Pontife. L'article 11 stipula que les évêques pourraient avoir un chapitre dans leur cathédrale, et peu après, dans le rescrit du 9 avril 1802, le cardinal Caprara, légat *a latere*, exhorta « vivement

---

1. S. Concilii Tridentini Sess. XXIV, *de Reformatione*, c. XII.

et instamment les évêques et archevêques à user le plus tôt qu'il leur serait possible de cette faculté pour le bien de leurs diocèses, l'honneur de leur Église, pour la gloire de la religion et pour se procurer eux-mêmes un secours dans les soins de leur administration. » Cette recommandation fut écoutée; de nouveaux chapitres furent érigés aussitôt dans tous les diocèses de France. Le cardinal légat approuva leurs statuts; le Premier Consul rendit une suite de décrets qui reconnaissaient leur existence civile.

Le gouvernement n'était pas engagé à doter les chapitres; mais ce qu'il n'avait pas voulu se laisser imposer par la lettre d'un traité, il le fit de bonne grâce, par équité et par prévoyance. « Quand on érige un titre ecclésiastique, disait Portalis avec sa haute raison, il faut le doter. L'indigence des ministres du culte compromettrait et avilirait leur ministère[1]. » Une année à peine s'était écoulée depuis le Concordat, qu'un arrêté consulaire du 14 ventôse an XI assurait à l'un des vicaires généraux de chaque archevêché 2000 fr.; à tous les autres vicaires généraux reconnus par le gouvernement, 1500 fr.; aux chanoines, 1000 fr. Comme les lois de finances laissaient alors les dépenses diocésaines à la charge des départements, il paraissait naturel que les traitements des membres des chapitres fussent acquittés sur les fonds départementaux. Les conseils généraux, invités à y pourvoir, accordèrent les crédits qui leur étaient demandés. Toute-

___

1. *Exposition des maximes et des règles consacrées par des articles organiques.* Titre IV, sect. III, dans le recueil des *Discours et Travaux inédits sur le Concordat de* 1801, p. 277.

fois le gouvernement reconnut bientôt qu'il s'agissait là d'une institution publique, inséparable annexe des évêchés, d'un service qui intéressait l'ordre de l'Église, et que l'État lui-même devait rémunérer. L'usage s'établit de payer aux grands vicaires et aux chanoines sur les fonds du Trésor le traitement déterminé par l'arrêté du 14 ventôse, sans avoir égard aux indemnités que les départements avaient pu leur allouer et qui furent désormais considérées comme un supplément à la fois très-éventuel et très-nécessaire.

Le nombre des chanoines variait selon les diocèses. Les évêchés en comptaient généralement huit; les archevêchés, neuf. Dans les églises où le service diocésain et le service paroissial avaient lieu concurremment, il arriva souvent, dès l'origine, que la cure fut réunie, avec l'autorisation du gouvernement, au chapitre : dans ce cas, un canonicat était créé en plus pour le curé qui prenait le titre d'archiprêtre, sous lequel il restait préposé à l'administration de la paroisse[1]. Par une mesure tout exceptionnelle, le chapitre métropolitain de Notre-Dame de Paris fut augmenté de six membres, lorsque le décret du 20 février 1806 l'eut chargé de desservir l'église Sainte-Geneviève, affectée à la sépulture des grands dignitaires de l'Empire et à celle des citoyens qui, dans la carrière des armes ou de l'administration ou dans celle des lettres, auraient rendu d'éminents services à la patrie[2].

1. Sur la réunion des cures aux chapitres. Voyez un rapport de Portalis du 12 février 1807, *Discours et Travaux inédits*, etc., p. 381 et suiv.

2. *Bull.* IVe S., 75, n° 1336. Portalis, *Discours*, etc., p. 563.

Avec une modique somme de 1000 fr., leur seule ressource, comment des prêtres âgés, souvent infirmes, que l'évêque appelait dans son conseil, pouvaient-ils soutenir le rang qui leur était assigné dans la hiérarchie ecclésiastique? L'insuffisance du traitement des chanoines était universellement reconnue, lorsqu'il fut élevé d'abord à 1100 fr., puis à 1500, par les ordonnances du 5 juin 1816 et du 20 mai 1818 [1]. La même année, la situation des vicaires généraux fut également améliorée. Dans chaque archevêché, celui qui tenait la première place ou par droit d'ancienneté, ou en vertu de son titre, obtint 3000 fr., au lieu de 2000; ceux qui venaient après lui, et tous ceux des évêchés, 2000 fr. au lieu de 1500. En 1819, ces chiffres furent élevés pour le premier vicaire du diocèse de Paris à 4000 fr., pour les autres à 3000 fr., et pour les chanoines à 2400 fr. [2] Des suppléments de traitements, qui formèrent un total de 655 362 fr., furent accordés en 1817 sur les centimes additionnels versés au Trésor public : mais la loi de finances de l'exercice suivant n'autorisa plus cette affectation des ressources départementales [3]. Si, par la suite, des indemnités extraordinaires furent allouées dans quelques diocèses aux membres des chapitres, ce fut facultativement par un vote spécial des conseils généraux, dont l'administration centrale provoqua, du reste, et sollicita plusieurs fois la munificence.

1. *Bull.* VIIe S., 91, n° 783, et 214, n° 4175.
2. Ordonn. 29 juin et 10 novembre 1819.
3. Lois 25 mars 1817, art. 53, et 15 mai 1818, art. 68; *Comptes présentés par les Ministres sur les dépenses arrêtées au* 31 *décembre* 1818. Paris, 1819, in-4, p. 73.

En 1822, l'érection de trente siéges épiscopaux eut pour conséquence la création dans les départements de deux cents canonicats et de soixante-cinq titres de grands vicaires. La dépense qui était en 1817 de 597 224 fr. 69 c.; en 1820, de 856 908 fr. 30 c., dépassa 1 400 000 fr. en 1824 et dans les années suivantes.

Ainsi, dans une courte période, elle avait presque triplé, tant par l'accroissement du nombre des emplois que par l'élévation progressive du chiffre des traitements. La situation que les Ministres de Charles X léguaient à leurs successeurs se continua sous la monarchie de Juillet, sans être modifiée autrement que par la création d'un titre de grand vicaire et d'un titre de chanoine, à Cambrai, lorsque le siége épiscopal fut érigé en archevêché [1].

Au budget de 1844 et de 1845, le gouvernement avait porté une somme de 3000 fr. qu'il destinait à un quatrième vicaire général du diocèse de Paris, où la multiplicité croissante des affaires exigeait une surveillance de jour en jour plus active; mais la proposition fut écartée sous ce prétexte rigoureux qu'elle dérogeait à la loi de germinal qui, en fixant le nombre des grands vicaires à deux pour les évêchés et à trois pour les archevêchés, n'avait pas admis d'exception pour Paris [2].

La révolution de Février ne troubla pas la modeste position que les gouvernements précédents avaient faite

---

1. Budget et Compte rendu des dépenses de l'exercice 1843.
2. Séances de la Chambre des députés du 6 juin et du 8 juillet 1844.

et conservée aux chanoines ; cependant, au mois de juillet 1851, une fraction de l'Assemblée législative, qui s'était déjà signalée par son hostilité contre les cardinaux et les évêques, continua et couronna sa campagne en formulant un projet de loi qui rayait du budget de l'État les chapitres diocésains et métropolitains. Le projet échoua devant la sagesse de la Commission d'initiative parlementaire, dont le rapporteur, M. Henry de Riancey, démontra savamment l'utilité sociale et religieuse de l'antique institution que le parti démocratique menaçait de détruire [1].

En 1853, le traitement du premier vicaire général de Paris fut fixé à 4500 fr. : seize vicaires généraux de métropoles reçurent 3000 fr. : tous les autres 2500 fr. La dépense était inscrite au budget pour 1 455 500 fr.; par suite de quelques vacances d'emploi, elle descendit à 1 442 449 fr. 16 c.

En 1855, l'établissement d'un nouvel évêché à Laval motiva la création de deux titres de grand vicaire et de huit canonicats. Il en résulta une nouvelle augmentation de la dépense qui s'éleva :

En 1855 à. . . . . . 1 447 949 fr. 80 c.
1856 . . . . . . 1 459 328 70

Cependant, même alors, le traitement des chanoines dans les départements était de 1500 fr. seulement. Il y avait vingt-cinq ans que ce chiffre n'avait pas varié. Peut-être, malgré sa modicité, aurait-il été jugé suffisant si les chapitres diocésains n'étaient rien de plus qu'un asile honoré pour les ecclésiastiques à qui l'âge,

1. Séances de l'Assemblée législative des 11 et 29 juillet 1851.

les infirmités ou d'autres circonstances ne permettent plus de remplir des fonctions actives. Mais, dans la constitution de l'Église, un canonicat n'est pas une retraite. C'est l'entrée dans le conseil de l'évêque; c'est la participation plus ou moins directe au gouvernement du diocèse; et quels conseillers, quels auxiliaires, l'évêque appellera-t-il près de lui, sinon des ecclésiastiques valides encore, instruits, prudents, expérimentés, capables d'ouvrir un avis utile et de remplir au besoin une mission délicate? Or, parmi les prêtres qui réunissent toutes ces conditions, les uns occupent des cures de première ou de seconde classe, ou les succursales les plus importantes; les autres sont attachés en qualité d'aumôniers à des établissements publics; indépendamment de leur traitement fixe, ils ont un presbytère ou une indemnité de logement, avec un casuel plus ou moins considérable; appelés à l'honneur de siéger dans le chapitre, ils perdent la plupart de ces avantages; leur position matérielle s'amoindrit à mesure qu'ils s'élèvent dans la hiérarchie. Cette contradiction entre le traitement et la fonction est une très-fâcheuse anomalie, dont la sainteté du ministère sacerdotal et le désintéressement des membres du clergé préviennent ou tempèrent les fâcheux effets, mais qui n'en méritait pas moins d'appeler la sérieuse attention de l'autorité publique. Au budget de 1859 figure une somme de 65 400 fr. destinée à élever de 100 fr., c'est-à-dire à porter de 1500 à 1600 fr. le traitement de six cent cinquante quatre chanoines des départements. Cette augmentation n'est plus seulement une promesse ni une espérance; elle a été réglée d'une manière définitive par le décret du 3 août dernier. Elle relèvera un peu la situation temporelle des auxiliaires les plus immédiats de l'épiscopat, sans toutefois étouffer en eux le désir de nouvelles améliorations plus sérieuses, plus complètes, que les vœux unanimes des évêques réclament et que les intentions bien connues du gouvernement permettent d'espérer.

§ II. — CURÉS.

Le clergé paroissial, qui dans l'ordre hiérarchique vient après les chanoines, comprend aujourd'hui en France les curés, les desservants et les vicaires.

Au sens propre et canonique du mot, le *curé* est celui qui a la charge et la conduite des âmes dans une certaine étendue de pays qu'on appelle une *paroisse*. Bien que les fonctions dont il est investi soient une délégation de l'évêque, elles sont, d'après l'ancienne discipline de l'Église, inamovibles. L'autorité diocésaine ne peut, sans un jugement régulier, les enlever au titulaire; si celui-ci est frappé arbitrairement, il a le droit de recours.

Cette jurisprudence fondée sur les décisions de plusieurs conciles, était, avant la Révolution, universellement suivie en France, où la loi civile bien loin de la restreindre, en avait favorisé l'extension : car la déclaration de 1686 ordonna que certaines cures dont les desservants n'avaient qu'un titre équivoque, révocable au gré des communautés religieuses, des chapitres et autres possesseurs de bénéfices, qui les avaient délégués, seraient elles-mêmes administrées à l'avenir par des vicaires perpétuels. Toutefois, quand une paroisse était trop étendue ou trop peuplée, les habitants pouvaient obtenir qu'elle fût partagée en sections, appelées succursales, sous la conduite de simples vicaires amovibles qui représentaient le curé et exerçaient le saint ministère en son nom.

L'inamovibilité des offices ecclésiastiques fut resserrée dans les limites les plus étroites, sinon par le Concordat de 1801, du moins par la nouvelle législation religieuse dont il fut le point de départ. Aux termes des articles 37 et 63 de la loi du 18 germinal an x, les desservants préposés à l'administration des petites paroisses sont nommés par l'évêque et révocables par lui. Je n'examinerai pas si ces articles sont susceptibles d'une interprétation favorable à la perpétuité des fonctions ; je laisse également de côté le point de savoir si la position précaire qui paraît en résulter pour le clergé inférieur, ne donne pas lieu aux plus sérieuses objections ; je me borne à constater qu'ils sont en fait, depuis plus d'un demi-siècle, l'une des bases de l'organisation de l'Église de France ; que souvent dénoncés comme une nouveauté humiliante et tyrannique, ils n'ont pas été rapportés ; et qu'enfin le Saint-Siége, loin de réclamer, s'est prononcé, quand on l'a consulté, pour le maintien au moins provisoire du régime actuel [1].

---

1. En 1845, l'évêque de Liége consulta le Saint-Siége en ces termes : « An attentis præsentium rerum circumstantiis, in re-« gionibus in quibus, ut et in Belgio, sufficiens legum civilium « fieri non potuit immutatio, valeat et in conscientia obliget usque « ad aliam S. Sedis dispositionem, disciplina inducta post Con-« cordatum anni 1801, ex quo episcopi rectoribus Ecclesiarum « quæ vocantur succursales jurisdictionem pro cura animarum « conferre solent ad nutum revocabilem, et illi, si revocentur vel « alio mittantur, tenentur obedire. »
Voici la réponse du Saint-Siége : « Sanctissimus Dominus

Dès lors, les ecclésiastiques français appelés à remplir les fonctions curiales se sont trouvés partagés en deux ordres, dont le premier, réparti dans les grands centres de population, a conservé le privilége de l'inamovibilité, tandis que le second, incomparablement le plus nombreux, restait à la discrétion de l'évêque, qui était armé du droit redoutable de nomination et de révocation. Ceux de la première classe ont seuls retenu le nom de *curés;* leur emploi s'appelle proprement *cure*, et la circonscription dans laquelle ils exercent le ministère s'appelle *paroisse*[1]*;* les seconds n'ont que le titre de *desservants;* l'Église qu'ils desservent est une *succursale.*

Nous parlerons rapidement des curés. L'érection des cures étant subordonnée, d'après la tradition de l'Église, aux besoins spirituels des peuples, il était impossible de fixer, d'une manière absolue, soit dans la convention conclue avec le Saint-Siége, soit dans les articles organiques, le nombre des cures que le clergé de France comprendrait. Toutefois, on décida qu'il y aurait au moins une paroisse par justice

« noster, universa rei de qua in precibus ratione nature perpensa
« gravibusque ex causis animum suum moventibus, referente
« infra scripto cardinale sacræ congregationis Concilii præfecto,
« benigne annuit, ut in regimine Ecclesiarum succursalium de
« quibus agitur, *nulla immutatio fiat, donec aliter a Sancta Sede
« apostolica statutum fuerit.»* Nous empruntons cette citation à l'ouvrage de M. Pradié, *la Question religieuse* en 1682, etc. Paris, 1849, in-8°, p. 333.

1. Je donne ici le sens légal du mot *paroisse*, en m'attachant aux termes exprès des articles 29 et 60 de la loi de germinal an x; mais dans la pratique, l'usage a prévalu d'employer ce mot pour désigner les simples succursales.

de paix[1]; c'était en créer, d'un seul coup, trois mille
environ. Les curés furent partagés en deux classes, au
traitement de 1500 fr. et de 1000 fr. Un arrêté du
27 brumaire an xi[2] rangea dans la première classe
les cures qui se trouvaient placées dans les communes
dont les maires étaient nommés par le gouvernement,
et qui, pour la plupart, contenaient 5000 âmes de population. Mais le Premier Consul se réserva le droit d'élever, chaque année, de la seconde classe à la première,
sur la proposition des évêques, les curés qui se seraient distingués par leur zèle, leur piété et les vertus
de leur état.

Les états sommaires qui ont passé sous nos yeux
portent la dépense en 1802, à 57179 fr. 16 c.; en 1803,
à 1 928 010 fr. 96 c.; en 1813, à 3 074 000 fr. Mais,
pour connaître exactement la part des cures qui sont
restés françaises, il faudrait défalquer dés chiffres précédents les sommes afférentes aux territoires qui furent
détachés de la France en 1815; or nous manquons de
documents certains pour opérer cette déduction.

Outre le traitement qui leur était servi par le Trésor,
les curés étaient logés et touchaient un casuel composé du montant des oblations que les règlements
faits par les évêques, sous l'approbation du gouvernement, avaient autorisées. Chaque paroisse ayant autour

1. Loi du 18 germinal an x, art. 60. Cf. Loi du 8 pluviôse
an ix, art. 1 : « Il y aura pour tout le territoire européen de la
République trois mille justices de paix au moins, et trois mille
six cents au plus. »

2. Cet arrêté n'a pas été inséré au *Bulletin des lois*, mais il a
été publié au *Moniteur* du 29 brumaire an xi, et depuis dans le
recueil des *Circulaires, instructions et autres actes relatifs aux
affaires ecclésiastiques*, Paris, 1841, in-8°, p. 209.

d'elle une population de plusieurs milliers d'âmes, ce casuel, quelquefois très-considérable, suffisait toujours, en se cumulant avec le traitement fixe, pour assurer au titulaire une existence honorable. Aussi la position des curés n'excita aucune plainte sous l'Empire, ni même sous la Restauration. Malgré la faveur qui environnait le clergé, le seul avantage qu'ils obtinrent fut une augmentation de 100 fr. accordée aux septuagénaires, et l'élévation du traitement des curés de seconde classe porté de 1000 fr. à 1100 fr. en 1817, et à 1200 fr. en 1828. De nouvelles cures, en assez grand nombre, furent érigées; plusieurs furent élevées, en vertu de l'arrêté de brumaire an XI, de la seconde classe à la première. En 1817, on en comptait 2859, dont 591 seulement de 1re classe; en 1829, j'en trouve 3262, dont le traitement a été payé, savoir : ceux de 1re classe, 752; ceux de 2e classe, 2510.

Quelque lente que fût la progression des traitements, ces érections nombreuses occasionnèrent un rapide accroissement de la dépense qui, de 2 858 000 fr., chiffre qu'elle atteignait en 1817, monta peu à peu, sous la Restauration, à 3 879 000 fr.

En 1831, diverses parties de la législation administrative furent, comme on sait, l'objet d'une révision profonde qui eut pour résultat, entre autres changements, d'ôter aux préfets et de réserver à l'autorité royale la nomination des maires dans les communes de 3000 âmes[1]. Si on s'était tenu à la lettre plutôt qu'à l'esprit de l'arrêté du 27 brumaire an XI, près de six cents curés de seconde classe auraient passé de droit

---

1. Loi du 21 mars 1831, art. 3 et 4.

à la première, puisque les maires de leurs communes devaient, à l'avenir, être investis par une délégation directe du pouvoir exécutif[1]. Mais l'accroissement de dépenses qui serait résulté de l'élévation d'un aussi grand nombre de traitements n'avait pas été prévu par le budget, et le gouvernement ne consentit pas à l'imposer au Trésor public. Une ordonnance royale du 6 avril 1832 ordonna, en conséquence, que, sauf les chefs-lieux de préfecture où le chiffre de la population n'était pas à considérer, le titre de curé de première classe n'appartiendrait, de droit, qu'aux paroisses de 5000 âmes[2]. Quelques-unes des anciennes cures avaient subi, dans le nombre de leurs habitants, des réductions qui l'avaient abaissé au-dessous du chiffre fixé par l'ordonnance; elles descendirent par conséquent à la seconde classe; mais il fut entendu que les titulaires seraient personnellement maintenus en possession de leur rang et de leur traitement.

A partir de 1844, les lois de finances allouèrent, de loin en loin, de modiques augmentations qui servirent tantôt à ériger de nouvelles cures, tantôt à élever le rang des anciennes. C'est ainsi que le nombre des paroisses qui, pendant les douze premières années de la monarchie de Juillet, était resté le même que sous la Restauration, se trouva porté :

En 1844　à　3301　dont　879　cures de 1re classe.

　　1847　　　3350　　　　843　　—　　　1re classe.

1. Voyez les tableaux de la population de la France au 1er janvier 1832, *Bull.* IXe S., IIe P., 163, n° 4221.

2. Voyez la circulaire du 25 septembre 1832 pour l'exécution de cette ordonnance, dans le recueil des *Circulaires, instructions et autres actes relatifs aux affaires ecclésiastiques*, p. 209 et suiv.

En 1851 à 3 370 dont 846 cures de 1re classe.
   1855   3 401   858   —   1re classe.
   1856   3 413   858   —   1re classe.

Durant les mêmes années, la dépense s'élève :

En 1844 à . . . . 4 179 619 fr. 88 c.
   1847 . . . . 4 232 643 fr. 92 c.
   1851 . . . . 4 266 666 fr. 20 c.
   1855 . . . . 4 316 797 fr. 27 c.
   1856 . . . . 4 325 153 fr. 42 c.

Rien n'annonce que cette lente et sage progression doive s'arrêter : rien non plus ne fait présumer qu'elle doive, dans un avenir prochain, devenir plus rapide. La situation de 1856 s'est continuée en 1857 ; selon toute apparence, elle se prolongera encore quelques années ; car le budget de 1858 ne portait aucune augmentation pour les paroisses et celui de 1859 ajoute 4500 fr. seulement à l'ancien crédit. Le clergé ne regrettera pas ce temps d'arrêt, si la bienveillance du gouvernement à son égard s'applique à des améliorations plus impérieuses.

<h2 style="text-align:center">§ III. — DESSERVANTS.</h2>

Si, dès le Concordat, la position des curés a été sagement garantie, si elle est aujourd'hui généralement satisfaisante, il n'en est pas de même à beaucoup près de celle des desservants.

La loi de l'an x ne leur allouait aucune indemnité sur les fonds du Trésor, elle stipulait seulement qu'ils seraient choisis parmi les ecclésiastiques pensionnés en vertu des lois de l'Assemblée constituante ; que le montant de ces pensions réuni au produit des oblations formerait leur traitement; qu'en outre il leur serait fourni par les communes un presbytère et un jardin [1]. Le Saint-Siége s'émut de la position lamentable faite à l'immense majorité des ministres du sanctuaire, qui, personnellement dénués de tout, ne recevant de l'État qu'une modique pension, frêle débris des anciennes richesses de l'Église, étaient réduits à espérer leur subsistance de la libéralité des conseils municipaux et de la piété des fidèles; et dans quel pays? dans un pays bouleversé de fond en comble, où le philosophisme et la politique révolutionnaire travaillaient depuis dix ans à déraciner les croyances chrétiennes et tout sentiment de respect envers le sacerdoce. Le Premier Consul, à peine devenu Empereur, fit droit aux vœux du Souverain Pontife, et par le décret du 5 nivôse an XII accorda aux desservants sur le budget de l'État un traitement annuel de 500 fr. « Au milieu des nécessités de la guerre, disait à cette occasion Portalis, Sa Majesté a déployé en faveur du culte et de ses ministres des ressources qui semblaient ne pouvoir se réaliser qu'après plusieurs années de paix [2]. » Et cependant, malgré l'étendue des sacrifices nouvellement imposés au Trésor, combien la position du clergé inférieur ne laissait-elle pas à désirer! Que de privations avec son modique revenu n'allait-il pas supporter pour se suffire à lui-même et pour venir en aide aux indigents!

1. Art. 68 et 72.

2. *Réponse aux observations présentées au nom de Sa Sainteté,* dans le recueil des *Discours, rapports et travaux inédits sur le Concordat de* 1801, par S. E. M. Portalis. Paris, 1845, in-8°, p. 299.

Le traitement des desservants leur était payé tous les trois mois par le payeur de chaque département, déduction faite de la pension ecclésiastique, sur un état dressé par l'évêque et ordonnancé par le préfet. Comme l'obligation de se rendre tous les trimestres au chef-lieu, ou de s'y faire représenter par un mandataire entraînait pour les intéressés des embarras de toute espèce, il fut bientôt décidé que les payements se feraient dans chaque arrondissement par les mains du receveur; aujourd'hui ils ont lieu dans chaque commune, sur la caisse du percepteur.

Mais l'État ne rétribue en général que les fonctions qu'il a lui-même établies ou reconnues. L'article 60 de la loi de germinal an x avait ordonné que chaque évêque, de concert avec le préfet, réglerait le nombre et la circonscription des églises de son diocèse. Un premier travail eut lieu, dès l'année suivante, sur des informations recueillies à la hâte et avant que les autorités locales se fussent rendu compte exactement des rapports d'habitude, de sympathie ou d'intérêt qui pouvaient exister entre les populations. Plusieurs succursales furent érigées sans nécessité, par condescendance pour des prétentions vaniteuses que l'on avait trop ménagées. Ces créations inutiles offraient au reste peu d'inconvénients, tant que les communes qui les avaient sollicitées restaient chargées de la dépense; mais, lorsque l'État eut pris les traitements à sa charge, il jugea nécessaire de régler l'exercice du culte avec une sévère économie, d'après les besoins réels des localités. Le décret du 11 prairial an xii[1] ordonna une circonscrip-

____

1. *Bull.* IVe S., 4, n° 9.

tion nouvelle qui eut pour résultat la clôture d'un certain nombre d'églises dont l'existence n'était pas justifiée par le service public. Cependant, lorsque toutes les suppressions qui paraissaient raisonnables eurent été opérées, il se trouva encore, dans les 60 diocèses dont se composait alors l'Empire français, 24 000 succursales que le gouvernement reconnut[1] et qu'il prit l'engagement de doter. A raison de 500 fr. chacune, c'eût été une dépense de 12 millions, si l'on n'avait pas déduit du montant des traitements la pension ecclésiastique à laquelle beaucoup de desservants avaient droit. Néanmoins l'Empereur ne jugea pas qu'il eût encore assez fait pour assurer les bienfaits de la religion à toutes les parties de l'Empire ; les circonscriptions paroissiales furent l'objet de nouvelles études; et à la date du 30 septembre 1807 un décret célèbre, souvent invoqué, ordonna que le nombre des succursales à la charge du Trésor serait porté de 24 000 à 30 000.

Ces nombreuses fondations, ce progrès continu et régulier de l'influence religieuse auraient excité dans les rangs du clergé inférieur un sentiment de gratitude sans mélange, si l'amélioration du sort des personnes les avait accompagnés. Mais l'état des finances de l'Empire, si prospères qu'elles fussent, grâce aux victoires de nos armées, commandait une grande réserve, dès qu'il s'agissait de toucher au traitement de trente mille intéressés. Aussi, malgré des vœux trop légitimes, auxquels répondaient chez le gouvernement de bienveillantes intentions, le chiffre de 500 fr. resta jusqu'à 1815 la base légale de la rémunération accordée

1. Décret du 5 nivôse, an XIII. *Bull.*, IVᵉ S., 25, nᵒ 448.

par l'État aux succursalistes. L'Empereur se contenta d'ordonner qu'il fût dressé[1] tous les six mois, une liste des curés et desservants âgés de plus de soixante ans, dont le traitement serait insuffisant à raison de leur âge et de leurs infirmités. En vertu de ce décret, 300 fr. de supplément furent accordés en 1810 à 280 prêtres.

Parmi les soixante diocèses compris dans la répartition des succursales, se trouvaient l'archevêché de Malines et les évêchés d'Aix la Chapelle, Chambéry, Gand, Liége, Mayence, Namur, Nice, Trèves et Tournai, qui sur la fin du régime impérial possédaient environ quatre mille quatre cents églises autorisées. Lorsque ces territoires eurent été détachés en 1815 de celui de la France, il en résulta une diminution passagère dans le nombre des paroisses françaises. Mais la réduction ne profita pas au Trésor. Les temps, les hommes et la politique avaient changé. L'antique race de saint Louis, en remontant sur le trône, retrouvait debout mais pauvre, mais mutilée, cette illustre Église gallicane que la Révolution avait essayé d'abattre en même temps que la royauté. Dans ses souvenirs, les ruines du sacerdoce et de la religion se confondaient avec celles de la monarchie, et elle se croyait destinée par la Providence à les relever toutes à la fois. Le soulagement du clergé, surtout du clergé inférieur, figura dès lors parmi les préoccupations les plus sérieuses du gouvernement, des Chambres et même du pays, qui en acceptait la pensée générale, mais qui s'effrayait de la témérité de certaines prétentions. Dans les derniers jours de 1815[2], un dé-

1. Décret du 28 nov. 1809.
2. Séance de la Chambre des députés du 22 décembre 1815.

puté de l'extrême droite, M. de Blangy, développa deux propositions ; la première était de reconnaître en principe que la condition du sacerdoce devait être améliorée ; la seconde était de supprimer les pensions ecclésiastiques de tous les anciens prêtres qui s'étaient mariés ou qui avaient embrassé une profession incompatible avec leur premier état, et d'affecter aux besoins du culte catholique les fonds devenus disponibles. La commission saisie de l'examen de ces deux propositions alla bien plus loin que leur auteur. Par l'organe de M. Roux Laborie[1], l'un de ses membres, elle soumit à la Chambre un projet de résolution, tendant à fixer le budget normal des cultes à 60 millions environ, et à l'augmenter dès l'année 1816 de 19 millions. Six millions devaient être immédiatement affectés à compléter le traitement de chaque desservant à raison de 750 fr. , et six millions à garantir 500 fr. à tous les prêtres pourvus d'une fonction et non encore rétribués par le Trésor. La discussion fut longue et orageuse. Le gouvernement consentait que la dotation du clergé s'augmentât du montant des pensions ecclésiastiques comprises dans l'évaluation de la dette publique pour 1816, qui viendraient à s'éteindre ; mais, effrayé par les difficultés financières et politiques de la situation, il hésitait à imposer au pays tous les sacrifices que réclamait la pieuse impatience de quelques esprits plus ardents que sages. Ses orateurs faisaient remarquer la fâcheuse impression que produiraient sur le peuple d'aussi larges subsides, accordés à l'Église dans

---

1. Rapport fait au nom de la Commission centrale, par M. Roux de Laborie, sur la proposition de M. de Blangy. Comité secret du 1er février 1816.

un moment où les armées étrangères n'avaient pas quitté le territoire national, et où les traces de l'invasion subsistaient encore dans les campagnes désolées. Le comte Beugnot, alors Ministre d'État, développa ces objections avec beaucoup de force ; et répondant à ceux qui regrettaient pour le clergé les munificences de l'ancien régime, il osa rappeler qu'autrefois les desservants, « ces serviteurs de la première heure, disait-il, qui portaient le poids de la chaleur et du jour, n'avaient reçu jusqu'à la déclaration de 1686, que 200 fr. ; de 1686 jusqu'à l'édit de 1768, que 300 fr. ; de 1768 jusqu'à l'édit de 1787, que 500 fr. [1]. » La délibération, en se continuant, provoquait de nouveaux amendements, ou plutôt de nouvelles propositions ; un jour pour soustraire la dotation du culte catholique aux vicissitudes de la loi de finances et pour la constituer en rentes sur l'État ; un autre jour pour rendre à l'Église tous les biens qui lui avaient appartenu anciennement et qui n'étaient pas encore aliénés ni affectés aux hospices ou aux bureaux de bienfaisance. Ces dernières mesures introduites spontanément, par une commission de la Chambre des députés dans un projet de loi présenté par le ministère [2], furent adoptées, dans la séance du 25 avril, par 214 voix sur 264 votants. La décision n'était pas sans appel, et le gouvernement, malgré ses intentions bien connues, ne permit pas qu'elle devînt une loi de l'État [3]. Néanmoins les

1. Séance du 7 février 1816.

2. Voyez le rapport fait au nom de la Commission centrale par M. de Kergorlay, sur le projet de loi relatif à l'amélioration du sort du clergé. Séance du 19 avril 1816.

3. Voici la lettre que le Ministre de l'Intérieur, M. de Vau-

fruits de cette laborieuse session de 1815 ne furent pas entièrement perdus pour le clergé. Indépendamment du produit des pensions éteintes, son budget s'accrut de 5 millions, sur lesquels on préleva d'une part 2240000 fr. pour porter le traitement des desservants à 608 fr., à partir du 1er janvier 1816, et d'autre part 500000 fr. pour allouer des suppléments à un certain nombre d'entre eux désignés par les évêques.

L'année suivante, la loi de finances accorda une nouvelle augmentation de 5 millions, dont une portion fut encore employée en faveur des desservants qui reçurent 700 fr., et, lorsqu'ils étaient septuagénaires, 800 fr.

En 1818, le progrès se continue, le traitement des septuagénaires est élevé à 900 fr., celui des desservants en général à 750 fr. Après dix années passées dans cette situation, les sexagénaires obtinrent à partir du 1er janvier 1827 le traitement de 900 fr. réservé jusque-là aux prêtres âgés de soixante-dix ans; ceux-ci furent portés à 1000 fr. Enfin au commencement de 1830, une dernière libéralité du pouvoir permit d'ac-

blanc, écrivit au président de la Chambre des députés, trois jours après le vote : « Monsieur le Président, j'ai reçu la lettre par laquelle vous me demandez de prendre les ordres du Roi, afin que le bureau aille porter à Sa Majesté la résolution de la Chambre sur les pensions ecclésiastiques. J'ai pris les ordres du Roi. Sa Majesté, d'après le compte que je lui ai rendu du projet adopté par la Chambre, a considéré que ce projet contient un article qui change entièrement la nature de la loi présentée sur les extinctions de rentes viagères et sur les pensions ecclésiastiques, et que cette résolution peut être envoyée en forme de résolution à la Chambre des pairs, mais ne peut être jointe à la loi que j'ai eu l'honneur de présenter à la Chambre des députés par ordre de Sa Majesté. J'ai l'honneur, etc. » Voyez le *Moniteur* du 30 avril 1816.

corder 50 fr. de plus aux succursalistes de troisième classe et de régler leur traitement à raison de 800 fr.

Pendant que la position du clergé inférieur s'améliorait, le gouvernement songeait aux moyens d'assurer de plus en plus le service religieux dans les localités où il n'existait pas. Cinq cents succursales furent érigées en vertu de l'ordonnance du 25 août 1819. Au commencement de la Restauration, on en comptait 25 642 autorisées; en 1820, il y en eut 26 160; en 1823, 26 334; en 1826, 26 738. Quoique le personnel ecclésiastique ne fût pas assez nombreux pour que l'autorité diocésaine pût pourvoir à tous les emplois, cependant le nombre des vacances diminuait d'année en année, et, tandis que 22 414 postes seulement avaient été occupés en 1817, il y en eut 23 890 en 1819, dans lesquels le ministère ecclésiastique s'exerça régulièrement. Dans l'espace de douze ans, près de quinze cents communes, naguères dépourvues de secours spirituels, avaient donc obtenu un desservant.

On ne développe pas un service public sans grever le Trésor. Heureuses les nations dans lesquelles la progression des charges de l'État ne fait que suivre celle de la richesse générale! Ces deux causes réunies, l'élévation du traitement des desservants et l'accroissement du nombre des succursales, contribuèrent à élever sensiblement la dépense. Tandis qu'elle s'arrêtait en 1817 à 11 198 306 fr., nous la voyons monter :

En 1820 à . . . . 13 220 218 fr.
1823 . . . . 14 061 222
1826 . . . . 14 855 067
1829 . . . . 17 095 478

Mais après 1830, tout ce progrès s'arrêta temporairement, moins encore par la volonté des hommes que
par la force des situations. Ce fut le malheur presque
irréparable de la monarchie de Juillet, d'être issue
d'une révolution à laquelle les passions irréligieuses
avaient travaillé, et qui eut toutes les apparences d'une
défaite pour le catholicisme. Malgré des intentions ex-
cellentes, le nouveau gouvernement, trahi par son origine
et enchaîné par ses alliances, n'eut pas d'abord la liberté
de faire le bien et d'empêcher le mal au gré de ses
vœux. Lorsque l'archevêché de Paris et Saint-Germain
l'Auxerrois étaient mis au pillage et les croix abattues,
et que ces criminelles dévastations trouvaient des apolo-
gistes au sein de la Chambre élective, le moment aurait été mal choisi pour proposer l'accroissement des
dépenses du culte catholique. Non-seulement plusieurs
années se passèrent sans que la position des desservants fût de nouveau améliorée, mais on n'érigea plus
de succursales. L'attention des esprits était tournée ailleurs; l'instruction primaire, les travaux publics et
l'industrie paraissaient avoir seuls des droits aux libéralités des pouvoirs publics.

Cependant les localités qui manquaient de prêtres et
qui ne pouvaient en obtenir s'étonnaient des fins de non-
recevoir sans cesse opposées à leurs justes demandes.
Sur plusieurs points du territoire, des plaintes commençaient à s'élever, et déjà des voix convaincues les portaient à la tribune législative. En 1835, un député qui
avait vécu dans les camps, et chez qui l'autorité du
caractère était relevée par le souvenir de son ancienne
profession, M. de Schauenburg dépeignit avec une
éloquente tristesse la misérable condition de ces popula-

tions agricoles, « les plus pauvres, disait-il, et pourtant les plus utiles, contribuant du prix de leurs sueurs à toutes nos dépenses d'ostentation nationale, à nos beaux-arts, à nos théâtres, et n'ayant pas même un prêtre pour les exhorter à la patience dans leurs rudes travaux et dans leurs privations, pour leur montrer du moins, au terme des maux de ce monde, les espérances d'un monde meilleur[1]. »

Le rapporteur du budget, M. Sauzet, allégua que l'initiative des mesures à prendre appartenait au gouvernement; que, d'ailleurs, le personnel du clergé ne suffisait pas pour occuper les succursales déjà autorisées, et qu'avant de songer à établir de nouveaux emplois, il était sage de pourvoir d'abord aux anciens. En effet, 1500 églises se trouvaient alors sans pasteurs, et le nombre des ordinations pour la prêtrise avait si rapidement diminué, de 1830 à 1835, que de 2321 il était tombé à 1744. Mais cette désertion du ministère ecclésiastique ne devait-elle pas être en partie attribuée aux défiances et aux mesures restrictives dont la religion catholique était l'objet depuis 1830? Quoi qu'il en soit, le gouvernement ne crut pas pouvoir ajourner plus longtemps des vœux trop justifiés. Le projet de budget de l'exercice 1837 comprit une somme de 100 000 fr., que les Chambres allouèrent sans opposition et qui devait être affectée à 125 succursales nouvelles. C'eût été peu sans doute si, dans l'administration comme dans la vie, une première impulsion, une première démarche n'avait pas des conséquences lointaines. La carrière des améliorations était rouverte, elle ne se ferma

1. Séance du 8 juin 1835.

plus. D'année en année, des crédits furent accordés pour étendre les bienfaits de la religion à un plus grand nombre de communes.

100 succursales furent érigées en 1838
150 1839
150 1840
150 1841
150 1842
300 1843
200 1844
200 1845
300 1846
300 1847

En onze années, 2325 églises avaient été ouvertes au culte. En tenant compte de quelques suppressions et des titres qui restaient encore à distribuer au 31 décembre 1847, le nombre des succursales érigées s'élevait alors à 29 049, sur lesquelles 1383 étaient restées inoccupées pendant l'année.

Ces créations annuelles que l'intérêt religieux commandait étaient accueillies avec reconnaissance par les populations, et dans chaque diocèse les communes se disputaient avidement ces nouveaux titres, heureuses lorsque leurs demandes trouvaient des protecteurs assez puissants pour les faire réussir. Mais l'extension du culte dans les campagnes n'était pas le seul objet auquel la munificence du gouvernement eût à pourvoir ; il était nécessaire en outre que la position personnelle des desservants fût adoucie, car le plus grand nombre, réduits à 800 fr. et au casuel le plus modique, avaient à peine de quoi vivre, et se voyaient, avec une tristesse profonde, hors d'état de secourir les misères qu'ils évangélisaient. Lorsque cette situation douloureuse fut dénoncée pour la première fois, en 1835, à la Chambre élective par une pétition d'un desservant de Saône-et-Loire[1]; elle émut peu les esprits, et, après une courte discussion, la majorité vota l'ordre du jour. Le clergé dès lors ajourna ses espérances à des temps meilleurs, et pendant quelques années la question sommeilla. Toutefois, le gouvernement ne pouvait méconnaître la gravité du mal, et lors de la présentation du budget de 1842, il n'hésita pas à le signaler au pays, en exprimant le regret que l'état des finances ne permît pas d'y porter remède. Dans la note préliminaire jointe au projet de budget de l'exercice suivant, la même observation et le même regret furent consignés. On fit un pas de plus en 1844. L'administration des cultes proposa une augmentation de 564 000 fr., destinée à élever de 200 fr. le traitement de 2820 desservants qui se seraient distingués par leurs services ou dont les paroisses auraient des besoins exceptionnels. Mais, en présence d'un déficit certain, la Commission du budget ne voulut pas accroître les charges du Trésor[2], et elle repoussa la proposition qui lui était faite. Soit que le gouvernement eût été découragé par ce refus, soit que ses intentions à l'égard du clergé fussent devenues moins favorables, il ne reproduisit pas sa demande

1. Séance du 30 mai 1835.
2. « La Commission, disait le rapporteur, M. Bignon, n'accorde pas le crédit, en se fondant sur la situation actuelle du budget; elle désire qu'après avoir rétabli l'équilibre dans les finances, le gouvernement avise à améliorer la position des desservants. » Séance du 30 mai 1843.

pour 1845, ni pour 1846, ni même pour 1847. Mais, dans la vie parlementaire, combien de fois n'arrive-t-il pas que les Chambres législatives pressent le pouvoir exécutif d'accomplir, en quelque sorte sur l'heure, des améliorations qu'elles avaient d'abord repoussées, quand un Ministre les proposait! Les desservants que le ministère abandonnait trouvèrent d'énergiques défenseurs dans le Parlement. Des voix éloquentes s'élevèrent en leur faveur à la Chambre des députés comme à la Chambre des pairs; au nom de la religion et au nom de la politique, on supplia l'administration d'aviser; toutes les pétitions qui exprimaient de tels vœux furent renvoyées au gouvernement. Celui-ci, après trois années d'hésitation, se décida enfin à comprendre au budget de 1848 une augmentation de 1 million pour élever dans la proportion de 100 fr. pour chacun les traitements du tiers environ des succursalistes en fonctions. Ceux ayant dépassé 70 ans auraient reçu 1100 fr., les sexagénaires 1000 fr. au lieu de 900, et les plus âgés parmi les desservants qui n'avaient pas 60 ans, 900 fr. au lieu de 800. La Chambre des députés écarta cette dernière partie du projet et accorda 800000 fr. pour le surplus. Mais il ne fut pas donné à la dynastie d'Orléans d'accomplir le bien qu'elle avait médité. En tombant du trône, elle laissa les desservants beaucoup plus nombreux, il est vrai, mais dans la même situation où elle les avait trouvés quinze années auparavant, soucieux de l'avenir et peu reconnaissants d'une bienveillance qui s'était exhalée pour eux en paroles et dont ils avaient à peine ressenti les effets.

Le gouvernement républicain ne pouvait tirer sa

force que de l'adhésion réfléchie des multitudes. Quand l'équité même n'eût pas fait un devoir de subvenir à la pauvreté des 28 000 prêtres qui portaient la parole de Dieu dans les campagnes, leur nombre, la nature de leurs fonctions et l'influence légitime qu'ils exerçaient auraient conseillé de ne pas s'aliéner par d'injustes dédains une classe recommandable dont le dévouement pouvait être si utile à la consolidation de l'ordre nouveau. Au budget de l'exercice 1848, rectifié par l'Assemblée constituante, les avantages que la dernière loi de finances de la monarchie leur avait faits, furent maintenus; mais l'année suivante, malgré la pénurie du Trésor, on jugea indispensable d'essayer quelque chose de plus. Lorsque les instituteurs avaient reçu des témoignages répétés de la munificence équitable des pouvoirs publics, comment les vœux qui s'élevaient en faveur du sacerdoce auraient-ils pu être indéfiniment écartés? Sur l'initiative de plusieurs membres de la droite, et notamment de MM. Luppé et Chapot, la commission du budget, d'accord avec le gouvernement[1], proposa et fit admettre une augmentation de 1 million qui permettait d'accorder aux desservants d'abord 850 fr. au lieu de 800, puis à 50 ans, 900 fr.; à 60 ans, 1000 fr.; à 70 ans, 1100 fr.; à 75 ans, 1200 fr. Ainsi, dans l'espace de deux années de 1847 à 1849, les traitements des deux tiers environ du clergé inférieur avaient été augmentés en moyenne de 100 fr. par personne. Je ne parle pas des tentatives qui furent faites pour assurer aux titulaires des succursales l'inamovibilité de leurs fonctions; elles ne

---

1. Séances des 9 et 12 avril 1849.

pouvaient avoir d'influence sur la progression des budgets, et elles ont d'ailleurs complétement avorté.

Il était difficile qu'en raison de l'état misérable des finances, l'amélioration du sort des desservants n'eût pas pour résultat de ralentir la création de nouveaux emplois ecclésiastiques. En effet, au lieu de 150 et de 300 succursales ouvertes annuellement au culte de 1837 à 1847, il en a été autorisé seulement :

98 en 1848.

57 — 1849.

100 — 1850.

130 — 1851.

70 — 1852.

100 — 1853.

97 — 1854.

100 — 1855.

100 — 1856.

Mais, pendant la même période, la dépense était sensiblement augmentée par un concours d'autres causes moins apparentes, mais non moins efficaces, à savoir : 1° la disparition des anciens pensionnaires; 2° la diminution annuelle du nombre des vacances d'emploi; 3° les variations dans l'âge moyen des desservants.

On a vu que, d'après l'article 67 de la loi du 18 germinal an x, les pensions dont les membres de l'ancien clergé jouissaient en exécution des lois de l'Assemblée constituante devaient être précomptées sur leur traitement, qui se trouvait dès lors réduit d'une somme égale. Le chiffre total des pensions ecclésiastiques dépassait à l'origine 23 millions, sur lesquels 5 millions environ appartenaient à des prêtres pourvus de fonc-

tions rétribuées par le Trésor. C'était donc une somme
de 5 millions à déduire du montant général des traitements imputés sur le budget des Cultes, qui ne comprit
en effet pendant longtemps qu'une somme très-inférieure à celle qui, sans cette déduction, aurait été nécessaire pour la rémunération de tous les emplois occupés.
Mais, d'année en année, la mort éclaircit les rangs des
pensionnaires. En 1820, on en comptait encore 16371,
évêques, curés ou desservants; en 1829, il n'y en avait
plus que 8025; en 1841, 1260; en 1849, 295; en
1856, 19. Le chiffre des pensions viagères acquittées
par le Trésor et à précompter sur les traitements diminua dans la même proportion, celui des traitements
complets que le budget des Cultes devait servir aux successeurs de ces vétérans de l'Église gallicane, augmenta.
Les déductions, par une progression rapide, tombèrent :

En 1849 à.	77 158 fr.
1850	62 936
1851	47 759
1852	33 628
1853	18 471
1854	13 665
1855	9 243
1856	5 039

Chaque pension éteinte occasionna de cette manière
dans les dépenses du clergé une augmentation équivalente qui était compensée, il est vrai, par la réduction
parallèle du même article de la dette publique.

Tandis que le cours des années emportait la génération qui était entrée dans le ministère avant 1791, il
fortifiait l'administration diocésaine qui de jour en jour

plus régulière, mieux obéie, et comptant autour d'elle
un personnel plus nombreux, laissa plus rarement sans
pasteurs les églises que la libéralité de l'État l'autorisait à pourvoir. Sur 25 657 succursales autorisées, les
comptes de l'exercice 1816 en portent 3264 restés vacantes. Quatorze ans plus tard, en 1830, il y avait
encore 2540 vacances sur 26 773 emplois. Cependant
le progrès était déjà sensible, et dans les années suivantes, il le devint encore davantage. On n'attend pas de
nous que nous suivions pas à pas, en remontant à 1830,
le progrès pacifique du ministère spirituel pénétrant peu
à peu dans des communes où le malheur des temps
n'avait pas permis d'abord de l'introduire ; nous re-
monterons seulement à l'année 1845. Voici année par année l'état des succursales vacantes depuis cette époque :

En 1845.	1430	sur	28 501
1846.	1412		28 783
1847.	1383		29 049
1848.	1257		29 152
1849.	1152		29 203
1850.	1102		29 288
1851.	1036		29 384
1852.	965		29 454
1853.	921		29 533
1854.	907		29 629
1855.	845		29 695
1856.	801		29 785

Entre les vacances d'emploi de l'année 1845 et celles
de l'année 1856, il y a donc une différence de 629 qui
représente une augmentation du nombre des desservants rétribués par le Trésor, tout à fait indépendante
de celle qui résulte des nouvelles fondations. En d'au-

tres termes, l'État doit pourvoir aujourd'hui à la dépense de 629 succursales qu'il avait anciennement autorisées, mais dont il n'avait pas à faire les frais en 1845, parce qu'elles n'étaient pas occupés. 629 succursales à 850 fr., représentent une somme de 534 650 fr.; dont le budget des Cultes s'est accru par une salutaire nécessité d'où l'on ne saurait tirer un motif de reproche pour personne, parce qu'elle dérive du cours des choses.

Il y a une autre circonstance très-remarquable dont il faut tenir compte, si l'on veut s'expliquer le développement des dépenses du clergé paroissial; c'est l'élévation de la moyenne de l'âge des desservants. Par une sage disposition des lois anciennes et des règlements nouveaux, le traitement des desservants est, comme on l'a vu, proportionné à leur âge. Or, dans ces dernières années, le nombre de ceux qui comptent moins de 50 ans et à qui le Trésor payait alors 850 fr. seulement, a diminué d'une manière sensible, tandis qu'un accroissement notable avait lieu parmi les plus âgés et les mieux rétribués. C'est ce qui résulte du tableau suivant :

	1850.	1851.	1852.	1853.	1854.	1855.	1856.
Desservants âgés de 75 ans, et recevant............ 1200 fr.	337	294	256	214	194	173	147
Desservants âgés de 70 à 75 ans, et recevant 1100 fr.	183	199	216	231	242	259	296
Desservants âgés de 60 à 70 ans, et recevant 1000 fr.	1 627	1 956	2 244	2 474	2 828	3 192	3 577
Desservants âgés de 50 à 60 ans, et recevant 900 fr.	7 140	7 558	8 097	8 530	9 049	9 556	9 983
Desservants au-dessous de 50 ans, et recevant 850 fr.	18 899	18 341	17 673	17 163	16 409	15 670	14 981
Total des desservants rétribués..................	28 186	28 348	28 486	28 612	28 722	28 850	28 984

Le budget des Cultes a dû pourvoir en conséquence à un plus grand nombre de traitements de 900 fr., de

1000 fr. et de 1100 fr., qui se trouvaient substitués d'année en année à des traitements de 850 fr. L'accroissement des charges qui en est résulté en 1856 comparativement à 1850 est d'environ 400 000 fr.

Sous l'empire des différentes causes que nous venons de parcourir, les dépenses des succursales ont rapidement monté. Elles atteignaient déjà en 1848, 22 862 085 ; elles se sont élevées :

En 1849 à.	24 167 324 fr. 78 c.
1850	24 345 848 19
1851	24 528 910 44
1852	24 704 264 58
1853	24 871 663 95
1854	25 034 700 13
1855	25 217 910 74
1856	25 443 755 41

Ces chiffres paraîtront sans doute considérables, surtout à ceux d'entre les économistes que la nécessité sociale du culte touche peu, et qui relégueraient volontiers le catholicisme parmi les chimères aussi coûteuses qu'inutiles. Cependant, même en y ajoutant 4 200 000 fr. affectés aux cures, ils n'expriment pas encore le montant de toutes les dépenses du clergé paroissial, qui elles-mêmes n'égalent pas l'étendue des besoins religieux de la population. Mais, pour traiter ce dernier point avec toute la clarté désirable, il est nécessaire que nous analysions d'abord deux nouveaux articles qui figurent dans les comptes, nous voulons parler des vicariats et des dépenses pour binage.

§ III. — VICAIRES.

Nous avons vu que dans l'ancienne organisation ecclésiastique de la France, toutes les fonctions curiales
étaiènt occupées par des titulaires à vie, et que cependant, quand une paroisse était trop étendue et trop peuplée, les habitants pouvaient obtenir la nomination d'un
vicaire qui venait en aide au curé et qui officiait à sa
place, comme son suppléant ou son second, sans avoir
lui-même charge d'âmes. Cette utile et nécessaire institution trouvait naturellement sa place dans l'Église de
France restaurée par le Concordat. Il était manifeste, en
effet, que, privés d'auxiliaires, le corps de l'épiscopat, les
chapitres métropolitains et cathédraux, le personnel
des curés et celui des desservants rétribués sur les fonds
du Trésor public ne suffiraient pas à la tâche de distribuer l'enseignement et les secours de la religion à toutes les parties du territoire. A moins de laisser un
grand nombre de localités sans église et sans culte, il
fallait organiser des vicariats.

Mais ici l'intérêt social se trouvait en apparente opposition, comme il arrive trop souvent, avec l'intérêt
financier. Le gouvernement, qui n'avait pas songé dans
l'origine à rétribuer les desservants, était bien plus
éloigné encore de vouloir prendre à sa charge les traitements des vicaires. Toutefois, comme l'indispensable
utilité de la fonction était reconnue, il fallut bien l'établir, sous la réserve que les communes en supporte-
raient les frais. Le décret du 30 décembre 1809 sur
les fabriques disposa que le nombre de prêtres et de
vicaires attachés à chaque église serait fixé par l'évêque

après délibération des marguilliers et avis du conseil municipal ; que si la fabrique n'était pas en état de les payer, les communes y pourvoiraient ; qu'enfin les traitements varieraient de 300 fr. à 500 fr.[1] Entre ces deux chiffres, dont le plus élevé était encore bien modique, les municipalités et le gouvernement optèrent d'abord pour le plus faible. Cependant le moindre prix d'un service est sans doute de procurer à celui qui le rend, les moyens de s'entretenir et de se loger. Or, même pour les existences les plus modestes et les plus pauvres, un revenu de 300 fr. n'est-il pas manifestement au-dessous des besoins? C'est un point sur lequel l'autorité administrative fut pleinement fixée, après une courte expérience, et dès lors elle insista auprès des municipalités pour obtenir en faveur des vicaires une rémunération plus élevée. « Dans toutes les paroisses autres que celles d'une extrême pauvreté, écrivait en juillet 1812 le Ministre de l'Intérieur[2], les habitants ne peuvent s'empêcher de considérer que le minimum de 300 fr. est insuffisant ; qu'un prêtre qui ne voit pas dans le traitement proposé la possibilité de vivre n'est pas reprochable de ne point accepter ; que le culte est au nombre des services publics l'un des plus indispensables ; que les sentiments de religion et d'humanité sont blessés, en ce que d'une part il est constaté que le culte ne pourrait être exercé s'il n'y a un vicaire, et que de l'autre les paroissiens aiment mieux n'avoir point de vicaire que de lui donner ce dont il a besoin pour vivre. » Ces recommandations ne restèrent pas

1. Art. 38, 39 et 40.
2. *Circulaires du ministère de l'Intérieur*, 2ᵉ édit., t. II, p. 376.

une lettre morte. Dès l'exercice 1813, le traitement des vicaires fut réglé sur le pied de 350 fr. dans les communes au-dessous de 5000 âmes; de 400 fr. dans celles de 5000 à 10 000 : de 450 fr. dans celles de 10 000 à 15 000, et de 500 fr. dans celles d'une plus forte population[1]. Les mêmes bases furent suivies pour 1814. Malgré l'amélioration qui en résulta, la position des vicaires était lamentable, lorsque la loi de finances du 28 avril 1816 vint apporter quelque adoucissement à leur misère. L'État consentait enfin à prendre à sa charge une partie de la dépense et, dans ce but, une somme de 850 000 fr. était inscrite au budget de l'exercice courant. Mais la subvention du Trésor ne devait s'appliquer qu'aux vicaires des petites communes[2], à qui une indemnité de 200 fr. était allouée; on supposait à juste titre que dans les grands centres de population, les fabriques possédaient un revenu suffisant pour rémunérer les ecclésiastiques attachés à la paroisse en qualité d'auxiliaires. En 1816, il y eut 4250 vicariats rétribués qui absorbèrent en totalité les crédits votés. En 1817, l'indemnité fut portée à 250 fr., en 1821 à 300 fr., en 1830 à 350 fr. Le nombre des vicaires admis à en jouir s'augmenta aussi peu à peu, de sorte que malgré les vacances d'emplois que le défaut de sujets multipliait là comme ailleurs, les charges du Trésor dépassèrent bientôt les limites où on avait essayé de les renfermer. En 1829, on comptait 6078 vicariats autorisés, sur lesquels 5012 seulement furent occupés

1. *Circulaires du ministère de l'Intérieur*, t. II, p. 455.
2. Ordonnance du 5 juin 1816; circulaire du 22 juillet 1816, t. III, p. 83.

et donnèrent lieu à une dépense de 1 409 848 fr. 91 c. Dans les années qui suivirent, les vacances furent moins nombreuses et, à partir de 1841, de nouveaux titres ayant été créés à peu près régulièrement chaque année, le gouvernement de juillet, au moment de sa chute, en laissa debout 6631 dont 5912, c'est-à-dire 900 de plus que sous la Restauration, étaient remplis et rétribués. Ces nombres s'accrurent encore de 1848 à 1851 et de 1852 à 1856 par l'érection périodique de 100 à 150 vicariats sollicités par les communes rurales, reconnus nécessaires par l'autorité administrative, et accordés par la loi de finances. La dépense, qui était au début de 850 000, s'est ainsi élevée, par une progression lente et salutaire, au chiffre de 2 400 000 fr. ; elle a presque triplé.

Cependant la création des vicariats rétribués ou non par le Trésor n'avait pas comblé entièrement, surtout à l'origine, les lacunes nombreuses que le service du culte présentait dans les campagnes. Pour remédier à cette insuffisance du personnel, on eut recours à un expédient que l'Église de France avait souvent employé avec succès, nous voulons parler des missions à l'intérieur, si salutaires, si fécondes quand un saint François de Sales ou un saint Vincent de Paul les dirigeait[1]. Dans les années qui sui-

---

1. Parmi les prêtres qui ont donné des missions en France, depuis le XVIe siècle, les historiens citent César de Bus (1544-1607), fondateur de la congrégation de la Doctrine chrétienne ; saint François de Sales (1567-1622); saint Vincent de Paul (1576-1660), fondateur de la congrégation de la Mission ; le P. Lejeune, de l'Oratoire (1592-1672); saint François de Régis, de la Compagnie de Jésus (1597-1640); le P. Eudes (1601-1680), fondateur de la congrégation des Eudistes; Olier (1608-

virent le Concordat, plusieurs diocèses et notamment ceux de Troyes et de Poitiers furent visités, à la sollicitation des évêques, par des prêtres étrangers, qui, sous le nom de missionnaires, allaient de paroisse en paroisse, ranimant la piété des fidèles et le zèle des pasteurs. Le gouvernement impérial encourageait ces saintes entreprises, quelquefois il les subventionnait; et il songea même en 1806 à autoriser l'association générale des missions de France qui aurait été placée sous la direction du grand Aumônier, avec M. l'abbé Rauzan pour supérieur immédiat. Malgré l'appui éclairé de M. Portalis[1], ce projet n'eut pas de suite. Les missions ne reçurent pas une organisation régulière; puis par un décret daté de Schœnbrunn[2], elles furent interdites, et même défense fut faite aux évêques d'employer à la prédication des prêtres qui auraient appartenu à des corps de missionnaires, attendu que, disait le gouvernement « ne connaissant ni les habitudes ni les mœurs du peuple devant qui ils parlent, ils ne font que l'agiter par un zèle outré et inconsidéré. » L'œuvre des missions interrompue par le revirement de la politique impériale recommença en 1816. L'association, ajournée dix ans auparavant, fut officiellement autori-

1657), fondateur de la congrégation des Sulpiciens; Bossuet, Fénelon, le P. Bridaine, le P. Beauregard.

1. Voyez un rapport de Portalis sur les missions à l'intérieur du 4 août 1806, *Discours et travaux relatifs au Concordat*, p. 476. Cf. *Vie du R. P. Jean-Baptiste Rauzan*, par le P. A. Delaporte. Paris, 1857, in-8, p. 50 et suiv.

2. Décret du 26 septembre 1809. Ce décret n'a pas été inséré au *Bulletin des lois*. Il fait partie du *Projet de Code ecclésiastique*, préparé par M. Reverchon. Voyez aussi *Mémoires historiques sur les affaires ecclésiastiques de France*, t. II, p. 311.

sée par ordonnance royale[1], et tout aussitôt, elle prit
un développement considérable, s'étendit dans la plupart des diocèses, donna des missions dans toutes les
grandes villes, excita des sympathies ardentes et d'im-
placables inimitiés, remporta des succès partiels sur
l'indifférence et sur l'irréligion ; mais odieuse au parti
libéral, qui essaya plus d'une fois d'ameuter contre elle
la jeunesse et le peuple, elle fut supprimée, cinq mois
après la révolution de Juillet, par les ordonnances du
25 décembre 1830 et du 4 janvier 1831[2].

Les associations analogues qui s'étaient formées à
son exemple dans plusieurs diocèses, partagèrent sa
fortune et ses revers. Tant qu'elle prospéra, des allocations, qui variaient de 90 000 à 160 000 fr., furent
prélevées, en vertu de l'ordonnance du 25 août 1819[3],
sur le produit des vacances dans les emplois ecclésiastiques, et mises à la disposition des évêques, en faveur
des prêtres auxiliaires qui allaient remplir passagère-
ment le ministère dans les paroisses dépourvues de

1. Ordonnance du 25 septembre 1816.

2. Sur les missions de France de 1816 à 1830, on trouvera
de curieux détails dans la *Vie du P. Rauzan*, par le P. Delaporte, ouvrage écrit du reste pour la défense d'une mémoire et
d'une cause justement chères à l'auteur.

3. *Bull.* VIIe S., 309, n° 7480. Art. 5 : « Dans les diocèses où
le nombre des ecclésiastiques n'est point suffisant pour que toutes
les succursales soient pourvues de pasteurs, il pourra être mis
à la disposition de l'archevêque ou évêque, et, sur sa demande,
une somme qui n'excédera point le dixième des traitements attachés aux succursales vacantes. Cette somme sera employée à
défrayer un nombre proportionné de prêtres nés ou incorporés
dans le diocèse, et désignés par l'archevêque ou évêque pour
aller, aux époques convenables, porter successivement le secours
de la religion dans les succursales dépourvues de pasteurs. »

pasteurs; mais, dès le mois d'octobre 1830[1], le nouveau gouvernement ordonna que cette dépense fût retranchée du budget.

Un service moins contesté que celui des missions, et qui fut plus durable puisqu'il subsiste encore, c'est celui du binage. On sait, qu'il est de tradition dans l'Église, que les évêques, quand l'intérêt des fidèles paraît l'exiger, autorisent le prêtre à célébrer la messe deux fois le même jour. Lorsque plusieurs milliers d'emplois ecclésiastiques étaient vacants, faute de sujets pour les remplir, il était naturel que l'autorité diocésaine, afin d'atténuer le mal, multipliât les autorisations de ce genre. Mais ce fut seulement à partir de 1814, que le double service des curés desservants ou vicaires autorisés à biner donna lieu à un supplément de traitement, que l'ordonnance du 6 novembre de la même année, confirmée pendant les Cent jours[2], fixait à 200 fr. En 1817, la dépense ne s'éleva pas à moins de 1 022 189 fr. 94 c.

Le gouvernement, qui ne voulait pas la laisser croître indéfiniment, posa des règles précises destinées à prévenir les abus. Une circulaire du 12 avril 1823[3] expliqua que le binage consistait à dire deux messes le même jour, l'une dans la paroisse à laquelle appartenait le curé desservant ou vicaire autorisé à biner, et l'autre dans la paroisse vacante; que le mot *paroisses* s'entendait des seules cures ou succursales légalement

1. Ordonnance du 13 octobre 1830, *Bull.* IXe S., IIe P., 18, n° 320.

2. Ordonnance du 6 novembre 1814 et décret du 4 mai 1815.

3. *Circulaires du Ministre de l'Intérieur*, 2e édition, t. V, p. 149.

établies, et le mot *vacantes* des cures ou succursales absolument dépourvues de titulaires recevant un traitement; que l'absence plus ou moins prolongée du titulaire d'une paroisse pouvait bien donner lieu à ce que le binage y fût autorisé et exercé pour le bien des fidèles, mais qu'elle ne donnait pas lieu au payement de l'indemnité, puisqu'effectivement la paroisse n'était pas vacante; qu'enfin le binage autorisé et exercé dans toute autre église que celle d'une paroisse vacante ne donnait pas lieu non plus à l'indemnité. Les payements eurent lieu désormais conformément à ces dispositions, et il s'en suivit tout d'abord une diminution de la dépense. Mais ce qui devait contribuer d'une manière plus rapide et plus sûre que tous les règlements à modérer les charges financières résultant du binage, c'était la création de nouvelles succursales et de nouveaux vicariats, l'augmentation du personnel du clergé et la diminution progressive du nombre des vacances. A mesure que le service régulier fut plus assuré, le service extraordinaire eut moins d'importance et coûta moins. En 1829, les indemnités pour binage ne s'élevaient plus qu'à 572 000; en 1848, à 300 000 fr.; elles sont descendues en 1856, à 203 000 fr.; désormais elles ne doivent figurer au budget que pour un chiffre qui est relativement très-modique.

Au lieu de suivre pas à pas le mouvement de la dépense du clergé paroissial, si nous tracions le tableau de l'administration ecclésiastique, nous aurions à nous étendre sur les institutions qui tiennent lieu de cures et de succursales à un certain nombre de communes, comme les chapelles vicariales desservies par un vicaire qui reçoit 350 fr. sur les fonds de l'État, et dont le traitement est complété par le budget municipal ; les chapelles simples que l'État ne subventionne pas et qui sont entièrement à la charge des localités ; les chapelles annexes, ouvertes pour les besoins d'une fraction de commune sur la demande de souscripteurs particuliers qui s'engagent à en supporter les frais ; les chapelles de secours, les oratoires domestiques, etc. Mais les conditions d'existence et l'organisation de ces utiles établissements ne rentrent pas dans le cadre de ces études purement financières. Quant à la subvention que le Trésor public sert à plusieurs, elle se trouve comprise dans les chiffres que nous avons donnés plus haut, en parlant des vicariats. Contentons-nous de rappeler une fondation saintement libérale, qui honora les débuts du gouvernement actuel ; nous voulons parler des aumôniers des dernières prières que le décret du 21 mars 1852 a institués pour le service des morts dans les cimetières de la capitale. Destinés à faire disparaître « la triste inégalité qui distance le riche et le pauvre jusque dans la mort même[1], » leur mission est de recevoir gratuitement, sur la demande des familles, les corps qui ne sont point accompagnés par le clergé, et de les conduire jusqu'à la tombe où sont récitées les dernières prières de l'Église. Le décret qui les a établis fixe leur traitement à 1 200 fr., qui sont

1. Expressions de S. M. l'Empereur, rappelées dans le rapport du Ministre de l'Instruction publique et des Cultes du 28 octobre 1852. Voyez *Lois, décrets et règlements relatifs à l'administration des Cultes*, Paris, 1854, in-8, p. 45 et 87 ; et la *Statistique religieuse du diocèse de Paris*, par M. l'abbé Darboy, Paris, 1856, in-8, p. 226.

prélevés sur le budget du clergé paroissial et qui ne se confondent pas avec une indemnité de logement de 600 fr. accordée par la ville. Ce ministère de charité n'a encore lieu qu'à Paris; la religion est d'accord avec les sentiments les plus intimes du cœur de l'homme, pour demander que le bienfait s'en étende aux principaux centres de population.

Résumons cette longue et scrupuleuse analyse, et concluons.

Le total des dépenses personnelles du clergé catholique en n'y comprenant ni les cardinaux ni les évêques, dont nous avons parlé précédemment, ni les chanoines de Saint-Denis ni les chapelains de Sainte-Geneviève dont nous nous occuperons plus bas, s'est élevé en 1856 à 33 792 251 fr. 35 c., savoir :

Vicaires généraux et chanoines.	1 459 328 fr.	70 c.
Cures de 1ʳᵉ et de 2ᵉ classe. .	4 325 153	42
Succursales.	25 443 755	41
Vicariats.	2 360 481	57
Dépenses de binage. . . .	203 532	25
Total égal. . . .	33 792 251	35

Ce chiffre, accru d'année en année, est-il destiné à s'élever encore? Nul esprit sérieux, ayant réfléchi sur ces matières, n'en saurait douter, pour peu qu'il considère, je ne dirai pas l'insuffisance manifeste du traitement des chanoines, point sur lequel nous n'avons pas à revenir, mais l'état présent des succursales et des vicariats.

En 1856, le clergé de France comptait 28 984 desser-

.vants en activité, sur lesquels près de 15 000 qui ne touchaient alors que 850 fr. ont commencé, au 1er janvier de cette année, à en recevoir 900. Il y avait à la même époque 6958 vicaires envers qui le Trésor public croyait se montrer généreux en leur payant une indemnité annuelle de 350 fr. Or, quelle que soit la modestie de leur existence et de leurs désirs, croit-on que ces dévoués serviteurs de l'Église et du pays puissent longtemps encore se contenter de la minime allocation qui est l'unique ressource de la plupart d'entre eux, soit pour se suffire à eux-mêmes, soit pour subvenir aux misères dont ils sont entourés? Trop souvent on oublie, en parlant de la condition du prêtre, qu'il n'a pas rempli tous les devoirs de son ministère quand il a offert le divin sacrifice, administré les sacrements et prié sur la cendre des morts; il a été béni et envoyé par son évêque non-seulement pour cette mission sainte, mais pour une autre tâche presque aussi élevée qui consiste à venir en aide à l'indigence par l'aumône.

En 1790, quand l'Assemblée constituante eut décrété que, les biens du clergé étant réunis au domaine national, toutes ses dépenses devaient être acquittées désormais par le Trésor public, à quel taux fixa-t-elle les traitements ecclésiastiques? Elle voulut que les curés n'eussent pas moins de 1 200 livres, ni les vicaires moins de 700 livres. La dépense normale était évaluée pour les premiers à 22 500 000 livres, pour les seconds à 19 200 000 livres. Cependant l'argent avait une bien autre valeur que celle qu'il conserve aujourd'hui. Comment donc ce qui paraissait alors équitable et nécessaire, serait-il considéré en ce siècle comme le rêve exorbitant

et ruineux d'un partisan aveugle de la domination cléri-
cale.

Dira-t-on que les titulaires de nos cures actuelles
reçoivent pour le moins 1200 fr., comme l'Assemblée
constituante l'avait décidé? Mais nous ne possédons
pas 4000 curés, tandis que l'Assemblée constituante
pour une population de 24 000 000 d'habitants, en
supposait 18 000, et que l'Église de France au moment
de la Révolutiou en comptait plus de 30 000. Les curés
d'alors, pour la plupart, ce sont nos desservants d'aujourd'hui, à qui nous donnons 900, 950, 1000, 1100 fr.,
et lorsqu'ils ont dépassé l'âge de.75 ans, 1200 fr. On
ne saurait contester sérieusement que leur situation
n'ait été gravement amoindrie, et que la modique rémunération accordée à leurs services ne soit bien au-
dessous des avantages qui étaient promis, à l'aurore de
la Révolution, comme un faible dédommagement de la
perte des biens dont la possession séculaire venait
d'être enlevée à l'Église.

Le prêtre sait qu'il accomplit une œuvre de dévouement et de charité; ses besoins personnels sont
modestes et il n'importune pas de ses plaintes les puissances de la terre; leur parcimonie peut beaucoup
entreprendre sur son bien-être sans 'épuiser sa résignation. Cependant il faut qu'il ait le nécessaire qui
convient à ses fonctions; que sa maison soit à l'abri du
besoin, et que lorsqu'il s'impose des privations pour
le bien de ses pauvres, il en ait seul le secret. Si, ne
recevant qu'une rétribution insuffisante, et dénué de la
plupart des choses indispensables à la vie, sa situation
misérable est un objet de compassion pour ceux dont
il devrait être le consolateur et le père, quel ascendant

peut-il conserver? Quel bien peut-il accomplir? Son
ministère n'est-il pas frappé de stérilité? Et dans cette
situation ingrate, quels sont les cœurs assez intrépides
pour affronter les labeurs d'un apostolat que nulle
moisson ne doit récompenser[1]? En faisant aux succursalistes un sort trop dur, en ne leur ménageant pas
une assez large part dans le progrès de l'aisance générale qui correspond du reste à la cherté de la vie et
à l'abaissement des valeurs monétaires, on s'exposerait
dans un avenir très-prochain à compromettre le recrutement du clergé déjà si difficile; et peut-être n'est-ce
pas un symptôme à négliger que la diminution qui se
remarque dans les ordinations pour la prêtrise, comparativement à ce qu'elles étaient sous la Restauration et dans les premières années du gouvernement
de Juillet.

Cependant un clergé plus nombreux et la création de
nouveaux emplois ecclésiastiques sont une nécessité
qu'il faut bien reconnaître, et dont les pouvoirs publics paraissent eux-mêmes convaincus, puisque les
lois de finances allouent annuellement les crédits nécessaires pour l'érection de 100 succursales et de
150 vicariats. On s'est longtemps appuyé pour justifier
ces augmentations sur le décret du 30 septembre 1807,
qui fixait à 30 000 le nombre des succursales de l'Empire. Sans parler des changements de territoire qui ont
eu lieu en 1815, ce décret est sans application aujour-

1. Sur l'insuffisance des ressources de la plupart des desservants, on peut lire les calculs intéressants que présente
l'auteur anonyme d'un ouvrage intitulé le *Budget du presbytère
ou considérations sur la condition temporelle du clergé catholique.* Troyes et Paris, 1858, in-8.

d'hui que la limite qu'il posait est à peu près atteinte; mais les besoins avérés des populations et leurs vœux incessants fournissent en faveur de l'extension des succursales un argument décisif qui ne sera pas épuisé d'ici à longtemps.

Dans vingt-neuf diocèses, le nombre des emplois ecclésiastiques reconnus et pouvant être rétribués par l'État, à partir du 1er janvier de cette année, est notablement inférieur à celui des communes; ce sont les diocèses d'Amiens, Angoulême, Arras, Autun, Bayonne, Beauvais, Besançon, Bourges, Châlons, Chartres, Dijon, Évreux, Langres, Meaux, Metz, Nancy, Nîmes, Périgueux, Reims, la Rochelle, Rouen, Saint-Dié, Saint-Claude, Soissons, Strasbourg, Tarbes, Troyes, Verdun et Versailles. On compte 2800 communes pour le moins, dans ces différents diocèses, qui n'ont ni cures, ni succursales, ni chapelles vicariales et dans lesquelles le service divin, si toutefois il y est célébré, est entièrement laissé à la charge des habitants. Pour quelques diocèses, la lacune est énorme. Ainsi, le diocèse de Besançon possède 906 emplois portés au budget, pour 1222 communes des départements de la Haute-Saône et du Doubs, différence 316; Soissons en possède 596 pour 837 communes, différence 241; Dijon, 515 pour 727 communes, différence 212; Beauvais, 546 pour 700 communes, différence 154; Strasbourg, 893 pour 1033 communes des départements du Haut et du Bas-Rhin, différence 140; Saint-Claude, 438 pour 584 communes, différence 146; Amiens, 713 pour 832 communes, différence 119; Arras, 769 pour 903 communes, différence 134; Nancy, 603 pour 714 communes, différence 111; Langres, 443 pour 550 communes, différence 107; la Rochelle, 378 pour 480 communes, différence 102; Saint-Dié, 447 pour 546 communes, différence 99. Remarquez que beaucoup de communes se composent de villages et de hameaux que le législateur a groupés ensemble, mais qui étant éloignés les uns des autres auraient besoin d'une église à part. Si nous avions pris pour terme de comparaison ces sections de communes, au lieu des communes elles-mêmes, nous aurions eu à constater des différences bien plus considérables. Remarquez aussi que dans le relevé des emplois rétribués par l'État, nous avons compris 7844 vicariats. Or, la plupart sont partie intégrante des cures et des succursales, le vicaire n'étant que l'auxiliaire du curé ou du desservant; ils n'augmentent donc pas à proprement parler la liste des églises dans lesquelles les cérémonies du Culte sont célébrées avec l'aide du Trésor public. Les chapelles vicariales où le vicaire chapelain est tenu de résider, et qui ont une administration séparée, sont les seules qui fassent exception; mais on en compte à peine 400 dans toute la France.

La majorité de nos diocèses, grâce à Dieu, est mieux partagée que ceux que nous venons de citer; un grand nombre ont réussi à faire inscrire en leur faveur au budget plus de titres ecclésiastiques qu'ils ne renferment de communes. A des juges prévenus et superficiels cet excédant pourra paraître une superfétation; avant de le blâmer cependant, il s'agirait de savoir si dans les départements qui en ont le bénéfice, les communes ne sont pas, plus souvent qu'ailleurs, divisées en fractions, si elles ne sont pas éloignées les unes des autres, si les habitudes religieuses des habitants n'y rendent pas l'intervention du trésor public particulièrement utile. Mais fût-il démontré que dans certaines parties de la France le nombre des paroisses est trop considérable, il n'en résulterait pas qu'il fût ailleurs suffisant. L'abondance qui profite aux uns n'autorise en aucune façon à fermer les yeux au dénûment des autres et ne dispense pas d'y porter remède.

Ce qui doit au reste inspirer une juste confiance, c'est que la sollicitude du gouvernement est éveillée. En ce qui concerne l'accroissement du nombre des succursales et des vicariats, chaque année, comme nous l'avons dit, des crédits sont demandés pour la création de nouveaux emplois. Pour 1859, la loi de finances limite à 50, il est vrai, ceux qui pourront être autorisés; mais tout porte à croire que pour les exercices suivants, une latitude plus grande sera donnée au ministre des Cultes. Quant à l'amélioration du sort des desservants, la question a fait un pas considérable, puisque le gouvernement, le conseil d'État et le Corps législatif sont tombés d'accord pour lui donner dès aujourd'hui une solution partielle. Quelque minime que soit l'augmentation de 50 fr. accordée par le décret du 29 juillet, à 15 000 succursalistes, elle a été accueillie avec reconnaissance dans les rangs du clergé, comme le gage à peu près certain de mesures plus larges et plus efficaces. L'hésitation ne pourrait provenir que de l'incertitude des moyens d'exécution et de la crainte d'ajouter de nouvelles charges à toutes celles qui pèsent déjà sur le Trésor. Mais l'affermissement de la paix européenne et l'incessant progrès des revenus publics ôtent à l'objection la plus grande partie de sa valeur. Il est donc permis d'espérer que l'un des prochains budgets complétera les libéralités des précédents par de nouveaux témoignages d'équitable et politique bienveillance, qui en allégeant pour les desservants de nos paroisses rurales le poids des nécessités de la vie, faciliteront l'exercice de leur ministère, aideront à l'influence de leur parole sur les populations et contribueront ainsi à donner à la société française une précieuse garantie de moralité religieuse et de stabilité.

CHAPITRE V.

CHAPITRE DE SAINT-DENIS ET CHAPELAINS DE SAINTE-GENEVIÈVE.

Pour terminer le tableau des institutions que l'Église catholique possède en France et qui sont à la charge du Trésor public, il nous reste à parler du chapitre de Saint-Denis et des chapelains de Sainte-Geneviève.

Le chapitre de Saint–Denis est une fondation impériale ; mais Napoléon n'en a pas conçu lui-même la première pensée ; il l'a empruntée aux souvenirs de l'ancienne monarchie et à ceux du catholicisme[1].

Avant la suppression des abbayes, il existait à Saint-Denis un monastère de l'ordre de Saint-Benoît, dont l'origine se confondait, pour ainsi dire, avec les commencements de la royauté ; car ceux des historiens qui en reportaient l'origine à une antiquité moins reculée, l'attribuaient à Dagobert Ier ; d'autres la faisaient remonter à sainte Geneviève. Élevé, s'il faut en croire une légende, aux lieux mêmes où l'apôtre des Gaules fut enseveli après son martyre, ce monastère était devenu bientôt l'objet d'une si grande

---

1. Les détails qui suivent sont empruntés pour la plus grande partie à l'*Histoire de l'Abbaye Royale de Saint-Denis en France*, par D. Michel Félibien. Paris, 1706, in-fol., et aux *Documents concernant le Chapitre de Saint-Denis et la grande Aumônerie*, dont la publication nous fut confiée par M. Fortoul, Paris, 1854, in-4.

vénération parmi les fidèles, que les rois de France l'avaient choisi pour servir à leur sépulture. Cette royale et sainte destination n'avait pas peu contribué à étendre la prospérité de l'abbaye ; ses revenus s'étaient accrus rapidement par de riches offrandes, et, ce qui n'avait pas moins de prix pour les religieux, elle avait obtenu un grand nombre d'immunités au spirituel et au temporel.

Il existe une charte de Clovis II, où ce prince, de l'aveu de saint Landry, évêque de Paris, défend qu'à l'avenir aucun prélat ni autre personne, quelle qu'elle soit, puisse exercer aucune autorité sur le monastère, rien ôter ou diminuer des serfs sous sa dépendance sans le consentement de la communauté et la permission du roi[1].

Environ un siècle plus tard, c'est-à-dire vers 755, une bulle du pape Étienne III confirma cette exemption et y ajouta ; car elle accorde à l'abbé de Saint-Denis le droit de fonder dans les terrains qui appartiennent ou appartiendront à l'abbaye par donations, échanges ou autrement, un aussi grand nombre de monastères que bon lui semblera, lesquels demeureront soumis à son autorité, et à celle du Saint-Siége, sans que nul évêque, à moins du consentement de l'abbé, puisse venir y conférer les ordres sacrés, ni même y célébrer l'office divin.

En 862, les priviléges de l'église de Saint-Denis furent renouvelés au synode de Soissons, et consacrés l'année suivante par une bulle du pape Nicolas Ier.

---

1. *Histoire de l'Abbaye Royale de Saint-Denis en France*, p. 22, Cf. *Diplomata et Chartæ merovingicæ ætatis in archivio Franciæ asservata.* Paris, 1851, in-8º, p. 10 et 13.

Malgré la protection du Saint-Siége, des princes et des évêques si souvent manifestée, le monastère avait fréquemment à repousser des entreprises contre ses immunités. Vers le milieu du xie siècle, l'abbé Hugues étant mort, son successeur Reynier se trouva engagé dans un démêlé avec Godefroy, évêque de Paris, qui prétendait faire des processions générales, accompagné de tout son clergé, dans les localités dépendant du monastère, et y indiquer des stations pour les prières publiques. L'abbé vit là, non sans raison, un empiétement qui dans l'avenir pourrait servir de prétexte à de nouvelles usurpations. Il porta sa plainte au conseil du roi qui renvoya les parties à se pourvoir devant la cour de Rome. L'affaire ayant été débattue de part et d'autre en présence du pape Alexandre II, il fut reconnu que l'évêque de Paris ne pouvait revendiquer aucun droit sur le monastère de Saint-Denis, sans méconnaître l'autorité du Saint-Siége, et sans encourir un effroyable anathème, *sine horrendo anathemate*. La cause revint alors devant le roi qui adopta la décision des juges ecclésiastiques, et maintint l'abbaye dans tous ses priviléges et immunités, conformément aux anciennes ordonnances « afin, dit la Charte royale, que les religieux pussent jouir du repos que le bienheureux saint Landry, les autres évêques de France et les souverains pontifes avaient voulu procurer au monastère. »

Les abbés de Saint-Denis n'avaient pas le pouvoir de conférer eux-mêmes la prêtrise, prérogative réservée aux seuls évêques; mais ils jouissaient de la faculté d'appeler tel prélat qu'ils voulaient pour ordonner les religieux habitant les monastères placés sous leur dépendance. Ils portaient d'ailleurs, comme les évêques,

la mitre, l'anneau et les sandales. Leur juridiction,
bornée d'abord au diocèse de Paris, avait pris peu à
peu les plus vastes développements par l'effet de nombreuses acquisitions à titre gratuit ou onéreux.

Au commencement du xvᵉ siècle, elle s'étendait sur
la plupart des paroisses de la terre de Saint-Denis, sur
certaines églises du Vexin et jusque dans le Poitou.

Le Concordat de Léon X et de François Iᵉʳ porta un
coup funeste à la prospérité des monastères de France,
en attribuant au roi seul la nomination à tous les bénéfices. Les religieux de Saint-Denis durent se soumettre à la loi commune; mais s'ils perdirent le droit
de choisir eux-mêmes leur abbé, ils conservèrent tous
leurs autres priviléges. Une circonstance inattendue
faillit les leur enlever vers la fin du xviiᵉ siècle.
En 1686, Louis XIV voulant doter richement la maison
de Saint-Cyr qu'il venait de fonder, imagina d'y réunir
ce qu'on appelait la mense abbatiale de Saint-Denis,
c'est-à-dire les revenus qui appartenaient à l'abbé,
dont le titre se trouva naturellement supprimé par
l'effet de cette mesure. L'archevêque de Paris, M. de
Harlay, crut l'occasion favorable pour soumettre le monastère à son autorité, et peu s'en fallut qu'il ne
réussît. Il soutenait que la suppression du titre d'abbé
entraînait celle des prérogatives que l'abbé avait
exercées. Cependant l'église de Saint-Denis était si ancienne, si vénérée, ses priviléges étaient si bien établis, que les religieux parvinrent à les conserver, même
après avoir perdu leur supérieur. L'archevêque de
Paris dut se contenter de voir rentrer sous sa juridiction un certain nombre de paroisses situées autour du
monastère; quant au monastère lui-même, avec ses

dépendances immédiates, il continua de former un établissement séparé qui avait pour chef un prieur sous la protection directe du Saint-Siége. Le Souverain Pontife intervint dans l'arrangement et, afin d'en assurer les clauses et de prévenir de nouvelles discussions, il ordonna de la manière la plus expresse que les prérogatives qui avaient appartenu aux abbés de Saint-Denis, passeraient tout entières aux prieurs du monastère, pour être par eux exercées sous la même forme et avec la même étendue que par le passé.

Telle était l'institution riche en souvenirs également chers à la religion et à la patrie, que la tourmente révolutionnaire avait emportée, comme bien d'autres, et que Napoléon entreprit de tirer de ses ruines. Malgré les services que les Bénédictins avaient rendus autrefois et qui n'étaient pas oubliés, nul ne pouvait songer à rétablir l'ancienne abbaye, les ordres religieux n'existant plus en France. Il fallait donc recourir à une combinaison qui se rattachât d'aussi près que possible au passé, qui en conservât les traditions glorieuses et vénérables, mais qui, appropriée à l'état nouveau de la société, présentât des avantages susceptibles d'être appréciés par les hommes positifs.

C'est dans cet esprit de modération et de haute prévoyance que la pensée première du chapitre de Saint-Denis fut arrêtée.

Le 20 février 1806, parut un décret dont le premier titre était conçu dans les termes suivants. « *Art.* 1ᵉʳ. L'église de Saint-Denis est consacrée à la sépulture des empereurs. — *Art.* 2. Il sera fondé un chapitre composé de dix chanoines chargés de desservir cette église. — *Art.* 3. Les chanoines de ce chapitre seront choisis parmi les évêques âgés de plus de soixante ans et qui se trouveraient hors d'état de continuer l'exercice des fonctions épiscopales : ils jouiront dans cette retraite des honneurs, prérogatives et traitement attachés à l'épiscopat. Notre grand Aumônier sera chef de ce chapitre. » La seconde partie du décret est relative à l'église Sainte-Geneviève qui est rendue au Culte, conformément au vœu de la cour de Rome, et affectée à la sépulture des personnages éminents de l'Empire.

L'établissement du chapitre de Saint--Denis décrété en principe, il restait à pourvoir aux détails de son organisation. Le soin en fut abandonné au grand Aumônier, le cardinal Fesch, qui prépara un plan dont voici les principales dispositions. En premier lieu, on aurait institué à Saint-Denis un collége de cent dix prêtres choisis dans chaque département de l'Empire, pour s'occuper des sciences religieuses, pour tenir des conférences à des jours marqués, et pour répondre aux différentes questions qui pourraient leur être adressées par les ecclésiastiques des différents diocèses. En second lieu, les dix évêques composant le chapitre auraient été assujettis à la résidence et obligés d'assister à l'office canonial. Enfin on aurait établi une maîtrise pour servir d'école de musique, et dix-huit prêtres auraient été choisis pour former le chœur.

Ce plan très-vaste dépassait la pensée qui avait inspiré le décret; il ne se bornait pas à la développer, il la transformait. Portalis, consulté, n'hésita pas à le repousser, comme très-coûteux et rempli de dangers pour l'Église et pour l'État. Ce sage ministre pensait que l'établissement de Saint-Denis devait être réduit aux proportions les plus modestes, privé de tout caractère dans la hiérarchie, borné à des fonctions purement canoniales. Il ne l'acceptait que comme un asile honorable pour les prélats à qui leur âge ou leurs infirmités ne permettraient plus d'exercer les fonctions pénibles de l'épiscopat, ou pour ceux qu'une sage politique voudrait sans violence écarter de leurs siéges, en leur offrant une existence tranquille et un revenu assuré pour le reste de leurs jours. Portalis accordait du reste que le nouveau chapitre, quelle que fût sa constitution intérieure, devait être distrait de la juridiction ordinaire, et placé uniquement sous celle du grand Aumônier[1].

Il paraît bien que ces prudentes observations firent une assez forte impression sur l'Empereur; car non-seulement on ne donna pas suite au plan du cardinal Fesch, mais, chose digne de remarque, le décret que ce plan avait pour objet d'appliquer, reçut à peine un commencement d'exécution. Soit que les idées de Napoléon se fussent modifiées, soit que les circonstances ne lui aient pas laissé le loisir de les poursuivre, à dater de 1807, il n'est plus question du chapitre de Saint-Denis pendant toute la durée du régime impérial, si ce n'est dans le Budget et dans les comptes où il figure annuellement pour une somme qui varie de 91 000 à 109 000 fr.

Sous la Restauration, l'antique abbaye dont les caveaux avaient servi si longtemps de sépulture aux rois de France, fut l'objet d'un culte tout particulier, où la

1. Voyez le rapport du cardinal Fesch à l'Empereur (2 avril 1806), et le rapport de M. Portalis sur le plan proposé par le cardinal, dans les *Documents concernant la grande Aumônerie et le chapitre de Saint-Denis*, p. 14 et suiv.

raison politique s'alliait avec le sentiment inné qui porte l'homme à honorer la cendre de ses aïeux.

Dix-huit mois s'étaient à peine écoulés depuis la seconde rentrée des Bourbons, qu'une ordonnance constituait le chapitre d'après les bases que le décret de 1806 avaient déterminées, mais avec plus d'étendue et d'éclat[1]. Au-dessous des chanoines-évêques vinrent s'asseoir des chanoines d'un ordre inférieur, au nombre de 24, dont 6 dignitaires. Les chanoines de second ordre devaient être choisis parmi les prêtres comptant dix années au moins dans l'exercice du ministère ou dans l'administration des diocèses. Le grand Aumônier de France, placé à la tête de la communauté avec le titre de primicier, présentait les chanoines-évêques ou prêtres à la nomination du roi qui réglait par des ordonnances le service du chapitre. Indépendamment des frais de premier établissement, une somme de 250 000 fr. prélevée sur les fonds du clergé devait être annuellement affectée aux dépenses de l'institution.

L'ordonnance du 23 décembre 1816 pouvait faire reluire sur le chapitre de Saint-Denis quelques rayons

1. Ord. du 23 déc. 1816, *Bull.* VIIe S., 133, n° 1587. « La restauration de l'ancienne église royale de Saint-Denys, disait le préambule de l'ordonnance, a fixé *toute notre sollicitude.* Ce monument nous est cher à bien des titres; déjà nous l'avons rendu à sa pieuse destination en apportant tous nos soins à ce que les dépouilles des princes et princesses de notre famille, dont la Providence nous a ménagé la conservation, y soient déposées près des rois nos aïeux. Nous désirons encore pourvoir à perpétuité aux prières qui doivent consacrer ce dépôt, et fonder à cette fin un chapitre royal où les soutiens de l'Église de France trouvent une retraite convenable, en même temps que de jeunes ecclésiastiques placés près d'eux puiseront dans ces modèles les exemples des vertus sacerdotales. »

de la splendeur de l'ancienne abbaye. Mais la riche dotation qu'elle promettait à l'établissement nouveau subit, dès l'origine, par motif d'économie, des réductions considérables. La dépense ne fut réglée, en fait, qu'à 175000 fr., et dans les années les plus prospères de la Restauration, elle ne dépassa jamais 200000 fr.

Après 1830, la charge de grand Aumônier ayant été supprimée, l'existence du chapitre fut elle-même mise en question, et si le vote des chambres le laissa subsister, un article de la loi de finances du 21 avril 1832 disposa que les chanoines nommés à l'avenir ne recevraient aucun traitement sur les fonds de l'État. La dépense descendit alors à 100000 fr., puis au-dessous. Il y avait encore 12 chanoines du second ordre, bientôt réduits à 10, puis à 9; 6 puis 4 chanoines du premier ordre et 5 dignitaires.

En 1837, le ministère que présidait M. Molé, demanda et obtint une augmentation de 14000 fr. qui impliquait l'abrogation de la loi de 1832, et la prochaine réorganisation du chapitre.

L'institution, depuis sa naissance, était dans cette situation, doublement anormale et périlleuse, d'être un établissement ecclésiastique que l'Église n'avait pas reconnu, et qui était soustrait à l'autorité de l'archevêque de Paris, bien qu'il fût enclavé dans son diocèse. Le pouvoir civil qui l'avait fondée avait pris sur lui de régler seul ses conditions d'existence, en dehors de toute intervention officielle et avouée du pouvoir religieux. Il était résulté de là sous la Restauration de graves embarras, des conflits déplorables qui avaient failli dégénérer en scandale et dont il importait de prévenir le retour. Une négociation fut entamée à cet effet avec la cour de Rome, au commencement de l'année 1842. Dix-huit mois après, une bulle pontificale détachait Saint-Denis et ses dépendances de la juridiction de l'ordinaire et les plaçait sous l'autorité immédiate du Saint-Siége. La bulle ayant été enregistrée, en 1845, au conseil d'État, un projet qui donnait à ses clauses force de loi, fut soumis aux Chambres. A la suite de vives discussions, ce projet avait été voté par la Chambre des Pairs et rapporté à la Chambre des Députés[1] lorsque la révolution de Février éclata.

Le chapitre de Saint-Denis, institution monarchique et impériale, parut d'abord aux fondateurs de la république une anomalie qu'ils ne pouvaient laisser subsister, sans démentir eux-mêmes leur principe[2]. Tout ce qu'ils accordèrent à ces sentiments de bienveillance pour les personnes, que les dissidences politiques n'étouffent plus, ce fut que les traitements des chanoines en titre seraient convertis en indemnités de 6000 fr. pour ceux de premier ordre, et 2000 fr. pour ceux de second ordre. Une somme de 15000 fr. fut affectée à la continuation du service religieux dans la basilique, sauf l'emploi qui pourrait être fait au profit du matériel, des économies réalisées sur le personnel.

---

1. Séances de la Chambre des Pairs des 7 mars et 10 mai 1847; séances de la Chambre des Députés des 28 mai et 14 juillet de la même année.

2. « Le Chapitre royal de Saint-Denis, disait la commission du Budget en 1849, a été frappé par la révolution de Février, et la république ne pourrait en consacrer l'existence sans se contredire elle-même. » Séance de l'Assemblée nationale du 30 mars 1849. Cf. Pradié, *la Question religieuse*, etc., p. 202 et 203.

La dépense qui, en 1848, était encore de 85 258 fr.
43 c., descendit progressivement.

En 1849 à . . . . 67 648 fr. 96 c.
  1850 . . . . 47 727 fr. 12 c.
  1851 . . . . 44 009 fr. 62 c.

Jamais encore, depuis sa fondation, l'établissement
de Saint-Denis n'était tombé aussi bas. Sa ruine était
imminente, si en 1852, le revirement soudain de la
fortune de la France ne l'avait sauvé. Cette année même
le traitement des chanoines de second ordre fut reporté
à 2400 fr. et celui des chanoines-évêques à 10 000 fr.
Quelques vacances dans le personnel permirent d'augmenter les crédits affectés aux dépenses intérieures
qui s'élevèrent au delà de 32 000 fr. En 1853 et
pendant les années suivantes, des nominations eurent
lieu. Trois nouveaux chanoines de second ordre, un
chanoine dignitaire et un chanoine de premier ordre
furent successivement créés. Au 31 décembre 1857, le
chapitre de Saint-Denis se composait de sept évêques,
d'un chanoine dignitaire jouissant du même traitement
que les évêques, et de onze chanoines prêtres ; la dépense annuelle était de 124 500 fr. dont 17 000 fr.
pour les frais de bas chœur et de matériel. Mais ces
améliorations partielles n'étaient que le point de départ d'une-réforme plus générale destinée à donner enfin au Chapitre, avec une constitution régulière, la
prospérité et l'éclat qui étaient dans la pensée de son
fondateur. Deux brefs pontificaux[1], que le gouvernement de l'Empereur avait sollicités, et dont le décret

---

1. *Bull.* XIᵉ S., 534, nᵒˢ 4862 et 4863. Voici les principales
dispositions du bref qui concerne le chapitre de Saint-Denis :

du 17 juin 1857 a autorisé la publication, ont reconnu l'existence canonique de l'établissement de Saint-Denis et celle de la grande Aumônerie. L'institution a désormais son rang dans l'Église, comme elle l'avait déjà depuis un demi-siècle dans l'État, et elle possède au spirituel, sous l'immédiate autorité du Saint-Siége, les priviléges et les exemptions les plus larges que jamais communauté ait obtenus. Son personnel peut être porté à 12 chanoines évêques, non compris le primicier, et à 24 chanoines prêtres. Un récent décret fixe le traitement des chanoines évêques à 10000 fr. et celui des chanoines prêtres à 4000 fr.

« Capitulum ad officia divina in memorato Sancti-Dionysii « templo celebranda extabit, quod ex canonicis conflatum et « duas in classes distinctis, ex his nimirum qui episcopali di- « gnitate fulgeant, atque ex his qui presbyteralis ordinis sint.

« Prima classis, præter dignitatem de qua infra, duodecim « ad summum canonicis constabit, secunda vero viginti qua- « tuor canonicorum numerum nequaquam excedet.

« In primam classem illi adsciscentur sacri antistites, qui « labore ac senio vel adversa fracti valetudine demissionem ab « episcopali onere petierint, atque apostolica auctoritate ab ec- « clesiarum sibi commissarum vinculo soluti sint ; in alteram « classem illi præsertim cooptabuntur sacerdotes, qui virtute « et probatis in ecclesiam meritis per testimoniales ordinario- « rum litteras commendentur.

« Unam tantum dignitatem capitulum præferet titulo primi- « cerii, et ministrorum atque inservientium personis instructum « erit, quæ viginti quatuor numerum nequaquam exsuperent.

« Porro dignitatem primicerii, perpetuo obtinebit supremus « Galliarum imperii eleemosynarius pro tempore existens, et « episcopali honore fulgens, juxta apostolicas nostras in forma « brevis hoc ipso die expeditas litteras de ipsius eleemosynarii « institutione.

« Canonicos autem tum episcopos, tum non episcopos aliosque « omnes è capitulo ad Majestatis Suæ nominationem quæ in « eamdem Sancti Dionysii ecclesiam patronatus jure potitur, eli-

L'antique basilique où de tout temps furent déposés les restes mortels des souverains de la France, est affectée à la sépulture des empereurs.

La conséquence financière de ces mesures est un accroissement nécessaire de dotation, sans lequel les revenus du Chapitre ne seraient pas suffisants dans la situation nouvelle qui commence pour l'institution. Une augmentation de 16 500 fr. a été inscrite au Budget de l'exercice 1859; mais elle permettra seulement de porter au chiffre normal de 4000 fr. l'allocation des onze chanoines de second ordre qui sont aujourd'hui en fonctions. Il ne nous paraît pas douteux que, dans

« gendos esse denuntiamus, reservata nobis et successoribus « nostris canonica per apostolicas bullas institutione tum pro « primicerio, tum pro episcopis qui in capitulum cooptentur, « attributa primicerio auctoritate ad illam nostro nomine con-« ferendam canonicis, qui ea dignitate non fulgeant.

« Eam vero ecclesiam, primicerium, canonicos et capitulum, « ceterosque in capitularium cœtum cooptatos, itemque ministros « ecclesiasticos aut laïcos ejusdem servitio actu addictos sub « speciali nostra et successorum nostrorum tutela recipimus et « constituimus, ipsosque in illis quæ ad interiorem ejusdem « ecclesiæ cultum, ad divina officia, ad chori disciplinam, ad « priorum onerum executionem, et ad fabricæ et census cura-« tionem pertineant, perpetuo nobis et Apostolicæ Sedi subjectos « edicimus ac denuntiamus.

« Ad hanc porro jurisdictionem in eam ecclesiam, clerum et « ministros nostro et Apostolicæ Sedis nomine et auctoritate « exercendam adsignamus, ac præficimus primicerium illius « capituli, eamque auctoritatem uti primiceriali dignitati ad-« nexam statim à suscepta legitima ipsius possessione eidem « competere nostris hisce litteris decernimus, eique primicerio « jus reservamus visitandi, nostro et Apostolicæ Sedis nomine, « servatis servandis, ecclesiam resque ad illam pertinentes, « adempta cuilibet alteri auctoritate visitationis ibidem per-« agendæ, inconsulta sede Apostolica. » Voyez aussi le décret du 18 décembre 1858, *Bull.* XI⁰ S., 656, n° 6107.

un avenir très-prochain, des suppléments de crédit deviendront indispensables, sinon pour les personnes, au moins pour le service intérieur et pour les frais du culte.

Une disposition spéciale du décret de 1806 portait que l'église de Sainte-Geneviève qui, pendant la Révolution, avait été transformée, sous le nom de Panthéon, en un monument à la gloire des grands hommes, serait rendue au culte et affectée à la sépulture des dignitaires de l'Empire et des citoyens illustrés par leurs services[1]. Le chapitre métropolitain de Notre-Dame de Paris, augmenté à cet effet de 6 membres, était chargé de la desservir. A la rentrée des Bourbons, Sainte-Geneviève perdit son affectation spéciale, tout en continuant à rester ouverte à la piété des fidèles. Mais après 1830, elle fut fermée de nouveau et s'appela, comme en 1793, le Panthéon.

Un des premiers actes de l'Empereur, au lendemain du 2 décembre 1851, fut de lui rendre son nom et d'annoncer que des mesures seraient ultérieurement prises pour y régler l'exercice permanent du culte catholique. En effet, le 22 mars 1852, la communauté des chapelains de Sainte-Geneviève, composée de 6 prêtres et d'un doyen, était instituée afin de desservir l'église et de prier pour la France et pour les morts inhumés dans les caveaux[2]. Les chapelains nommés pour

1. Suivant un premier plan qui ne fut pas adopté, l'église aurait été placée à la fois sous l'invocation de saint Napoléon et de sainte Geneviève. Voyez *Mémoires historiques*, etc., t. II, p. 74 et suiv.

2. *Lois, décrets et règlements relatifs à l'administration des cultes.* Paris, 1854, in-8°, p. 46 et suivantes; *Statistique religieuse du diocèse de Paris*, par M. l'abbé Darboy. Paris, 1856, in-8, p. 92 et suivantes.

trois ans, à la suite d'un concours, devaient employer leurs loisirs à se préparer à la prédication : leur traitement était fixé à 2500 fr.; celui du doyen à 4000 fr. : une somme annuelle de 5000 fr. était affectée aux frais du bas chœur et du culte. Les deux premières années, la dépense fut imputée sur les fonds du clergé paroissial ; elle a été rattachée depuis aux dépenses du chapitre de Saint-Denis. Après avoir été renfermée d'abord dans le chiffre de 18 000 fr., elle atteint aujourd'hui 36 500 fr., savoir :

1 doyen.	4 000 fr.
6 chapelains à 2500 fr.	15 000
Frais de bas chœur.	10 000
Loyer de la maison affectée au service de la communauté. . . .	5 000
Frais divers d'entretien.	2 500
Total	36 500 fr.

Un des chapelains nommés à la suite du concours de 1852, M. l'abbé Freppel, professe aujourd'hui l'éloquence sacrée à la Faculté de théologie de Paris.

CHAPITRE VI.

BOURSES DANS LES SÉMINAIRES.

Un des objets que l'Église a signalés de tout temps avec le plus d'instance à la sollicitude pastorale, c'est l'établissement des séminaires. Les décrets des conciles généraux et les bulles pontificales ne tarissent pas en recommandations sur ce point. Il est enjoint à tous les évêques d'ouvrir des écoles, d'y recueillir, dès le premier âge, les enfants qui témoignent de pieuses dispositions; d'entretenir, d'accroître, de développer dans ces jeunes cœurs le sincère amour de la religion, et pour tout dire, de les préparer, par une forte éducation, à être un jour de dignes serviteurs du sanctuaire[1]. En effet, le sanctuaire n'est pas le monde, et

---

1. S. Conciili Tridentini Sess. XXIII, *de Reformatione*, cap. XVIII:
« Cum adolescentium ætas, nisi recte instituatur, prona sit ad
« mundi voluptates sequendas, et nisi a teneris annis ad pieta-
« tem et religionem informetur, antequam vitiorum habitus
« totos homines possideat, numquam perfecte, ac sine maximo
« et singulari propemodum Dei omnipotentis auxilio, in disci-
« plina ecclesiastica perseveret; Sancta Synodus statuit, ut sin-
« gulæ cathedrales metropolitanæ, atque his majores ecclesiæ,
« pro modo facultatum et diœcesis amplitudine, certum puero-
« rum ipsius civitatis et diœcesis, vel ejus provinciæ, si ibi non
« reperiantur, numerum in collegio ad hoc prope ipsas eccle-
« sias, vel alio in loco convenienti ab episcopo eligendo, alere
« ac religiose educare, et in ecclesiasticis disciplinis instituere
« teneantur. In hoc vero collegio recipiantur qui ad minimum
« duodecim annos et ex legitimo matrimonio nati sint, ac le-
« gere et scribere competenter noverint, et quorum indoles et

pour en saintement remplir les augustes devoirs, pour ne pas fléchir sous ce ministère de continuelle abnégation et de charité, ne faut-il pas s'être exercé de bonne heure à détacher sa pensée du monde, et avoir dès longtemps contracté dans le silence, la retraite et la prière, ce sentiment des choses divines que la fréquentation du monde ne donne pas? Sans doute ici, comme en d'autres matières, on doit se garder de tout excès; et évidemment ce serait une organisation très-défectueuse que celle qui consacrerait l'isolement absolu du prêtre futur, et qui le laisserait presque sans rapport avec la société au sein de laquelle il est destiné à vivre, et qu'il doit avoir appris à connaître pour plus tard guérir ses plaies et consoler ses misères. Mais dans l'hypothèse contraire, si les évêques ne possédaient pas des établissements spéciaux où les jeunes vocations fussent éprouvées, soutenues et dirigées, si les âmes les plus naturellement pieuses n'étaient pas encouragées au service de Dieu par une culture particulière, que deviendrait le recrutement du clergé? Le tourbillon des affaires et des pensées profanes ne détournerait-il pas du sanctuaire beaucoup de ceux

« voluntas spem afferat, eos ecclesiasticis ministeriis perpetuo « inservituros.... » Voyez, dans le même sens, l'édit de 1698 par lequel Louis XIV enjoint à tous les archevêques et évêques du royaume « d'établir incessamment des séminaires dans les diocèses où il n'y en a point, pour y former des ecclésiastiques, et d'établir autant que possible dans les diocèses où il y en a déjà pour les clercs plus agéz, des maisons particulières pour l'éducation des jeunes clercs pauvres, depuis l'âge de douze ans, qui paroîtront avoir de bonnes dispositions pour l'état ecclésiastique.... » Cf. Theiner, *Histoire des institutions d'éducation ecclésiastique*, traduit de l'allemand par Jean Cohen. Paris, 1841, 2 volumes in-8.

qu'un penchant vertueux portait à y entrer, sans qu'ils fussent assez forts pour résister seuls aux entraînements du plaisir et de l'ambition?

Dans un État qui n'a pas abjuré le catholicisme et qui ne veut pas sa ruine, l'existence honorée des séminaires est la conséquence logique de la protection qui est accordée au culte. La foi de nos pères les avait multipliés; l'impiété révolutionnaire les détruisit; après le Concordat, ils se sont relevés avec les autres ruines de l'Église de France.

On distingue, comme chacun sait, les petits et les grands séminaires.

Dans la pensée première de leur institution, les petits séminaires sont des établissements où l'évêque recueille et fait élever des enfants que leurs parents destinent à l'état ecclésiastique. Comme beaucoup de vocations sont incertaines, il est nécessaire que l'éducation y soit réglée de manière à permettre aux élèves qui n'embrasseraient pas le sacerdoce, de suivre toute autre carrière. Les petits séminaires se trouvent, par la force des choses, transformés plus ou moins en écoles secondaires analogues aux lycées, aux colléges communaux, et aux institutions laïques. Aussi sont-ils généralement désignés sous le titre d'*écoles secondaires ecclésiastiques*. Leurs revenus se composent du produit des pensions payées par les élèves, et des dons de la charité privée. Sauf un petit nombre qui, sous la Restauration, reçurent des secours accidentels, ils ne furent jamais subventionnés par l'État. L'ordonnance du 16 juin 1828 y avait fondé 8000 demi-bourses de 150 fr., faible dédommagement de leur liberté perdue, des incapacités dont leurs élèves étaient frappés, et de la suppression de huit établissements autrefois dirigés par la Compagnie de Jésus. Mais à peine cette rançon avait-elle été payée pendant une année, que le trône de Charles X ayant été renversé, l'ordonnance qui en contenait la promesse fut rapportée par le nouveau gouvernement[1]. Quatorze ans plus tard, en 1844, la commission de la Chambre des députés qui était chargée de l'examen du projet de loi sur l'instruction secondaire, manifesta, par l'organe de son rapporteur, M. Thiers[2], le dessein de restituer aux petits séminaires la riche dotation dont l'espérance avait naguère lui devant eux. Mais l'épiscopat n'accueillit pas avec faveur cette ouverture qui impliquait pour lui l'abandon de ses anciennes démarches en faveur de la liberté d'enseignement. La proposition n'eut donc pas de suite. En recouvrant une indépendance à peu près complète, par la loi du 15 mars 1850[3], les écoles secondaires ecclésiastiques ont dû à cette loi des avantages plus précieux et plus désirés qu'une subvention pécuniaire.

Les grands séminaires sont des écoles spéciales de théologie où s'achèvent, sous une austère discipline, l'épreuve des vocations et l'apprentissage du sacerdoce; ils sont pour le clergé ce que les écoles militaires sont

1. Ordonnance du 30 septembre 1830 ; circulaire du 1er octobre 1830, dans le recueil des *Circulaires relatives aux affaires ecclésiastiques*, p. 131.

2. Séance de la Chambre des députés du 13 juillet 1844.

3. Loi du 15 mars 1850, art. 70 : « Les écoles secondaires ecclésiastiques actuellement existantes sont maintenues, sous la seule condition de rester soumises à la surveillance de l'État. Il ne pourra en être établi de nouvelles sans l'autorisation du gouvernement. »

pour l'armée et l'École normale pour la carrière de l'enseignement.

Lors du Concordat, le gouvernement ne s'était pas engagé à les doter ; il se contentait d'en autoriser l'établissement[1]. Mais la plupart des évêques, faute de ressources, ne profitèrent pas de cette faculté, malgré les pressantes invitations que le cardinal Caprara leur avait adressées au nom du Saint-Siége. Afin de relever l'enseignement théologique, la loi de ventôse an XII, ordonna la création de dix séminaires métropolitains où seraient enseignés la morale, le dogme, l'histoire ecclésiastique, les règles de l'éloquence sacrée et les maximes de l'Église gallicane. L'État devait fournir les bâtiments, les bibliothèques et une dotation convenable[2]. Des difficultés d'exécution firent ajourner ce plan, et peu d'années après, quand l'instruction publique eût été organisée, les séminaires métropolitains furent remplacés par des facultés de théologie soumises au régime universitaire.

Cependant le nombre des ouvriers évangéliques était bien loin d'être suffisant, pour remplir les vides du sanctuaire. « Le service religieux, disait Portalis, en 1806, dans un rapport à l'Empereur[3], le service religieux exige environ 60 000 prêtres. Il manque aujourd'hui huit mille sujets dans les classes des des-

1. Art. 11 du Concordat de 1801 : « Les évêques pourront avoir un chapitre dans leur cathédrale, et un séminaire dans leur diocèse, sans que le gouvernement s'oblige à les doter. »

2. *Recueil de lois et règlements concernant l'instruction publique*, t. III, p. 64 et suivantes. Cf. Portalis, *Discours, rapports et travaux sur le Concordat* de 1801, p. 313 et suivantes.

3. Rapport sur l'organisation des dix séminaires métropolitains, l. l., p. 330.

servants et vicaires. On compte à peine douze missionnaires, quelques professeurs et une douzaine de
prédicateurs. Le quart des prêtres employés dans les
cures passe l'âge de soixante ans; d'autres sont usés
ou infirmes quoique moins avancés en âge. Chaque
année le nombre des démissions ou des morts augmente; les remplacements deviennent toujours plus
difficiles. Depuis le Concordat il s'est fait peu d'ordinations : il est même des diocèses où personne ne
s'est présenté pour prendre les ordres. Dans l'année
qui vient de s'écouler il n'y a eu que 524 ordinations pour le sous-diaconat, et le nombre des
morts dans les six derniers mois de l'an XIII s'é-
lève à 900. » L'Empereur reconnut que, s'il voulait
consolider l'œuvre du Concordat, le moment était
venu de donner à l'Église les moyens de perpétuer
la succession de ses ministres; aussi, le 30 septembre 1807, le jour même où le nombre des succursales était porté à 30 000, il promulgua le décret
suivant :

« Voulant faire prospérer l'établissement des séminaires diocésains, favoriser l'éducation de ceux de nos
sujets qui se destinent à l'état ecclésiastique et assurer
aux pasteurs des Églises de notre Empire des successeurs qui imitent leur zèle et qui par leurs mœurs et
l'instruction qu'ils auront reçue, méritent également
la confiance de nos peuples,

« Nous avons décrété et décrétons ce qui suit :

« 1. A dater du 1er janvier prochain, il sera entretenu
à nos frais, dans chaque séminaire diocésain, un nombre de bourses et de demi-bourses, conformément au
tableau ci-joint.

« 2. Ces bourses et demi-bourses seront accordées par nous sur la présentation des évêques.

« 3. Notre Trésor public payera pour cet objet 400 fr. par bourse et 100 fr. par demi-bourse[1]. »

L'État de répartition qui accompagnait le décret, comprenait 800 bourses entières et 1600 demi-bourses. La dépense annuelle était donc calculée à raison de 640 000 fr. L'archevêché de Malines et les évêchés de Namur, Tournai, Liége, Trèves, Aix-la-Chapelle, Gand, Mayence, Chambéry et Nice y figuraient pour 360 bourses ou demi-bourses ; le surplus était attribué aux cinquante diocèses de l'ancienne France.

La subvention allouée par le Trésor se maintint sans variation, pendant toute la durée de l'Empire. Mais après la rentrée des Bourbons, le gouvernement nouveau s'empressa d'en élever le chiffre. 1000 bourses furent créées par l'ordonnance du 5 juin 1816, et trois ans après, une somme de 200 000 fr. fut encore affectée aux besoins les plus urgents des séminaires. En 1820, on comptait 1186 élèves boursiers et 2198 demi-boursiers présents dans les établissements ; la dépense, en comprenant 46 fragments de bourses, s'élevait à 922 624 fr. L'érection de trente siéges épiscopaux qui eut lieu l'année suivante, motiva de nouvelles créations en faveur des diocèses qui venaient d'être constitués. Les comptes de l'exercice 1829 constatent le payement sur les fonds du Trésor de 1574 bourses, 2754 demi-bourses et 79 fractions de bourses, dont la dépense totale a été de 1 190 199 fr. 98 c.

1. *Bull.* IV⁵ S., 165, n° 2811.

Les sacrifices consentis par le gouvernement portèrent leurs fruits. Les ordinations qui avaient donné 1275 prêtres seulement en 1820 s'élevèrent :

En 1824 à	1492
1825	1620
1826	1706
1827	1852
1828	2030
1829	2136
1830	2321

Mais aux jours prospères de la munificence et des faveurs succédèrent bientôt les jours de disgrâce et de parcimonie. La monarchie de Juillet à peine fondée frappa sans distinction tous les établissements du clergé. Après avoir supprimé les 8000 bourses que l'ordonnance du 28 juin 1828 avait accordées aux élèves secondaires ecclésiastiques, elle en retira 500 aux grands séminaires[1]. En portant cette réduction à la connaissance des évêques, le ministre des Cultes annonça qu'elle était commandée par la nécessité impérieuse d'opérer sur les dépenses de l'État de nombreuses économies. Afin d'alléger par tous les moyens la charge du Trésor, il fut recommandé aux préfets de s'assurer avec le plus grand soin, avant la délivrance des mandats pour le payement des bourses, que l'état nominatif dressé par le directeur du séminaire ne contenait que des élèves nommés par le Roi[2].

---

1. Ordonnance du 6 juillet 1831 ; circulaire du 13 décembre 1831, dans le recueil des *Circulaires relatives aux affaires ecclésiastiques*, p. 182 et 183.

2. Circulaire du 27 mars 1832, *ibid.*, p. 190.

En 1835, une ordonnance rendue sur le rapport de M. Persil, décida que la jouissance ne commencerait qu'à dater du jour de la nomination royale, « de manière que l'élève boursier ne pût ignorer que cette nomination était son véritable titre [1]. » Ces mesures, fidèlement observées par l'autorité diocésaine et par l'autorité administrative, diminuèrent notablement la dépense qui tomba, en 1835, à 979 135 fr. 48 c., pour se relever un peu dans les années suivantes, sans atteindre toutefois, avant 1850, le chiffre de 1 million. Les bourses à 400 fr. l'une, étaient au nombre d'environ 2500 diversement partagées. Dans l'origine, il y eut un peu moins de demi-bourses que par la suite, où on les multiplia pour augmenter le nombre des sujets admis dans les séminaires. A partir de 1844, les pensions du diocèse de Paris qui avaient été confondues jusqu'alors avec celles des autres diocèses, furent l'objet d'une mention spéciale dans les budgets et dans les comptes. Il en existe encore aujourd'hui 55, dont 30 bourses entières et 25 demi-bourses qui sont payées sur le taux de 800 fr. et de 400 fr. Cette élévation du prix a paru justifiée par ce concours des circonstances qui rendent la vie dans la capitale plus chère que partout ailleurs.

On devait s'attendre que les rigueurs déployées contre les séminaires auraient pour résultat de rendre plus difficile le recrutement du clergé et de diminuer le nombre des ordinations. En effet, après avoir dé-

---

1. Ordonnance du 2 novembre 1835; circulaire du 16 novembre 1835, dans le recueil des *Circulaires relatives aux affaires ecclésiastiques*, p. 291.

passé 2300 dans la dernière année de la Restauration
elles descendirent :

En 1835 à 1744
     1838   1521
     1841   1118
     1845   1095

Toutefois à partir de cette même année il y eut un
mouvement de reprise qui les reporta :

En 1846 à 1298
     1847   . . . . , ... 1309
     1848   1347

Le mouvement se continua, même après la révolution de Février qui ne toucha pas aux conditions d'existence des grands séminaires, et qui amena indirecte-
ment l'émancipation des écoles secondaires ecclésiastiques. A plus forte raison, ne s'est-il pas arrêté depuis
le rétablissement de l'Empire.

Le chiffre des ordinations, y compris, il est vrai,
l'Algérie, s'est élevé :

En 1849 à 1309
     1850   1345
     1851   1362
     1852   1447
     1853   1402
     1854   1325
     1855   1377
     1856   1330

Mais malgré le progrès qu'ils attestent, ces chiffres
n'égalent pas encore ceux de la Restauration, et il est à

craindre qu'ils ne soient au-dessous des besoins. Le gouvernement impérial, si bienveillant envers le clergé, n'a encore ajouté à la dotation des séminaires que 17200 fr.; savoir, 12000 fr., en 1855, pour la création de 30 bourses dans les départements, et 5200 fr., en 1857, avec affectation au diocèse de Laval nouvellement érigé. Avec le crédit actuel qui est de 1 034 200 fr., il est impossible de subvenir aux frais de pension de plus de 3800 élèves, et encore dans quelle proportion! En n'accordant au plus grand nombre que des demi-bourses de 200 fr, ou des fractions de bourses qui laissent la partie la plus lourde de la dépense à leur charge et à celle du diocèse. Si le clergé se recrutait en majorité, dans les classes non pas opulentes, mais seulement aisées, cette situation n'aurait rien de fort inquiétant; mais ce n'est point ainsi, tout le monde le sait, que se passent les choses. L'ancienne noblesse et la nouvelle, et même la riche bourgeoisie donnent leurs enfants à la magistrature, à l'armée, à l'industrie, au commerce, trop souvent, hélas! à l'oisiveté; elles ne les donnent pas à l'Église. A de rares exceptions près, le clergé se recrute dans les honnêtes familles, comme on en trouve encore, chez qui s'est conservé, ne fût-ce que dans la personne de quelques-uns de leurs membres, l'attachement à la religion, mais qui n'ont qu'un revenu très-médiocre, à peine suffisant pour vivre, et qui ne trouveraient pas dans leur modique patrimoine, les moyens d'achever l'éducation de leurs fils. Souvent aussi ce sont des enfants d'ouvriers ou de pauvres habitants de la campagne qu'un prêtre charitable s'est chargé d'instruire, ou qu'il a fait entrer au petit séminaire, sur la foi d'heureuses dispositions, mais qui dénués de toute fortune, ne pourraient pas se suffire, ni payer les frais de leur préparation à la carrière ecclésiastique. Afin de favoriser ces vocations ignorées qui ont plus d'une fois amené au catholicisme de saints et de grands ministres, l'ordonnance du 27 février 1821, confirmée par la loi du 15 mars 1850, avait autorisé les curés et les desservants des communes rurales à réunir deux ou trois enfants et à leur enseigner les éléments des lettres. Voilà le personnel peu favorisé sous le rapport de la richesse, qui se présente le plus ordinairement pour entrer dans le sacerdoce. La dotation des séminaires doit leur permettre d'accueillir ces fidèles recrues en aussi grand nombre qu'il est nécessaire pour les besoins de l'Église. Or, la quantité actuelle des bourses donne un peu plus de 1300 ordinations par année ; ce chiffre est-il suffisant pour le recrutement régulier d'un clergé qui doit desservir 34 millions de catholiques? Je conviens qu'il surpasse, jusqu'à ce moment, le nombre des décès annuels ; mais pendant combien d'années en sera-t-il ainsi? Ne doit-on pas tenir compte ici du changement que nous avons constaté de 1850 à 1856[1] dans la moyenne de l'âge des desservants? Si nous avons moins de prêtres au-dessous de 50 ans, et un beaucoup plus grand nombre au-dessus de cet âge, la mortalité ne s'accroîtra-t-elle pas dans une certaine proportion ? Cependant loin de réduire le personnel ecclésiastique, il faudrait songer à l'accroître, tant afin de pouvoir fonder de nouvelles succursales et de nouveaux vicariats que pour assurer la célébration de l'office divin dans toutes les localités où elle est autorisée. Si l'on

---

1. Voy. plus haut, p. 99.

demandait aujourd'hui que l'erreur commise en 1832 fût réparée, qu'une partie au moins des 500 bourses supprimées à cette époque fussent rendues au clergé, il est infiniment douteux que cette réclamation fut accueillie; et cependant comment l'Église de France, dans le cours des vingt-cinq dernières années, a-t-elle pu agrandir le cercle de son action? Comment les bienfaits du christianisme ont-ils pénétré dans 3000 communes où les cérémonies du culte n'étaient pas célébrées depuis 1793? Nous le devons en grande partie aux nombreuses ordinations qui ont eu lieu de 1825 à 1830, et pendant les premières années de la Monarchie de juillet, sous l'influence des mesures libérales adoptées par le gouvernement de la Restauration. Pour conserver les résultats obtenus, les positions conquises sur l'ignorance et les préjugés, de nouveaux sacrifices deviendront, je le crois, nécessaires, dans un avenir prochain. Ce jour-là, le gouvernement, fidèle à ses habitudes de munificence, ne refusera pas à l'Église les compléments de subvention qu'elle sollicitera pour assurer la perpétuité du sacerdoce.

CHAPITRE VII.

SECOURS AU CLERGÉ.

En déclarant, le 2 novembre 1789, que les biens du clergé catholique étaient mis à la disposition de la nation, la majorité de l'Assemblée constituante ne voulait pas que ceux qu'elle dépouillait fussent réduits à la misère. Aux religieux dont les abbayes étaient supprimées, aux possesseurs de bénéfices et en général à tous les membres du clergé, que les lois nouvelles frustraient des revenus garantis par les anciennes ordonnances, elle avait solennellement promis des indemnités qui devaient du moins les mettre à l'abri de l'indigence. Les religieux mendiants devaient recevoir, selon leur âge, 700, 800 et 1000 livres ; les religieux non mendiants, 900, 1000 et 1200 livres; les frères lais ou convers, 300, 400 et 500 livres ; les bénéficiers en général, des pensions proportionnées à leur ancien revenu[1]. Des mesures analogues furent décrétées en faveur des religieuses, soit qu'elles eussent continué à vivre en commun, soit qu'elles fussent sorties de leurs maisons[2]. La dépense totale était évaluée pour l'année 1790 à 45 millions[3].

Mais la tournure que prirent les événements déjoua

1. Lois des 26 février , 24 août et 14 octobre 1790.
2. Lois des 14 octobre 1790, litre II, et du 18 août 1792.
3. Voyez le rapport de Chasset sur les dîmes, 9 avril 1790.

ces prévisions et ces calculs. Afin de surmonter les résistances opiniâtres que la nouvelle organisation du clergé soulevait de tous côtés, on priva premièrement de leur emploi, et peu de mois après de leur pension, tous ceux qui n'avaient pas fait serment de s'y soumettre[1]. Un grand nombre de pensionnaires qui n'étaient pas assermentés se virent donc retirer les modiques indemnités qui composaient leur principale ressource. Bientôt sans abri comme sans pain dans leur patrie, où les rigueurs croissantes d'une législation oppressive ne leur laissaient le choix qu'entre la déportation, l'exil et l'échafaud, ceux qui purent s'échapper se répandirent chez les nations voisines, en Espagne, en Suisse, en Italie, en Allemagne et en Angleterre, vivant des aumônes et des secours que le Souverain-Pontife et la munificence de l'étranger leur procuraient[2].

Lorsque, sous le Consulat, des jours meilleurs commencèrent à luire pour la France, un des premiers actes du gouvernement, après le Concordat, fut de relever les membres des communautés religieuses et de l'ancien clergé des incapacités dont ils avaient été frappés pour refus de serment. Sans rechercher leur conduite passée, sans exiger d'eux des promesses vexatoires, on les admit à faire liquider la pension ecclésiastique

---

1. Décrets des 27 nov. 1790 et 26 août 1792. Voyez aussi les décrets du 29 nov. 1791 et du 27 mai 1792, qui furent votés par l'Assemblée législative, mais que le Roi refusa de sanctionner.

2. Picot. *Mémoires pour servir à l'histoire ecclésiastique pendant le dix-huitième siècle*, 3ᵉ édit. Paris, 1856, t. VI, p. 234 et suiv.; mais surtout le R. P. Theiner, *Documents inédits relatifs aux affaires religieuses de la France*, extraits des archives secrètes du Vatican, Paris, 1858, 2 vol. in-8°, t. II.

à laquelle ils pouvaient avoir droit, sous la seule condition de justifier qu'ils étaient réunis à leur évêque[1].
Mais combien cette pension était modique ! Tour à tour
suspendue, supprimée et réduite, elle n'était plus en
moyenne que de 268 fr. pour les hommes, et de 176 fr.
pour les femmes. C'est là tout ce qui restait à l'Église
de France de son antique splendeur ! Les plaies de la
religion étaient alors trop multipliées pour être guéries
toutes à la fois. Avant d'adoucir les souffrances indivi-
duelles produites par la révolution, il fallait songer au
bien public, relever les autels, constituer et doter l'é-
piscopat, organiser le service paroissial dans le plus
grand nombre possible de communes. Malgré la modicité de leur chiffre, les pensions ecclésiastiques étaient
si nombreuses, qu'elles pesaient d'un poids très-lourd
sur les finances de l'État. Il résulte des comptes rendus
annuellement par le Ministre du trésor, que pour les départements de l'ancienne France, le nombre des pensionnaires, hommes et femmes, était au 31 décembre 1806,
de 95 411 qui recevaient 22 627 574 fr. En 1809, il
n'en restait plus que 84 380 qui touchaient 19 701 226 fr.
Il est juste de remarquer qu'un grand nombre avaient
été attachés à des paroisses, en qualité de desservants,
et que leur pension, comme nous l'avons dit ailleurs,
était précomptée sur leur traitement ; ce qui diminuait
d'autant les charges du Trésor. On avait même agité la
question de savoir si les prêtres qui abandonneraient
le sacerdoce pour suivre une autre carrière, celle par
exemple de l'enseignement, ne devraient pas être considérés comme déchus du droit à la pension. Mais cette

1. Arrêté du 3 prairial an x. *Bull.* IIIe S., 191, n° 1598.

jurisprudence rigoureuse ne fut opposée qu'à ceux qui,
par leur mauvaise conduite, s'étaient rendus incapables
d'être employés par leur évêque[1].

Outre les pensions acquittées en vertu des lois de
l'Assemblée constituante, le gouvernement consulaire
avait cru devoir indemniser les anciens évêques qui,
lors du Concordat, n'avaient pas été compris dans la
nouvelle organisation, et qui s'étaient démis volontairement de leurs siéges. Chacun d'eux obtint sur les
fonds du ministère des Cultes une allocation annuelle
égale au tiers du traitement des nouveaux titulaires[2],
les évêques démissionnaires 4000 fr., les archevêques
5000 fr. La première liste des nouveaux pensionnaires
comprend 52 noms; la mort ne tarda pas à éclaircir les
rangs; mais les vides furent remplis sous le régime
impérial par la libéralité du souverain. Quand un
évêque résignait ses fonctions, il arrivait assez souvent
que l'Empereur lui accordait une pension, dont le
chiffre égalait celui de son ancien traitement. L'évêque

1. *Mémoires historiques*, etc., t. II, p. 155 : « Des évêques
exposèrent que la facilité de prendre dans l'ordre ecclésiastique
des sujets propres à l'enseignement public n'était pas sans inconvénient; que cette partie y gagnait, mais que le ministère
ecclésiastique y perdait beaucoup, les prêtres manquant dans
plusieurs endroits et les choix tombant presque toujours sur
les plus instruits. Le gouvernement ne crut pas devoir s'arrêter
à ces considérations. Il trouva que si, avec son agrément, le prêtre avait été appelé à des fonctions ecclésiastiques, c'était encore
lui qui était censé l'appeler à l'enseignement, et qu'il serait injuste de le punir d'un fait dont la volonté du gouvernement,
fondée sur ses besoins, avait été la cause. »

2. Arrêté du 6 nivôse an xi, dans le recueil des Arrêtés des
Consuls qui fait partie des Archives de l'administration des
Cultes, n° 49.

de Turin et celui de Mende s'étant démis en l'an XIII, le premier reçut 15 000 fr. et le second 10 000.

Ces faveurs s'étendaient à d'anciens curés, à des desservants, à de simples prêtres qui se recommandaient par leurs services et dont l'âge et les vertus avaient frappé les regards du maître. Une décision d'un intérêt plus général ménagea, en 1810, des moyens d'existence aux vicaires généraux que la mort, la retraite ou la translation de l'évêque auquel leur sort est attaché, a laissés sans emploi et sans traitement. Il fut convenu que le premier canonicat vacant dans le chapitre du diocèse leur serait réservé, et que jusque-là ils auraient un traitement annuel de 1500 fr. Les évêques s'étant plaints que l'obligation d'appeler dans leur chapitre un candidat désigné compromettait leur droit de libre nomination, cette clause du décret de 1810 ne fut point exécutée. L'indemnité fut elle-même réduite à 1000 fr. dans la pratique, sur l'observation faite par plusieurs prélats, que beaucoup de vicaires généraux préféreraient le repos avec une pension de 1500 fr., à un canonicat dont le traitement n'était alors que de 1000 fr. Le chiffre posé dans le décret de 1810 n'a été définitivement admis, et les secours annuels des anciens vicaires généraux n'ont été liquidés en conséquence, qu'à dater de 1820, deux ans après que les traitements des chanoines eurent été portés à 1500 fr. par la décision royale du 20 mai 1818. Cette pratique a été confirmée une dernière fois par l'ordonnance du 29 septembre 1824, à laquelle, depuis, il n'a pas été dérogé[1].

____

1. Décret du 26 février 1810 ; rapports du 10 juin 1818 et du 10 mars 1820, dans les Archives de l'administration des Cultes ; Ordonnance du 29 septembre 1824.

L'Empereur n'avait pas abandonné à son ministre des Cultes, mais s'était réservé à lui-même, le droit d'accorder ces pensions extraordinaires que les lois antérieures n'avaient pas prévues. Chaque concession était l'objet d'un décret spécial précédé d'un rapport. La dépense formait un article à part au budget de l'exercice. Elle s'est élevée[1] :

En 1803 à	201 584 fr. 57 c.
1805	189 782 78
1807	156 486 34
1809	150 433 82
1810	152 000 »

Les ecclésiastiques en activité obtenaient de loin en loin, soit des gratifications pour service extraordinaire, soit des indemnités pour frais de déplacement, soit même des secours. Sous le consulat 20 000 fr. furent accordés à l'évêque de Vannes, tant pour lui que pour les prêtres, et le Premier Consul le fit informer, qu'il tenait 50 000 fr. à sa disposition[2]. Dans les décisions et

1. Je donne ces chiffres d'après un ancien état que j'ai eu souvent l'occasion de citer. Ceux qui sont portés aux budgets des exercices correspondants sont un peu moins élevés. Je dois avertir que dans le tableau général des dépenses des cultes sous l'Empire, qui se trouve à la fin de ce volume, les secours accidentels sont confondus avec les pensions proprement dites.

2. « Saint-Cloud, le 26 brumaire, an XI. Au citoyen Portalis : Je vous prie, citoyen conseiller d'État, de faire donner 20 000 francs à l'évêque de Vannes, dont 10 000 francs pour servir à son ameublement particulier du palais épiscopal qui doit lui servir de logement, et 10 000 francs pour être distribués en gratification aux ecclésiastiques de son diocèse dont il serait le plus satisfait. Témoignez-lui, je vous prie, la satisfaction

arrêtés des années suivantes, on voit figurer les noms
de plusieurs évêques, à qui sont allouées des indemnités de voyage, dont le chiffre est variable. Les membres
du clergé qui officiaient les jours de cérémonies publiques à Notre-Dame, dans la chapelle des Tuileries
et à Saint-Cloud, reçurent à plusieurs reprises des
gratifications. Ces libéralités tout exceptionnelles étaient
accordées, comme les pensions, par le chef de l'État,
dont l'initiative généreuse devançait le plus souvent la
proposition ministérielle.

Cependant les prêtres que l'âge et les infirmités obligeaient de quitter le ministère ; ceux qui étaient restés
sans fonctions depuis le rétablissement du culte ; les
anciens membres des communautés religieuses qui ne
touchaient qu'une allocation infime, se trouvaient exposés à des privations continuelles, sinon au plus affreux dénûment. Afin de soulager, autant que les
circonstances le permettaient, leur vieillesse et leur
pauvreté, on imagina, en 1805[1], de prélever un sixième
sur le produit de la location des bancs, chaises et

que j'ai de ses services et de sa conduite, et dites-lui, que je
compte toujours sur son activité et son zèle pour continuer
dans les mêmes principes et éclairer le bon peuple ; que s'il
arrivait que pour des courses multipliées ou des tournées dans
son diocèse, il eût besoin d'argent, je vous ai donné l'ordre de
tenir à sa disposition jusqu'à la concurrence de 50 000 francs
qu'il pourra successivement demander, tant pour lui que pour
des aumônes à faire, soit aux prêtres, soit aux malheureux,
en choisissant ceux qui sont le plus attachés au gouvernement.
Faites-lui sentir, en même temps, qu'il est inutile de donner aucune publicité à cette mesure. Je vous salue. *Signé :* Bonaparte. »
Recueil des Arrêtés des Consuls, n° 34, dans les Archives de
l'administration des Cultes.

1. Décret du 13 thermidor an XIII. *Bull.* IVᵉ S., 53, n° 879.

places dans les églises, et d'employer le montant de la recette à créer dans chaque diocèse un fonds de secours pour le clergé. Telle fut l'origine des caisses de retraites diocésaines dont il existe aujourd'hui un si grand nombre en France. Mais l'institution ne donna pas d'abord les fruits qu'on espérait. Dans 44 diocèses, les mesures ordonnées par le gouvernement n'avaient pas reçu, en 1807, même un commencement d'exécution. Ici la pénurie des fabriques, là d'anciennes coutumes n'avaient pas permis d'y donner aucune suite; ailleurs, la recette avait été si faible, qu'il eût été puéril d'en faire la base d'une œuvre durable.

Les souffrances continues du sacerdoce appelaient donc un remède nouveau et énergique qui ne pouvait se trouver que dans la munificence de l'État. Après 1814, malgré la pénurie du Trésor, le gouvernement de Louis XVIII consacra des sommes considérables à les secourir. Nous ne parlons pas des années 1815 et 1816 dont les comptes sont rédigés sous une forme trop sommaire pour nous permettre de suivre la dépense dans tous ses détails. En 1817, les secours accordés forment un total de 421 666 fr. 64 c., dont 135 438 fr. 27 c. pour les curés et desservants que les années et la maladie avaient contraints de résigner leurs fonctions. En 1820, la dépense est plus que doublée; elle s'élève à 943 697 fr. 27 c.; savoir : pour les anciennes religieuses, 476 920 fr. 83 c.; pour les ecclésiastiques en retraite : 245 754 fr. 87 c.; pour ceux qui se trouvaient sans fonctions depuis le rétablissement du culte : 221 024 fr. 57 c. L'augmentation se continue pendant les années suivantes jusqu'en 1829, où la dépense atteint 1 147 562 fr. 65 c. qui se trouvaient alors ainsi répartis :

5898	anciennes religieuses	598 994 fr.	» c.
21	anciens grands vicaires. . .	30 625	»
1120	curés et desservants en retraite.	322 524	20
713	ecclésiastiques sans fonctions	164 309	65
79	— en activité de service.	18 110	»
15	anciens religieux et chanoines de l'ordre de Saint-Jean de Jérusalem	13 000	»
	Total égal.	1 147 562 fr. 65 c.	

Un premier travail de répartition, qui s'opérait par les soins de l'administration des Cultes, attribuait à chaque diocèse une portion de crédit proportionnelle à ses besoins présumés. La sous-répartition était faite par les évêques qui transmettaient des états de proposition aux Préfets, avec l'indication de l'âge, du domicile et des anciennes fonctions des ecclésiastiques qui s'y trouvaient compris. Le maximum des secours était fixé à 500 fr. ; mais cette règle ne s'appliquait pas aux anciens vicaires généraux qui, conformément au décret du 26 février 1810 et à l'ordonnance du 29 septembre 1824, continuaient à recevoir 1 500 fr., tant qu'ils n'avaient pas été appelés à de nouvelles fonctions.

Sous la Monarchie de juillet, les règles suivies jusque-là furent modifiées, en ce sens que la distribution préalable, entre les diocèses, du crédit alloué par la loi de finances, cessa désormais, et que le Ministre des

Cultes ajourna toute décision, après l'envoi des propositions faites par les évêques. La diminution successive que l'ensemble des crédits éprouva ne modifia pas, d'ailleurs, d'une manière sensible la moyenne des secours accordés. Si le chiffre des sommes allouées par la loi de finances était moins élevé, le nombre des parties prenantes subissait d'année en année une décroissance rapide. L'état des secours accordé en 1830 comprend encore 5505 anciennes religieuses ayant prononcé leurs vœux avant 1790 ; mais il n'y en avait plus :

En 1832 que 4547
1835 3578
1838 2496
1841 1756
1844 1116
1847 665
1848 513

Une décroissance analogue se remarque dans les tableaux annuels des ecclésiastiques restés sans emploi depuis le rétablissement du culte, et secourus par le Trésor en raison de leurs infirmités. En 1830, ils étaient encore au nombre de 596 ; en 1848, on n'en trouve plus que 77. La pensée du gouvernement était que les fonds devenus libres par suite d'extinctions profitassent aux curés et aux desservants que l'âge ou la maladie obligeaient à se démettre de leurs fonctions, et à prendre en quelque sorte leur retraite ; mais la Chambre des députés n'adhéra pas à cette proposition ; elle voulut laisser au Trésor le bénéfice de tous les fonds que la mort rendait disponibles : de sorte que, peu à peu, la dépense tomba au-dessous d'un million, puis

au-dessous de 900 000 fr. En 1847, elle était descendue
à 867 313 fr. 34 c. qui se trouvent ainsi répartis au
compte de l'exercice :

665 religieuses	223 435 fr.	» c.
15 anciens grands vicaires . . .	19 858	34
867 curés ou desservants en re- traite	529 520	»
124 ecclésiastiques sans fonctions depuis le rétablissement du culte.	38 145	»
249 ecclésiastiques en activité de service.	54 955	»
2 anciens religieux de l'ordre de Saint-Jean de Jérusalem. . . .	1 400	»
Total égal	867 313 fr. 34 c.	

En 1848, une nouvelle réduction de près de
150 000 fr. eut lieu dans la dépense qui fut d'environ
720 000 fr. seulement ; mais, à partir de cette époque,
l'administration fut tacitement affranchie de la dure obligation de reverser au Trésor toute la portion du crédit
affectée aux anciens membres du clergé et des communautés religieuses qui n'avait pas été employée. Dès
lors, l'ensemble des allocations du chapitre ne diminua
plus ; mais bien au contraire la dépense augmenta jusqu'à l'épuisement à peu près total des fonds votés. Tandis
qu'on avait à peine consacré au soulagement des prêtres âgés et infirmes 250 000 fr., en moyenne, sous la
Restauration, et 450 000 fr. sous la Monarchie de juillet,
les secours qui leur furent accordés montèrent :

En 1849 à . . . . 524 815 fr.

En 1850 à . . . . 533 810 fr.
        1851   . . . . 558 510
        1852   . . . . 582 790
        1853   . . . . 610 631

Il y eut plus de personnes secourues et le montant des allocations s'éleva. Ajoutez qu'environ 200 prêtres en activité de service obtenaient éventuellement des indemnités extraordinaires.

Mais des allocations éventuelles et variables, que chaque année il faut demander à l'administration qui peut refuser de les continuer, ne donnent aucune sécurité à ceux qui les reçoivent. Dans la plupart des carrières publiques, on assure des moyens d'existence à la vieillesse des anciens serviteurs de l'État; après un certain nombre d'années d'exercice, on leur accorde une pension viagère, payée en général par une caisse qui s'alimente du produit des retenues exercées sur les traitements. Les caisses diocésaines, organisées par les soins de plusieurs évêques en faveur de leur clergé, tendaient au même but. Mais, avant ces dernières années, on avait essayé en vain de généraliser l'institution, en établissant une caisse centrale pour le service de tous les diocèses. Il faut bien se le persuader, les devoirs particuliers du sacerdoce et le caractère dont il est revêtu, ne permettent pas de l'assimiler aux fonctions salariées que la loi civile rémunère à jour fixe par une pension qui est le prix en quelque sorte débattu à l'avance du service rendu. En entrant dans les ordres, le prêtre ne s'est-il pas engagé pour la vie? Même après une carrière déjà longue, il est encore lié avec l'Église par son vœu; fût-il courbé sous le poids des années, il

doit continuer sa tâche, aussi longtemps que l'évêque
l'ordonne ; il n'a pas le droit de se retirer dans le sens
rigoureux et légal du mot. Ces difficultés parurent si
graves à l'Empereur Napoléon Ier, qu'elles le décidèrent,
en 1807, à repousser un projet de décret que Portalis
avait préparé, pour accorder des pensions aux ecclésiastiques[1]. En 1848, elles ont également arrêté l'Assemblée constituante, malgré les tendances charitables
qui éclataient alors de toute part[2]. Leur vraie solution, la
seule qui concilie les règles de la discipline avec le légitime intérêt que les longs services et la pauvreté réclament, c'est le sage et bienfaisant décret du 28 juin 1853,
qui portait création d'une caisse générale de retraites
en faveur des prêtres âgés ou infirmes, entrés dans les
ordres depuis plus de trente ans. Les ressources de la
caisse consistent 1° dans une dotation de 5 millions de
francs, dont les intérêts sont servis par le ministère des
Finances sur le produit de la vente des bois de l'État ;
2° dans une subvention annuelle d'environ 400 000

1. « Paris, 18 août 1807. Le ministre secrétaire d'État au ministre des Cultes. Le conseil d'État, monsieur, a délibéré sur
votre rapport un projet de décret tendant à accorder des pensions
de retraite aux ministres des Cultes avancés en âge et infirmes.
Sa Majesté à qui ce projet a été soumis, n'y a point donné son
approbation, ayant pensé que dans tous les temps, les titulaires
des places ecclésiastiques ont pu conserver leurs fonctions jusqu'à
la fin de leur vie. J'ai l'honneur, monsieur, de vous faire connaître cette décision de Sa Majesté, et prie V. E. etc. *Signé :* Hugues
B. Maret. » Recueil des décrets et décisions de S. M., n° 707,
dans les Archives de l'administration des Cultes.

2. Voyez dans l'ouvrage de M. Pradié, *la Question religieuse,*
etc., p. 230 et suiv., l'analyse des discussions qui eurent lieu
dans le comité des Cultes, sur les pensions de retraite, pour les
prêtres âgés ou infirmes.

qui est prélevée sur le fonds de secours inscrit au budget de l'administration des Cultes ; 3° dans le produit des dons et legs, dont l'acceptation par la caisse a été autorisée, après avis du conseil d'État. Les pensions ne sont dans aucun cas accordées que sur l'avis de l'évêque qui est le chef de la hiérarchie, le gardien de la discipline et le défenseur naturel du clergé de son diocèse ; elles peuvent être retirées sur sa proposition. Dès l'année 1854, 1282 ecclésiastiques ont obtenu des pensions, dont le taux a varié de 300 à 600 fr., et dont les arrérages payés pendant l'année se sont élevés à 528370 fr. 99 c. Le nombre de pensionnaires s'est un peu accru l'année suivante, où il est monté à 1347 ; depuis, il est resté stationnaire ; mais les extinctions qui sont survenues ont permis de nouvelles concessions. La dépense annuelle a oscillé entre 585 500 et 591 900 fr.

La fondation d'une caisse générale de retraites n'est pas le seul bienfait dont les anciens membres du clergé soient redevables au gouvernement impérial. Pour l'exercice 1858, le fonds de secours a été augmenté de 95 000 fr. : il s'élève aujourd'hui à 860 000 fr.[1] ; chiffre d'autant plus important, que les anciennes religieuses et les ecclésiastiques sans fonctions, depuis le rétablissement du Culte, étant pour la plupart décédés, le crédit presque tout entier peut être affecté au soulagement du clergé actif. A aucune époque, depuis le Concordat, ni sous la Restauration, ni sous la Monarchie de juillet, la libéralité des pouvoirs publics n'était venue en aide, dans des proportions aussi larges, à la

______

1. *Lois, décrets et règlements concernant l'administration des Cultes*, Paris, 1854, in-8°, p. 150. Cf. Circulaire du 30 nov. 1853, *ibid.*, p. 181.

pauvreté des ministres du Culte. Gardons-nous d'en conclure que tout le bien qui pouvait être fait, l'a été, et que désormais il ne reste plus rien à entreprendre pour l'amélioration du sort du clergé ; mais sachons reconnaître les intentions bienveillantes et les heureux efforts du Gouvernement, qui, en des jours difficiles et malgré les charges si lourdes que tous les fléaux réunis faisaient peser sur le pays, s'est souvenu de la misère du sacerdoce, et a su trouver le moyen d'y apporter d'utiles adoucissements.

CHAPITRE VIII.

SECOURS A DIVERS ÉTABLISSEMENTS ECCLÉSIASTIQUES.

Les lois de l'Assemblée constituante et de la Convention avaient étendu à tous les ordres religieux les mesures de rigueur dont la Compagnie de Jésus avait été frappée, en 1762 et 1763, par les arrêts des Parlements. Ces lois subsistaient à l'époque du Concordat, et il n'était pas entré dans les idées du Premier Consul qu'elles fussent rapportées. Il partageait contre les communautés religieuses les sentiments de la plupart de ses contemporains; il se méfiait d'elles et était enclin à les proscrire. Il supprima plusieurs de celles qu'il rencontra dans les pays étrangers conquis par ses armes, et il ne permit pas que de nouvelles s'établissent. En 1805, Portalis lui ayant proposé d'autoriser une association de prêtres qui se formait à Lyon, sous le patronage du cardinal Fesch, pour l'éducation de la jeunesse, il écrivit de sa main au bas du rapport : « Je ne veux d'aucune congrégation ecclésiastique.... de bons curés, de bons évêques, de bons prêtres, des séminaires bien tenus, c'est tout ce qui est utile.[1] »

Les préjugés dominants n'exerçaient pas, toutefois,

---

[1]. Le rapport de Portalis qui est de l'an XIII, a été publié dans le recueil de ses travaux relatifs au Concordat, p. 465 et suiv., sous la date du 2 pluviôse an XII, mais sans la note écrite de la main de l'Empereur, qui se trouve en tête de l'original.

sur le génie sensé et habituellement équitable de Napoléon une influence tellement exclusive qu'il méconnût les services que les ordres religieux avaient rendus autrefois à l'Europe, et qu'ils pouvaient encore être appelés à lui rendre.

Parmi les communautés que les lois révolutionnaires venaient de disperser, trois, surtout, avaient laissé d'impérissables souvenirs dans la mémoire de tous les amis de l'humanité que d'aveugles préventions n'avaient pas rendus indifférents aux progrès de la civilisation chrétienne : c'étaient les congrégations des Lazaristes, du Saint-Esprit et des Missions étrangères, qui, depuis cent cinquante ans, portaient le bienfait de la religion et le nom de la France dans les Échelles du Levant, sur les côtes d'Afrique, dans les Indes orientales, en Chine, au Japon et dans les deux Amériques. Ceux de leurs membres qui avaient échappé à la proscription, vivaient dans l'attente de jours meilleurs où ils pourraient se réunir et recommencer en commun les rudes travaux de l'apostolat. Napoléon lui-même alla au-devant de ces vœux si respectables. Le 7 prairial an XII, il rétablit les Lazaristes ; le 2 germinal an XIII, le séminaire du Saint-Esprit et les Missions étrangères[1]. Il

---

1. *Mémoires sur les affaires ecclésiastiques*, t. I, p. 383 et suiv., t. II, p. 8. Lorsque l'Empereur Napoléon Iᵉʳ ordonnait le rétablissement des Missions étrangères, ce qui le frappait surtout, il faut l'avouer, c'était leur utilité politique, comme on en peut juger par ces paroles, prononcées devant le Conseil d'État : « Mon intention est que la maison des Missions étrangères soit rétablie ; ces religieux me seront très-utiles en Asie, en Afrique et en Amérique ; je les enverrai prendre des renseignements sur l'état du pays. Leur robe les protége et sert à couvrir des desseins politiques et commerciaux. Leur supérieur ne résidera plus à Rome, mais

ne se contenta pas de relever ces pieux et utiles établissements, il leur rendit les biens qu'ils possédaient avant la révolution, leur permit d'en acquérir de nouveaux à titre gratuit ou onéreux, et leur accorda même, sur les fonds du Trésor public, une somme annuelle de 15 000 fr., indépendamment des allocations qui étaient destinées à solder les dépenses extraordinaires spécialement ordonnées par le gouvernement.

Napoléon fit plus encore, il toléra, comme nous l'avons dit précédemment, il encouragea, il subventionna même pendant quelques années les missions à l'intérieur[1]. En 1807, une somme de 7000 fr. fut allouée à cet effet aux diocèses de Troyes et de Metz, et 10 000 fr. au diocèse de Poitiers.

Cette judicieuse bienveillance disposait le gouvernement impérial à ne pas se montrer sourd aux demandes qui lui étaient adressées par les congrégations de femmes vouées spécialement au soin des malades et à l'éducation des enfants pauvres. L'Assemblée constituante avait eu la sagesse de ne pas interrompre le charitable

à Paris. Le clergé est satisfait et approuve ce changement. Je leur ferai un premier fonds de quinze mille francs de rente. On sait de quelle utilité ont été les Lazaristes des Missions étrangères comme agents secrets de diplomatie, en Chine, au Japon, et dans toute l'Asie. Il y en a même en Afrique et dans la Syrie; ils coûtent peu, sont respectés des barbares et n'étant revêtus d'aucun caractère officiel, ils ne peuvent compromettre le gouvernement, ni lui occasionner des avanies. Le zèle religieux qui anime les prêtres, leur fait entreprendre des travaux et braver des périls qui seraient au-dessus des forces d'un agent civil. » Pelet de la Lozère, *Opinions de Napoléon sur divers sujets de politique et d'administration.* Paris, 1833, in-8°, p. 208.

1. *Mémoires historiques sur les affaires ecclésiastiques de France,* t. II, p. 59 et suiv.

ministère de ces saintes sociétés; l'Assemblée législative et la Convention, par un aveugle entraînement, les avaient proscrites[1]. Sous le Consulat, elles avaient reparu[2], aussi dévouées qu'autrefois pour le service de toutes les misères; mais dénuées de tout, sans revenus, presque sans abri, leur pauvreté nuisait à leur influence, et pour faire tout le bien qu'elles désiraient, l'appui du gouvernement leur était indispensable. Afin d'apprécier les besoins et d'y pourvoir par des mesures générales dont le bienfait s'étendrait à tout le territoire, on convoqua, en 1807, une assemblée ou chapitre de toutes les associations, qui se réunit aux Tuileries sous la présidence de l'Impératrice mère. Les déléguées des différents ordres exposèrent successivement les vœux de leurs communautés. La plupart demandèrent une allocation annuelle et des indemnités extraordinaires pour frais de premier établissement; quelques-unes réclamaient en outre les bâtiments nécessaires pour s'installer, en remplacement des immeubles dont les lois de confiscation les avaient dépouillées. L'Empereur, qui voulait se montrer généreux, accorda tout. Le décret du 3 février 1808 mit à la disposition des congrégations toutes les maisons qu'elles avaient indiquées; 182 500 fr. leur furent alloués immédiatement pour

---

1. Loi du 18 août 1792 : « L'Assemblée nationale.... considérant qu'un État vraiment libre ne doit souffrir dans son sein aucune corporation, pas même celles qui vouées à l'enseignement public, ont bien mérité de la patrie.... décrète ce qui suit : Toutes les corporations religieuses.... même celles uniquement vouées au service des hôpitaux et au soulagement des malades.... sont éteintes et supprimées. »

2. Arrêté consulaire du 24 vendémiaire an XI, concernant les sœurs de la Charité.

leur installation; 130 000 fr. leur furent promis à titre
de subvention annuelle. Les sœurs de Saint-Vincent de
Paul, qui comptaient déjà 260 établissements, figurent
dans la répartition pour le chiffre le plus fort, 25 000 fr.;
le surplus de la dotation, à 1000 fr. près, fut partagé
entre dix-huit communautés dont les noms suivent :

Les sœurs de Saint-Maur.	5000 fr.
Les sœurs de Saint-Thomas de Ville-neuve.	3000
Les sœurs de la Charité de Nevers.	10000
Les sœurs des écoles chrétiennes de Saint-Charles, à Lyon	8000
Les filles de la Sagesse de Saint-Laurent-sur-Sèvres	12000
Les filles de Saint-Charles de Nancy.	3000
Les sœurs de la Doctrine chrétienne de Nancy.	4000
Les sœurs de Saint-Maurice de Chartres.	5000
Les sœurs de la Charité de Bourges.	4000
Les sœurs de la Charité de Besançon.	8000
Les sœurs hospitalières d'Ernemont à Rouen.	6000
Les sœurs de la Providence de Strasbourg.	5000
Les sœurs de Saint-Alexis de Limoges.	4000
Les sœurs de Sainte-Chrétienne de Metz.	2000
Les sœurs de la Charité de Janville.	4000
Les sœurs de refuge de Saint-Michel de Paris	15000
Les sœurs de Refuge de Rennes.	4000
Les sœurs de Refuge de la Rochelle.	2000

Ainsi, se complétait de jour en jour la restauration des différentes parties de l'Église gallicane, en dépit de toutes les oppositions, souvent même malgré le mauvais vouloir des autorités locales. Mais les sentiments de sage et politique bienveillance qui au début de l'Empire, avaient triomphé, chez Napoléon, de ses préjugés contre les ordres monastiques, ne tardèrent pas à s'émousser dans le conflit des intérêts. Lorsque la bonne harmonie eut été rompue entre le Saint-Siége et le gouvernement français, les établissements religieux ne furent plus traités avec la même faveur que par le passé. La subvention affectée aux Missions étrangères cessa d'être payée exactement, et comme le ministre des Cultes en faisait la remarque dans un rapport à la fois mesuré et pressant, il n'obtint du maître d'autre réponse que ces mots écrits à la marge : « Je ne veux plus de missions.[1] » C'était en 1809, deux mois après l'enlèvement du Pape et la bataille de Wagram. L'Empereur, qui se trouvait au camp de Schœnbrunn, rendit un décret que nous avons déjà eu l'occasion de citer, et par lequel, non-seulement il défendait les missions à l'intérieur, mais il supprimait la Congrégation des Lazaristes, le séminaire du Saint-Esprit et celui des Missions étrangères. Cet ordre où se trahissait un sentiment de colère contre l'Église, fut fidèlement exécuté, et jusqu'à la chute de l'Empire, ni dans les budgets ni dans les comptes des dépenses du Trésor public, il ne fut plus question de ces trois communautés qui quelques

---

1. Rapport de M. Bigot de Préameneu, du 6 septembre 1809, n° 890 du recueil des décrets et décisions de l'Empereur, qui fait partie des Archives de l'administration des Cultes.

années plus tôt avaient éprouvé les effets de la munificence impériale. Toutefois des allocations passagères furent encore de loin en loin autorisées en faveur de quelques œuvres qui avaient le caractère d'une mission permanente. Ainsi en 1811, sur le rapport de M. Bigot de Préameneu, un secours annuel de 3000 fr. qui avait été supprimé en 1809, fut de nouveau affecté au service de la chapelle et de l'hospice du consulat de France à Alger, fondation lazariste qui remontait à Louis XIII[1].

Les associations hospitalières de femmes sont les seules qui n'eurent pas à souffrir de la politique adoptée à l'égard du Saint-Siége. Napoléon ne leur retira pas la protection qu'elles avaient obtenue de lui ; et pendant son règne, elles touchèrent annuellement l'allocation du 129 000 fr. qui leur avait été annoncée en 1808.

Le gouvernement de la Restauration à peine installé rétablit les communautés des Lazaristes, des Missions étrangères et du Saint-Esprit[2]. Il leur restitua leurs maisons et leur accorda des subventions pécuniaires qui s'augmentèrent d'année en année, et qui s'élevèrent bien au-dessus du chiffre adopté sous l'Empire. En 1826 et dans les années suivantes, 15 000 fr. étaient alloués aux Lazaristes, 10 000 fr. aux Missions étrangères, 5000 fr. au séminaire du Saint-Esprit. Je ne parle pas des indemnités accidentelles qui furent accordées à divers titres, notamment pour les frais de

1. Archives de l'administration des Cultes, n° 1196 du recueil déjà cité.
2. Ordonn. des 2 mars 1815 et 3 février 1816. Cf. *Mémoires historiques sur les affaires ecclésiastiques*, t. III, p. 131.

voyages des missionnaires envoyés à l'étranger ; j'omets aussi les annuités qui furent payées de 1817 à 1827 par le Trésor public, pour l'acquisition, moyennant le prix principal de 100 000 fr., et pour les réparations de l'hôtel de Lorges, ancienne propriété de l'administration des hospices où la communauté de Saint-Lazare devait être installée.

Le secours de 3000 fr. pour la chapelle catholique du consulat d'Alger fut réduit à 2500 fr., mais une somme annuelle de 6000 fr. fut accordée à l'établissement religieux du mont Genèvre qui avait perdu à la suite des événements de 1815, la dotation immobilière que l'Empereur lui avait constituée en Italie[1].

Diverses ordonnances royales élevèrent à 148 000 fr. le budget des congrégations hospitalières de femmes ; 8000 fr. au lieu de 4000 fr., furent attribués aux sœurs de Refuge de Rennes ; 6000 au lieu de 3000 fr. aux sœurs de Saint-Thomas de Villeneuve ; 6200 fr. au lieu de 5000 fr. aux sœurs de Saint-Maur. Les dames Augustines de Paris reçurent 3000 fr., les dames de Saint-Benoît 6000 fr., les sœurs de la Charité de Beauvais 1800 fr. La dépense totale subit une augmentation annuelle de 19000 fr. dans laquelle ne sont pas comprises les allocations extraordinaires. Celles-ci furent très-considérables dans les premières années de la Restauration ; elles diminuèrent à mesure qu'un ordre plus régulier s'établit dans les finances ; elles figurent pour 20 000 fr. aux comptes de 1828 et de 1829.

Les établissements charitables ne furent pas les

____

1. *Mém. hist. sur les aff. ecclés.*, t. II, p. 119.

seuls qui eurent part aux faveurs du gouvernement ; de précieux secours furent pareillement accordés aux séminaires et même aux écoles secondaires ecclésiastiques. L'ordonnance du 5 juin 1816, qui fondait mille bourses dans les séminaires, mentionnait les travaux de réparation et d'agrandissement des bâtiments parmi ceux auxquels il serait pourvu sur les fonds affectés aux services des cultes. La dépense que nous retrouverons ailleurs, figure, en effet, dans les comptes annuels, sans que toutefois le chiffre en puisse être établi avec exactitude, confondue qu'elle est avec d'autres dépenses. Par la suite, lorsque l'usage se fut introduit de prélever sur les fonds restés disponibles, en raison des vacances dans les emplois ecclésiastiques, des subventions en faveur des prêtres auxiliaires qui desservaient les églises privées de pasteurs, les évêques des diocèses dans lesquels le service n'était pas organisé, réclamèrent et obtinrent leur part de ces allocations qu'ils versaient dans la caisse de leur séminaire. Divers établissements ont ainsi touché à titre de secours :

En 1825. . . . . 41 500 fr.
1826. . . . . 64 600
1827. . . . . 72 850
1828. . . . . 77 250
1829. . . . . 72 000

Quelques écoles secondaires ecclésiastiques, notamment celles de Bazas dans le diocèse de Bordeaux, celles de La Rochefoucauld, de Pons et de Beauvais obtinrent également à diverses époques des secours accidentels ; mais dans l'année la plus favorisée, le total, si nos relevés sont fidèles, ne dépassa pas 10000 fr.

Malgré l'économie sévère que la Restauration avait introduite dans les finances, les règles de la comptabilité étaient alors assez larges pour permettre au gouvernement de venir en aide à tous les besoins, tantôt par des subventions annuelles, tantôt par des secours extraordinaires. Il n'en fut pas de même sous la monarchie de Juillet; les crédits furent moindres et leur répartition fut soumise à des règles plus rigoureuses. Les séminaires, petits et grands, cessent de toucher aucun secours. Toutes les allocations extraordinaires sont supprimées; les allocations annuelles subissent elles-mêmes des diminutions notables. La dotation des Lazaristes est réduite de 15 000 fr. à 10000 fr., celle des Missions étrangères de 10 000 fr. à 4000 fr.; le séminaire du Saint-Esprit est rayé de la liste des établissements subventionnés. Les congrégations de femmes eurent moins à souffrir; on leur conserva tous les secours qu'elles recevaient sous la Restauration, moins 6000 fr., qui étaient donnés aux dames de Saint-Benoît. La dépense fut ainsi réduite de 148 000 fr. à 142 000 fr. On maintint également le secours de 300 fr. payé depuis l'Empire à l'hospice de Saint-Fulgent dans la Vendée, et celui de 6000 fr. en faveur de l'hospice du mont Genèvre. Cette dernière dépense disparut en 1841 du budget des Cultes, à la

1. Voyez la note préliminaire du budget des Cultes, exercice 1841, le rapport de la commission du budget de 1843 (Séance de la Chambre des députés du 27 avril 1842) et le Compte des dépen-

demande de l'administration elle-même qui déclarait que l'hospice était habité par un seul religieux, que les voyageurs ne le fréquentaient plus et que l'argent de la France servait à défrayer des mendiants et des vagabonds. Mais, sur de nouvelles informations, elle fut rétablie, en 1843, au budget du ministère de l'Intérieur.

De 1831 à 1840, vingt et une congrégations seulement s'étaient partagé la subvention du gouvernement; à dater de 1841, on voit une nouvelle communauté figurer dans les comptes sans augmentation de la dépense : ce sont les sœurs du Refuge de Versailles, à qui l'ordonnance du 29 juin de la même année attribua un secours de 3000 fr. prélevé sur la dotation de quelques établissements.

La révolution de Février fit subir de nouvelles réductions au budget des Associations religieuses. Nonobstant les décrets de l'Empire, les ordonnances de la Restauration et une tradition de plus de quarante années, il fut ramené à 100 000 fr. Cette réduction excessive imposait à l'administration des Cultes l'obligation de réviser les états qui avaient été dressés en 1807, après une enquête si laborieuse. Tel fut l'objet des arrêtés présidentiels du 26 décembre 1848, 29 mai 1849 et 10 juillet 1850, qui, sans diminuer le nombre des établissements secourus, abaissèrent d'un tiers, en moyenne, le montant des secours. Nous empruntons aux do-

ses du ministère de l'Intérieur, exercice 1843, p. 51 et 129. Cf. *Dictionnaire de l'administration française*, art. MONT GENÈVRE.

cuments officiels le tableau de la nouvelle répartition :

Calvados.. . .	Dames du Refuge, à Caen.	1000 fr.
Charente-Inf^{re}.	Sœurs du Refuge, à la Rochelle..	2000
Cher..	Sœurs de charité , à Bourges..	2500
Doubs.. . . .	*Idem*, à Besançon.. . .	6000
Eure-et-Loir..	Sœurs hospitalières de Saint-Maurice, à Char-tres	2000
Ille-et-Vilaine.	Sœurs du Refuge , à Rennes	5000
Indre-et-Loir..	Sœurs de charité, à Tours	3000
Manche. . . .	Sœurs de la Miséricorde, à Saint-Sauveur-le-Vicomte	500
Meurthe.. . . .	Sœurs de la Doctrine chrétienne, à Nancy.	2000
	Sœurs de Saint-Charles, à Nancy..	1000
Nièvre.. . . .	Sœurs de charité, à Ne-vers	8000
Oise..	Sœurs du Sacré-Cœur, à Beauvais.	3000
Orne..	Sœurs de la Miséricor-de, à Séez.	500
Rhône.. . . .	Sœurs de Saint-Charles, à Lyon.	4000

————————

A reporter. . . 40 500 fr.

		Report. . . .	40 500 fr.
	Dames Augustines, à Paris.		3000
	Sœurs de Saint-Vincent de Paul, à Paris. . .		20 000
Seine.	Sœurs de Saint-Maur, à Paris.		3000
	Sœurs du Refuge de St-Michel, à Paris. . .		12 500
	Sœurs de Saint-Thomas de Villeneuve, à Paris.		4000
Seine-et-Oise .	Sœurs du Refuge, à Versailles.		2000
Vendée. . . .	Sœurs de la Sagesse, à Saint-Laurent-sur-Sèvres.		5600
H^{te}-Vienne. .	Sœurs de Saint-Alexis, à Limoges.		2400
Seine.	Lazaristes, à Paris. . . .		5000
	Missions étrangères, à Paris.		2000
	Total.		100 000 fr.

Depuis 1848, de nouveaux changements n'ont pas eu lieu dans cette partie du budget. Les établissements ecclésiastiques que la tempête révolutionnaire avait atteints, n'ont pas réparé leurs pertes, lorsque des jours plus calmes et plus prospères ont commencé à luire pour le pays. Il est vrai que si leurs ressources diminuaient d'un côté, elles augmentaient de l'autre, et que la charité privée se chargeait de couvrir, par de fructueuses donations, le déficit qui résultait pour eux de la rigueur des nouvelles lois de finances. Aussi, nous ne demanderons pas que la subvention du Trésor s'augmente, bien qu'il nous parût équitable de la reporter tout au moins au chiffre qu'elle avait atteint dans les dernières années de la monarchie de Juillet. Il nous suffit de savoir que, sous le gouvernement de l'Empereur, les communautés religieuses ne se verront jamais refuser la protection large et loyale que leur saint ministère réclame et que les services qu'elles rendent justifient.

Soit qu'elles se dévouent au soin des pauvres et des malades, soit qu'elles se livrent à l'éducation de la jeunesse, elles remplissent une mission vraiment sociale pour laquelle les combinaisons les plus ingénieuses de la science administrative n'égalent pas la puissance du dévouement et de la charité.

A ceux qui croiraient pouvoir se passer des congrégations religieuses, nous opposerons la réponse que Portalis adressait en 1807 à un préfet que les préjugés d'une fausse philosophie indisposaient contre elles : « Le service des pauvres, disait Portalis, demande une si grande abnégation de soi, qu'on ne peut s'y livrer que par des motifs supérieurs à toutes les considérations humaines. C'est un art qui exige un apprentissage. Des personnes isolées et vivant au milieu des distractions de la société, peuvent exercer quelques actes passagers de miséricorde; mais elles ne sauraient remplir, avec une courageuse et constante assiduité, ce ministère de bienfaisance dont les détails absorbent tous les moments de la vie. Dans une association, on réunit ses forces pour multiplier les ressources; on

est encouragé par les exemples et éclairé par les conseils; on est dirigé par des règles qui rappellent les
devoirs et qui en garantissent l'observance. L'unité de
régime assure l'utilité des opérations; les fautes sont
corrigées, les abus sont réformés. On reçoit des élèves
dont on éprouve la santé, le caractère et les dispositions, et à qui on transmet, avec la tradition du corps,
les leçons journalières de l'expérience. Tous les moyens
de recrutement, d'encouragement, de direction et de
perpétuité manquent quand le service des pauvres ne
repose que sur des administrations qui passent ou sur
des agents salariés qui peuvent à chaque instant être
arbitrairement remplacés par d'autres. Pour rendre
le bien permanent, il faut des institutions perma-
nentes [1]. »

1. *Discours, rapports et travaux relatifs au Concordat*, p. 501
et 502.

CHAPITRE IX.

SECOURS AUX COMMUNES POUR ÉGLISES ET PRESBYTÈRES.

Lorsque le rétablissement du culte catholique eut
été résolu, un des premiers soins du gouvernement
consulaire fut de rendre à leur destination primitive,
en raison d'un édifice par cure et par succursale, les
églises avec les presbytères et jardins y attenants, que
la Convention avait déclarées propriété nationale. Cette
restitution, dont la promesse était contenue dans le
Concordat, fut expressément ordonnée par les articles 72 et 75 de la loi du 18 germinal an x; et l'administration prit des mesures pour qu'elle eut lieu sans
délai. Dans les années suivantes, quelques-unes des
succursales qui avaient été rétablies ayant été de nouveau supprimées, leurs dépendances ne firent pas retour au domaine public, mais elles furent attribuées
aux fabriques de celles qui avaient été conservées, et
dont elles augmentèrent dans une proportion bien faible, il est vrai, les modiques ressources[1].

La religion reparut dans les temples qui lui étaient
consacrés autrefois; elle y convia les populations fidèles
aux pieds des mêmes autels que la piété de leurs pères
avait fréquentés. Mais le gouvernement qui lui rendait
ses édifices n'avait pas pris l'engagement de les entre-

---

1. Arrêté du 7 thermidor an xi. *Bull.* IIIe S., 303, n° 3036;
circulaires des 30 thermidor et 10 fructidor an xi.

tenir, de les réparer, ni d'élever ou d'acquérir à ses frais les constructions nouvelles qui seraient jugées nécessaires. L'organisation matérielle du Culte intéresse à la fois l'État, la commune et les particuliers. L'État venait d'y pourvoir pour sa part, au point de vue des bâtiments, en faisant loyalement l'abandon de la plupart de ceux qu'il avait confisqués dix ans auparavant; mais il laissa les travaux d'appropriation et d'agrandissement à la charge du budget municipal et de la charité privée. Les Conseils communaux furent en conséquence autorisés à délibérer sur les moyens d'effectuer ces dépenses, et les allocations que leur parcimonie ou leur pauvreté accorda, devinrent, avec les revenus propres des fabriques et les donations, la ressource normale souvent très-insuffisante, toujours précaire du service paroissial.

Afin de ne pas abandonner entièrement à elles-mêmes les communes pauvres, la loi du 15 septembre 1807 créa un fonds commun de subvention, en prélevant 10 pour 100 sur les revenus de toutes les propriétés foncières des communes, telles que maisons, bois et biens ruraux. Ce fonds devait être affecté spécialement aux acquisitions, constructions ou réparations de presbytères et d'églises [1].

Le Gouvernement annonçait par ces mesures la ferme intention où il était de limiter le chiffre de ses sacrifices, et de ne pas faire emploi des fonds du Trésor pour les dépenses locales. Toutefois, il ne refusait pas d'accorder à quelques paroisses, comme faveur exceptionnelle, des subventions passagères dont

---

1. *Bull*. IVᵉ S., 161, n° 2790.

il n'aurait pas consenti à inscrire la promesse dans les règlements ecclésiastiques. A Paris même, en 1805, une somme de 100 000 fr. fut affectée à l'acquisition des objets nécessaires à l'exercice du culte dans trente-neuf églises. La même année, 12 000 fr. furent alloués à la paroisse de Saint-Sulpice. En 1808, lorsque l'Empereur à son retour de Bayonne, traversa les départements de l'Ouest, il fut si douloureusement affecté à la vue des ruines accumulées dans le pays par la guerre civile, qu'il accorda 300 000 fr. payables en deux années pour la reconstruction et la réparation des églises et presbytères du département de la Vendée[1]. Cette allocation, la plus considérable qui ait eu lieu sous l'Empire pour le même objet, fut répartie par une commission composée de l'évêque diocésain, du préfet et du comte de Beauharnais. En 1810, la commune de Saint-Cloud reçut 30 000 fr. pour l'appropriation de l'église des Ursulines qui était destinée à lui servir de paroisse[2]. En compulsant les comptes de cette époque, on y trouverait facilement d'autres exemples des libéralités du gouvernement impérial envers les communes pauvres.

Pendant les années 1814 et 1815, les calamités de l'invasion furent cruellement ressenties dans les paroisses qui se trouvaient sur le passage des armées étrangères ; beaucoup d'églises et de presbytères furent dévastés : la guerre ajouta de nouvelles ruines à toutes celles que les passions révolutionnaires avaient accumulées. Le fonds commun de subvention ayant été sup-

---

1. Décret du 8 août 1808.
2. Décret du 27 juin 1810.

primé par l'ordonnance du 28 janvier 1815 [1], il fallut aviser à d'autres moyens de réparer ces désastres. Quelque fût le malheureux état des finances, le gouvernement de Louis XVIII reconnut promptement qu'il était de son devoir et de son honneur d'associer le Trésor public aux sacrifices faits par les communes. Des sommes importantes prélevées annuellement sur le budget des Cultes furent employées dès lors à subvenir aux frais de réparation et de construction des édifices paroissiaux. La forme trop sommaire des documents de comptabilité ne permet pas de fixer d'une manière exacte le chiffre des allocations pour les années 1815 et 1816 ; mais à partir de 1817, il est aisé de suivre les fluctuations de la dépense. Cette année même les secours accordés s'élevèrent à 400 000 fr.,

En 1818 à	400 586 fr.
1819	168 000
1820	220 563
1821	100 000
1822	198 400
1823	200 500
1824	227 268
1825	201 650

581 communes furent secourues, en 1824 ; 606, en 1825. Les considérants des premières ordonnances qui ouvrirent au Ministère de l'Intérieur les crédits nécessaires constataient la misère où les campagnes étaient réduites. C'est sur le compte qui lui avait été rendu de l'état déplorable d'un grand nombre d'édifices des-

1. *Bull.* Vᵉ S., 82, nᵒ 726.

tinés à la religion, et des demandes formées par les évêques et le clergé, que la puissance royale motivait officiellement ses libéralités[1]. Comme les doléances des fabriques et le témoignage des autorités administratives constataient d'année en année de nouveaux besoins, le gouvernement, de concert avec les Chambres, augmenta le chiffre de la subvention. La dépense à peine supérieure en 1825 à 200 000 fr., monta tout à coup :

En 1826 à. . . . . 789 894 fr.
1827 . . . . 796 975
1828 . . . . 793 193
1829 . . . . 962 340

Le nombre des communes subventionnées s'accrut dans une proportion encore plus grande; 8796, c'est à dire 2199, année moyenne, se partagèrent dans les quatre dernières années de la Restauration les largesses du budget.

Après 1830, les motifs d'économie l'emportèrent sur ceux qui poussaient le nouveau gouvernement à encourager les travaux de construction dans les campagnes; le crédit de 970 000 fr. qui avait été alloué pour l'année 1829 fut réduit à 700 000 fr. A la même époque, on changea le mode de distribution qui avait consisté jusqu'alors à mettre à la disposition des préfets une somme déterminée qu'ils étaient chargés de répartir entre les communes de leurs départements; désormais l'administration centrale se réserva la con-

---

1. Je citerai entre autres, les ordonnances des 30 juin 1819, 12 février et 1er juillet 1820.

cession directe des secours aux paroisses que, sur la proposition des autorités du département et du diocèse, elle avait jugées les plus dignes d'être secourues [1].

Des mesures plus sérieusement utiles eurent pour objet les églises que leur antiquité, la beauté de leur architecture et les souvenirs qui s'y rattachaient, classaient parmi les monuments historiques. Dès 1819, une circulaire dont les pressantes recommandations furent plusieurs fois renouvelées dans les années suivantes, avait signalé à la sollicitude des préfets la conservation de ces vieux édifices chers à la religion, et aux amis de l'art[2]. En 1830, quelque milliers de francs, prélevés sur le budget du Ministère de l'Intérieur furent affectés à leur entretien. Mais ce fut principalement à partir de 1834 qu'ils devinrent l'objet d'une protection attentive, et dont hélas! une longue expérience témoignait trop clairement la nécessité. Il résulte des

1. Circulaire du 22 mai 1833, dans le recueil des *Circulaires, instructions et autres actes relatifs aux affaires ecclésiastiques*, p. 232.

2. Voyez les circulaires des 29 juillet 1819, 23 juillet 1820, 12 octobre 1821, dans le recueil des *Circulaires du Ministre de l'Intérieur*, t. III, p. 492; t. IV, p. 69 et 165. « Il existe dans le royaume, disait M. le comte Siméon en 1821, un grand nombre de ces églises, telles qu'anciennes cathédrales collégiales et abbatiales auxquelles se rattachent de précieux souvenirs ou qui, pouvant être considérées comme monuments de l'art, méritent sous ce double rapport, qu'on attache un grand prix à leur conservation. Jusqu'à présent, les fonds du budget de mon ministère n'ont offert aucune ressource susceptible d'être appliquée aux réparations de ces édifices. Cependant comme il faut espérer qu'on sentira bientôt l'urgente nécessité de pourvoir, par un crédit spécial à ce genre de besoins, je dois être à portée d'en faire connaître l'ensemble. »

documents officiels, que dans beaucoup de localités,
des monuments entiers tirés des églises, ou des portions
de décoration supprimées, étaient tantôt abandonnés
en forme de décombres, tantôt convertis en moellons
pour être employés dans les nouveaux travaux, tantôt
cédés à des amateurs adroits ou à des spéculateurs qui
les acquéraient à vil prix ou par de simples échanges
contre une quantité équivalente de moellon neuf. Souvent des vitriers, par calcul ou par ignorance, rempla-
çaient avec du verre blanc, sous le frivole prétexte de
donner plus de jour à l'édifice, d'anciens vitraux peints
qu'ils laissaient ensuite dépérir ou dont ils tiraient un
profit illicite. Les anciennes boiseries n'étaient pas mieux
respectées : arrachées et mutilées, leurs précieux fragments allaient enrichir les galeries particulières et la
boutique de brocanteurs habiles. Ailleurs, des réparations inintelligentes du pavé des églises, faisaient disparaître les anciennes pierres tumulaires, tandis que le
badigeonnage dérobait à la vue des peintures du plus
haut prix, ou que le grattage altérait les sculptures et les
formes architecturales [1]. L'administration luttait de
tout son pouvoir contre ce vandalisme aveugle ou in-
téressé; elle conjurait les préfets, les évêques, les sociétés archéologiques de veiller sur les derniers débris
des arts du moyen âge, et de parer à l'incurie et à l'in-
gnorance avare des fabriques qui, sous le prétexte
d'accroître leurs ressources, détruisaient de précieux
monuments, l'honneur de la contrée. Encouragée par

1. C. des 20 et 29 déc. 1834 ; 25 février 1837 ; 25 juin, 1er et
10 déc. 1838, dans le recueil des *Circulaires, instructions et autres actes relatifs aux affaires ecclésiastiques*, p. 264, 274, 320,
331, 340 et 343.

l'opinion du pays qui revenait au culte, longtemps abandonné, de nos antiquités religieuses et nationales, ses efforts ne furent pas infructueux; le respect des vieux édifices pénétra dans les conseils ruraux; les mutilations s'arrêtèrent; des travaux importants de réparation furent entrepris. La plupart des communes qui possédaient des ruines remarquables, rivalisèrent de soins pour les conserver, soit avec leurs ressources propres, soit en s'aidant des subsides du gouvernement.

Mais c'eût été peu de favoriser la restauration des églises monumentales, si le grand nombre des paroisses dont le modeste sanctuaire ou le presbytère tombait en ruines, n'avaient pu, faute de secours, les reconstruire ou les réparer. Dix années durant, de 1830 à 1839, le fonds de subvention resta fixé à 700 000 fr. En 1839, le chiffre des demandes régulièrement instruites dépassait 3 millions [1]. Frappé de la disproportion entre les faibles ressources dont il disposait et les besoins constants des populations, le gouvernement demanda et obtint que pour l'exercice 1840, le crédit fût élevé de 100 000 fr. Trois ans après, une nouvelle augmenta-

---

1. Voyez le rapport au Roi sur le budget des dépenses des Cultes, pour l'exercice 1840 : « Dans un très-grand nombre de villages, disait le Ministre des Cultes, la moitié des fidèles ne peut assister au service divin qu'en dehors de l'église, exposés aux injures du temps, quelquefois après avoir fait une ou deux lieues, lorsque la paroisse embrasse plusieurs communes. Les hommes oublient souvent le motif religieux de leur déplacement; les femmes et les vieillards peuvent prendre, à la longue, le parti de rester chez eux; c'est ainsi que peu à peu la religion perd de son empire dans les campagnes. Aussi les demandes pour agrandissement d'églises se multiplient-elles, et il serait dangereux de ne pas les accueillir.... »

tion le porta pour l'exercice 1843, à 1 200 000 fr., chiffre auquel il se maintint pendant les dernières années de la monarchie de Juillet. La loi de finances du 8 août 1847, plus favorable que toutes les autres, avait accordé 1 500 000 fr.; mais cette libéralité que la situation des édifices paroissiaux justifiait, fut annulée après la révolution de Février, par l'Assemblée nationale, qui se contenta d'inscrire au budget rectifié de 1848, le chiffre des exercices antérieurs. Pour 1850, le fonds de subvention fut ramené à un million : mais cette année même, des crédits extraordinaires permirent de dépasser les allocations du budget d'environ 110 000 fr.[1]. Les communes, trop faiblement subventionnées, remédiaient, selon leur pouvoir, à l'insuffisance du concours qu'elles obtenaient de l'État. « Jamais, peut-être, dit un document de cette époque, on n'a vu un empressement et un zèle plus général, sur tous les points du pays, pour la restauration et l'agrandissement des églises, pour les acquisitions ou les appropriations des presbytères, zèle d'autant plus intéressant qu'il est entièrement spontané et qu'il ne se satisfait que par les plus durs et les plus longs sacrifices. On dirait que la société, ébranlée et inquiète, se reprend partout, à la religion comme à sa base naturelle, et qu'elle en consolide et élargit les édifices pour s'y ménager un rempart et un abri[2]. » En 1852, la subvention normale fut reportée à

---

1. Ces crédits furent portés au budget de l'exercice. Voyez la loi de finances du 15 mai 1850.

2. *Rapport sur la situation des édifices religieux*, par M. de Contencin, directeur de l'administration des Cultes, 2 janvier 1851.

1 200 000 fr.; elle s'accrut en 1854 d'un crédit extraordinaire de 250 000 fr. qui, dans la pensée du Gouvernement, avait le double objet de venir au secours des fabriques et d'assurer des moyens d'existence aux ouvriers des campagnes. Pour l'exercice 1857, elle fut fixée à 1 500 000 fr., et cette fois du moins, ce chiffre n'aura pas été, comme en 1847, inutilement inscrit dans la loi de finances. Particularité remarquable! L'initiative de cette augmentation appartient au Corps législatif; le Gouvernement qui la désirait sans doute, ne l'avait pas proposée[1]. Le sentiment des besoins réels des paroisses a été plus fort dans l'esprit des députés que le penchant ordinaire qui pousse les corps électifs à réclamer des économies trop souvent funestes.

Environ 600 communes ont été secourues en 1850,

564	en	1851,
765	—	1852,
748	—	1853,
1016	—	1854,
908	—	1855,
893	—	1856,
1047	—	1857.

C'est moitié moins que sous la Restauration; mais les secours sont beaucoup plus élevés. Leur moyenne annuelle qui, autrefois, n'atteignait pas 400 fr., a varié depuis 1850 de 1400 fr. à 1800 fr. L'État contribue à la dépense pour un quart ou pour un cinquième, très rarement pour un tiers, plus souvent pour un sixième. Comme la subvention est aujourd'hui de 1 500 000 fr.,

1. Voyez le rapport de M. Alfred Leroux, sur le budget des recettes et des dépenses de l'exercice 1857.

c'est une somme trois fois supérieure pour le moins,
c'est à dire 4 500 000 fr. environ que les communes
consacrent tous les ans à la construction ou à la réparation de leurs édifices paroissiaux ; la dépense totale
égale donc, si elle ne dépasse, 6 millions par an.

Malgré les charges que les communes ont à supporter
et qui souvent les écrasent, peut-être se résigneraient-
elles à de plus grands sacrifices, surtout pour leurs
églises qu'elles aiment spacieuses et honorables, si elles
pouvaient compter indéfiniment sur les allocations du
Trésor public. Mais l'administration des Cultes dont
elles réclament le concours, modère leur zèle irréfléchi,
en refusant de contribuer à des travaux qui ne sont
en rapport ni avec les ressources des localités, ni
avec le chiffre de leur population. Voici le maximum
de la dépense admise par le Gouvernement pour la construction, par exemple, d'une église; quand ce maximum est dépassé, ce que les communes ont toujours le
droit de faire, elles doivent suffire à la dépense avec
leurs propres deniers :

Pour une population de 500 âmes et au-dessous, 20 000 fr.

—	500 — à	1000 âmes,	35 000
—	1000 —	2000	— 60 000
—	2000 —	3000	— 90 000
—	3000 —	4000	— 120 000
—	4000 —	5000	— 150 000
—	5000 —	6000	— 190 000
—	6000 —	7000	— 230 000
—	7000 —	8000	— 280 000
—	8000 —	9000	— 330 000
—	9000 —	10 000	— 400 000

« Je n'entends pas, écrivait judicieusement M. Fortoul, je n'entends pas condamner ni même décourager le zèle qui s'efforce d'élever à la religion des monuments dignes d'elle ; mais il faut savoir ici se préserver d'un entraînement qui tournerait contre son but, si les constructions étaient commencées sur une échelle trop étendue.

« Ces vastes travaux qui ne sont pas en proportion avec les revenus des localités, ne tardent pas à être interrompus, et il n'en reste le plus souvent que des débris inachevés, dont la dépense inutile aurait suffi pour exécuter entièrement un projet plus modeste.

« Il importe à un haut degré que les communes n'entreprennent la construction de leurs églises qu'avec mesure et économie, sur un devis sérieusement étudié. Lorsqu'elles sollicitent le concours de l'État, ce ne peut être qu'en raison de l'insuffisance de leurs ressources, comparées à leurs besoins. La limite de ces besoins ne doit donc pas être dépassée dans les projets[1]. »

Le Gouvernement aurait voulu quelque chose de plus ; c'était que les nouvelles constructions qui s'élevaient fissent honneur au goût de notre siècle et de notre nation. On avait songé dans ce but à former un recueil de modèles d'églises et de chapelles, à l'usage des communes et des architectes à qui le soin des édifices paroissiaux est confié. Ces modèles eussent été aussi variés que les traditions elles-mêmes de l'art. Les formes de l'architecture romane, particulières au midi de la France, y eussent figuré à côté de celles de l'architecture gothique dont les vestiges profonds subsistent dans les provinces du Nord. Ils auraient

1. Circulaire du 1ᵉʳ août 1853.

dirigé l'inspiration des artistes et épargné à leur inexpérience des tâtonnements dispendieux pour les communes. Ce projet, qui n'était pas dépourvu de grandeur, avait été annoncé officiellement dans une circulaire du Ministre des Cultes[1]. Mais il ne paraît pas qu'il ait eu aucune suite.

Avec les crédits actuels sévèrement ménagés, et en supposant que des circonstances extraordinaires ou des incidents imprévus ne viennent pas déranger ses calculs, l'administration se trouvera en mesure, pendant quelques années, de seconder efficacement les efforts des communes pour la construction et la réparation de leurs églises et de leurs presbytères. Mais il est important de remarquer que les embellissements intérieurs, la décoration des chapelles, les achats d'ornements, de vases sacrés et de tous autres objets mobiliers ne figurent pas parmi les dépenses auxquelles l'État contribue. La plupart des ministres qui se sont succédé depuis vingt-cinq ans, ont pris soin de rappeler que les fonds du Trésor ne pouvaient recevoir cette destination, et qu'ils devaient être exclusivement affectés aux charges immobilières des édifices paroissiaux. Quelques tableaux envoyés à de longs intervalles par la direction des Beaux-Arts, sont à peu près le seul don que les fabriques puissent espérer; pour tout ce qui tient à l'arrangement intérieur et à la célébration du culte, elles sont abandonnées à leurs faibles et insuffisantes ressources. Le dénûment où sont tombées, par suite, beaucoup de paroisses, est à peine croyable. Où retrouver dans ces sanctuaires désolés le plus pâle reflet

---

1. Circulaire du 15 novembre 1853.

des splendeurs du catholicisme? Ils n'offrent à l'œil étonné que l'image de l'abandon et de la misère. Il y a quelques mois, un illustre prélat parlant pour tous les diocèses de France, dénonçait avec gémissement l'indicible état dans lequel se trouve tout ce qui tient au sacrifice de la messe et au Saint Sacrement dans la plupart des campagnes. « J'ai vu des protestants, s'écriait-il, je les ai vus stupéfaits en considérant ces autels deshonorés, ces sanctuaires abjects, ces vieilles murailles noircies ou verdâtres, ces tables de communion tombant de vétusté, ces sacristies d'une humidité malsaine qui menace de corrompre ce qu'il y a de plus auguste sur la terre, ces saints-ciboires, ces calices ternis et livides, ces ostensoirs, ces vases sacrés destinés à porter l'extrême-onction et le saint viatique aux malades, d'une médiocrité révoltante, quelquefois de cuivre ou d'étain ; j'en ai vu de tels ; et ce vil et grossier métal portant souvent bon gré mal gré, sur le pied même du vase sacré, dans un affreux vert-de-gris, les traces d'une abominable corruption[1]. » Afin de subvenir à cette effrayante pauvreté des églises rurales, quelques personnes pieuses ont fondé une association qui, de 1852 à 1858, a pu distribuer à 1268 paroisses, des ornements sacerdotaux, des tabernacles, des croix, des calices et d'autres parties du mobilier ecclésiastique. Mais les besoins sont trop nombreux pour que la charité privée suffise à y pourvoir. Lorsqu'il y a vingt-cinq ans, le Gouvernement voulut seconder l'essor de l'instruction primaire, il

---

1. *Discours en faveur des pauvres églises de campagne*, prononcé par Mgr l'évêque d'Orléans, dans l'église de la Madeleine à Paris, le 4 février 1858. Paris, 1858, in-8°, p. 20.

promit des subventions non-seulement pour la construction et l'entretien des maisons d'écoles, mais pour les acquisitions de mobilier. En 1834, une somme de 152,000 fr. fut affectée à cette dépense qui n'a pas cessé depuis de figurer dans les budgets. Pourquoi n'agirait-on pas de même à l'égard des églises? Puisque dans un très-grand nombre, tout ou presque tout est à faire pour la décoration et l'embellissement intérieur, ne conviendrait-il pas d'allouer des secours pour cet objet? L'utilité de la dépense n'est pas contestable; et quant au surcroît de charge qui en résulterait pour le Trésor, il ne sera jamais considérable. En l'an xiii, nous avons vu que le Premier Consul avait accordé 100,000 fr. aux églises de Paris pour acquérir le mobilier qui leur manquait; c'est là un précédent qui peut être invoqué avec confiance en faveur de toutes ces paroisses où les subsides du Gouvernement seraient aujourd'hui si nécessaires pour donner à l'exercice du culte, non pas de l'éclat ni de la pompe, mais seulement un peu de dignité.

CHAPITRE X.

Sous le nom d'*Édifices Diocésains*, on comprend en général les cathédrales, les évêchés et les séminaires. Ce sont là, en effet, des édifices qui ne sont pas à l'usage d'une paroisse en particulier, ni d'une ville, ni quelquefois même d'un département, mais de tout le diocèse dans lequel ils sont situés.

Lorsqu'en 1802, le gouvernement consulaire s'empressait de restituer au culte catholique, en exécution du Concordat, les édifices non aliénés qui lui étaient autrefois consacrés, les vieilles cathédrales que la piété de nos ancêtres avaient élevées dans chaque ville épiscopales, furent mises à la disposition des évêques, et les nouveaux diocèses, dès le rétablissement des autels, eurent la jouissance de basiliques remarquables par les formes de leur construction, et encore plus imposantes par les souvenirs qu'elles rappelaient. Pour les évêchés et les séminaires, une partie avait été mise en vente, une autre partie transformée en caserne ou affectée à l'établissement des préfectures; le plus petit nombre seulement pouvait être rendu à leur ancienne destination. Il fallut assigner pour demeure à plusieurs évêques, sous le nom fastueux de palais épiscopal, de modestes habitations qui n'avaient pas été construites pour cet objet, tandis que les écoles ecclésiastiques étaient installées tant bien que mal dans les bâtiments

disponibles, à défaut des colléges spacieux et commo-
des qu'habitaient autrefois les jeunes lévites, l'espoir
du sanctuaire.

Mais dans quel misérable état se trouvaient les
cathédrales elles-mêmes que l'impiété révolutionnaire
semblait avoir épargnées ! Livrés pendant dix ans à
l'abandon le plus complet, ces monuments vénérés
avaient subi toutes les dégradations, tous les outrages
que l'intempérie des saisons et la main des hommes
peuvent faire éprouver à des constructions anciennes
qui ne sont ni surveillées ni entretenues. Le dommage
avait été d'autant plus grand qu'il était préparé, longtemps avant la Révolution, par l'incurie des chapitres,
chargés de la garde des églises, et par d'inintelligentes réparations qui avaient compromis ce qu'elles devaient conserver. Je ne parle pas de ces constructions
parasites, maisons, boutiques, échoppes, appentis, qui
s'étaient comme glissés peu à peu alentour des monuments, et qui doublement funestes, masquaient
leurs plus beaux aspects, et nuisaient à leur solidité, en
interceptant l'action de l'air et l'écoulement des eaux.

Pour réparer les ruines anciennes et pour en prévenir de nouvelles, il eût fallu d'habiles architectes
versés dans la connaissance pratique des arts du
moyen âge, et pouvant disposer de larges subventions.
Mais parmi les artistes les plus expérimentés du commencement de notre siècle, quel était celui qui fût
familier avec les principes de l'architecture chrétienne, et que l'admiration exclusive des chefs-d'œuvre de l'antiquité ne rendît pas insensible à la beauté
de nos vieilles églises, étranger aux règles de leur construction ? Quant à la dépense, le Gouvernement, avant

même d'en avoir calculé le chiffre, se montrait résolu
à ne pas s'en charger. Jugeant avoir fait assez pour le
culte catholique en assurant à tous ses ministres un
traitement régulier sur les fonds du Trésor, il décli-
nait les nouveaux sacrifices que l'entretien des édifices
religieux aurait imposés aux finances de l'État[1].

La charge d'approprier de reconstruire, s'il le fallait,
et de réparer les édifices, fut donc laissée aux localités.
Les frais de toute sorte devaient être acquittés par les
fabriques, et en cas d'insuffisance de leurs revenus, par
les communes et les départements. Le décret du 30 juin
1809[2] indiqua les formalités à remplir pour les affaires
de cette nature. Aux termes de l'article 107, lorsqu'il
survenait de grosses réparations ou des reconstructions
à faire aux églises cathédrales, aux palais épiscopaux
et aux séminaires diocésains, l'évêque en donnait l'a-
vis officiel au Préfet du département dans lequel était
le chef-lieu de l'évêché. Cet avis devait être accompagné de l'état sommaire des biens de la Fabrique, et

1. Circulaire du 24 germinal an x, dans le recueil des *Circulaires du Ministère de l'Intérieur*, t. I, p. 196. « Si l'ancienne
maison épiscopale, disait le Ministre aux Préfets, n'est ni alié-
née, ni employée à un autre service public; si en outre elle n'est
pas trop vaste ou dégradée, vous ferez procéder, sans aucun
délai, aux réparations nécessaires pour recevoir le nouvel évêque. Vous prendrez les mêmes mesures pour l'ancienne église
cathédrale ou métropolitaine.... Toutes les dépenses locatives
et de premier établissement doivent être supportées par la commune où le siége est établi ; et, dans le cas où l'insuffisance de
ses ressources serait reconnue, les dépenses seront à la charge
des départements qui forment le territoire diocésain. » Voy. aussi
l'art. 34 de la loi du 2 ventôse an xiii, *Bull.* IVᵉ S., 34, nᵒ 570.

2. *Bull.* IVᵉ S., 303, nᵒ 5777, et dans le *Projet de Code ecclésiastique*, p. 33 et suivantes.

d'une déclaration des revenus qui restaient disponibles, après l'aquittement des dépenses ordinaires de la célébration du culte. Un devis estimatif des travaux à entreprendre était dressé par les soins du préfet, en présence d'un délégué de l'évêque, suivant les formes établies pour les travaux publics ; les pièces étaient ensuite envoyées au Ministre de l'Intérieur qui les communiquait au Ministre des Cultes. Si les réparations étaient urgentes, le Ministre de l'Intérieur donnait des ordres pour qu'elles fussent provisoirement exécutées sur les premiers fonds dont les préfets disposaient, sauf remboursement au moyen des allocations votées pour cet objet par le Conseil général. Lorsque le diocèse comprenait plusieurs départements, la dépense était répartie entre tous proportionnellement, si ce n'est que celui du chef-lieu de l'évêché payait un dixième de plus que les autres.

Le pouvoir central ne surveillait pas d'une manière bien rigoureuse l'exécution des travaux; toutefois, au mois d'octobre 1812, une circulaire du Ministre de l'Intérieur exigea des préfets un plan général avec des plans partiels pour chaque restauration ou construction, ajoutant que ces divers plans une fois approuvés devaient être fidèlement suivis, et qu'il n'était pas permis aux architectes de s'en écarter dans le cours de l'entreprise [1].

Malgré les vues d'économie qui avaient empêché le gouvernement impérial de prendre à sa charge la construction et l'entretien des églises diocésaines, il

1. Circulaire du 22 octobre 1812, dans le recueil des *Circulaires du Ministère de l'Intérieur*, t. II, p. 400 et suiv.

ne faudrait pas croire qu'il refusât d'une manière absolue d'y concourir. En cette matière comme en beaucoup d'autres, la politique munificence du souverain, s'élevant au-dessus des règles que sa prudence avait posées, accorda plus d'une fois les subsides nécessaires pour aider à la restauration, à la construction même d'une cathédrale, d'un séminaire ou d'un évêché. Parmi les diocèses qui de 1802 à 1814, profitèrent de ces libéralités, nous avons trouvé mentionnés dans les documents de l'époque, ceux de Lyon, Meaux, Toulouse, Versailles, Nantes, Rennes et Bordeaux. Pour le diocèse de Paris, il fut l'objet de largesses particulières que sa situation commandait. En 1806, une dépense d'environ 149 000 fr. fut autorisée pour l'appropriation intérieure de la cathédrale[1]. En 1810, l'Empereur se montra encore plus généreux, un décret affecta 1 450 000 fr. prélevés sur les fonds extraordinaires de la police et sur ceux des États romains, à l'agrandissement des jardins de l'archevêché et à la construction d'écuries pour quarante chevaux, et de remises pour un nombre proportionné de voitures. Les événements qui suivirent empêchèrent l'exécution de ce projet dont les seuls vestiges se trouvent aujourd'hui dans quelques hangars situés à la pointe orientale de la Cité[2].

Le gouvernement de la Restauration ne modifia pas d'abord essentiellement les règles suivies sous l'Empire; il se contenta de multiplier les subventions et d'en élever le chiffre. Mais d'importantes mesures ne

1. Décision du 28 août 1806, dans le recueil si souvent cité des décisions de l'Empereur, n° 537.
2. Décrets des 10 février et 21 août 1810.

-tardèrent pas à renouveler le service en l'agrandissant. La loi de finances de 1817 [1], créa un fonds commun qui devait s'alimenter par le prélèvement d'une partie des centimes additionnels votés par les conseils généraux, et au moyen duquel il serait pourvu, entre autres objets, aux travaux diocésains. Cette ressource était moins précaire que les modiques sommes péniblement arrachées, dans les années antérieures, à l'indifférence ou à l'hostilité des autorités locales ; toutefois elle parut bientôt insuffisante, en raison même de la multiplicité des affectations que le législateur avait données au fonds commun. Il en fut de même des ressources nouvelles que les auteurs de la loi du 4 juillet 1821 avaient cru se ménager, en reportant au chapitre des travaux diocésains une partie des fonds rendus disponibles par le décès des membres de l'ancien clergé qui jouissaient d'une pension sur le Trésor; car, dans la pensée première de la loi, ces fonds avaient une destination immédiate, bien plus importante, à savoir, l'établissement de nouveaux évêchés et de nouvelles succursales, et l'amélioration progressive du sort des desservants et des vicaires. [2].

Le Gouvernement faisait alors exécuter à ses frais dans le département de la Seine d'importants travaux d'utilité générale, parmi lesquels se trouvaient ceux des églises Sainte-Geneviève et de la Madeleine et de la basilique de Saint-Denis. Il parut équitable d'accorder le concours régulier du Trésor public aux entreprises analogues qui avaient lieu dans les autres

1. Loi du 25 mars 1817, art. 53, *Bull.* VIIe S. 145, n° 1879.
2. *Bull.* VIIe S., 462, n° 10887.

départements, et au budget de 1819, les Chambres allouèrent pour cet objet un crédit de 1 800 000 fr., dont 600 000 furent affectés aux cathédrales, évêchés et séminaires[1]. La situation qui résultait de cette mesure était d'autant meilleure que sur les fonds spéciaux du clergé, on prélevait encore chaque année des sommes plus ou moins considérables pour les édifices diocésains. En 1817, on avait prélevé 500 000 fr.; en 1819, plus de 350 000 fr. Le service puisait alors à trois sources différentes, savoir : les fonds du clergé, les fonds départementaux et ceux des travaux publics[2]. A dater de 1824, époque de la création du Ministère des affaires ecclésiastiques, la part de subvention fournie par le fonds commun cessa entièrement, le Ministère de l'Intérieur n'ayant pas de motif de contribuer aux dépenses d'un service qui désormais lui était étranger; mais d'un autre côté, l'ensemble des allocations de l'État s'accrut rapidement. En faisant le relevé des comptes de cette époque, nous avons trouvé qu'il avait

1. Ministère de l'Intérieur. Budget de 1819. *Observations préliminaires.*

2. Ainsi en 1823, il a été dépensé, pour les travaux des édifices diocésains, une somme de 1 235 324 fr. 06 c., savoir : 1° sur les fonds du clergé 138 865 fr. 21 c.; 2° sur les fonds du Ministère de l'Intérieur, chap. xɪ; travaux extraordinaires à la charge de l'État dans les départements, 886 055 fr. 85 c.; 3° sur les fonds déparmentaux 210 403 fr. Je dois dire, que ce dernier chiffre n'exprime pas exactement la quotité des ressources départementales qui était affectée aux travaux des édifices diocésains. D'une part, il comprend quelques dépenses d'achat d'ornements; d'une autre part les frais d'entretien des bâtiments se trouvaient confondus dans un autre article, avec les dépenses des bas chœurs et des maîtrises des cathédrales. Voyez le *Compte des dépenses* du Ministère de l'Intérieur pour l'exercice 1823, p. 25, p. 97 et p. 225.

été dépensé par le Trésor public pour les édifices diocésains :

En 1825. . . . .   1 351 566 fr. 12 c.
    1826. . . . .   1 957 820   48
    1827. . . . .   2 097 355   88
    1828. . . . .   2 303 086   73
    1829. . . . .   2 322 968   18

Parmi les travaux qui furent exécutés dans le cours
de cette période, les plus nombreux, sinon les plus
importants au point de vue de l'art, eurent lieu dans
les séminaires. Non-seulement il fallut approprier des
locaux pour les établissements ecclésiastiques des nouveaux diocèses créés à partir de 1822, mais pour ceux
qui dataient du Concordat, l'installation primitive avait
été si imparfaite que la plupart des bâtiments exigeaient des réparations urgentes. Malgré ses efforts,
l'administration ne put faire face à tous les besoins,
ni réparer toutes les ruines. Quant aux cathédrales,
quelques-unes, comme celles de Séez, en 1821, furent
l'objet d'incomplètes ou maladroites restaurations ; un
plus grand nombre furent à peine entretenues, au
moyen d'insuffisantes allocations ; et l'abandon dans
lequel on les laissa eut, comme nous le verrons, de
déplorables conséquences.

Pendant l'année qui suivit la révolution de Juillet,
les crédits accordés par les lois de finances ne diminuèrent pas sensiblement. Les payments qui s'étaient
élevés à 2 205 606 fr., 50 c., en 1830, atteignirent
encore 2 255 563 fr., 70 c., en 1831. Mais l'année
suivante, une réduction de 700 000 fr., fit retomber
l'allocation budgétaire à 1 200 000 fr. pour les tra-

vaux extraordinaires, et à 400 000 fr., pour les travaux de simple entretien. Cette inopportune économie ne dura pas moins de dix années. Enfin, en 1843, le crédit pour les travaux extraordinaires fut reporté prudemment à 1 600 000 fr., et l'ensemble du chapitre à 2 000 000 fr.

Quel était le meilleur emploi à donner aux crédits alloués? L'administration devait-elle les répartir entre tous les diocèses qui en avaient également besoin, ou bien, valait-il mieux qu'elle concentrât ses efforts sur les monuments les plus menacés et les plus précieux, et qu'elle essayât de les préserver de nouvelles dégradations, avant d'aller à des édifices moins remarquables et moins chancelants? Les amis de l'art auraient sans doute préféré le premier parti; mais il eût soulevé d'unanimes réclamations de la part des diocèses dont les justes demandes auraient été indéfiniment ajournées; peut-être eût-il compromis le vote des crédits que le Ministre des Cultes ne pouvait obtenir des Chambres, sans intéresser au succès un grand nombre de départements. Au risque d'utiliser médiocrement les ressources en les éparpillant, l'administration fit donc participer, tous les ans, le plus de monuments possible aux largesses du budget. Chaque diocèse eut son lot annuel, plus ou moins large, suivant qu'il avait obtenu plus ou moins dans les années antérieures, et que la cathédrale, le palais épiscopal ou le séminaire était plus ou moins délabré. Les documents de comptabilité nous font connaître exercice par exercice, le nombre des édifices qui ont été l'objet d'une allocation. En laissant de côté les dépenses qui se rapportent au simple entretien, et qui n'ont jamais dépassé

400 000 fr. distribués entre tous les évêchés, nous avons dressé la statistique suivante :

Ont été compris dans la répartition des crédits pour travaux extraordinaires de construction ou de grosses réparations :

En 1832, 36 cathédrales, 23 évêchés, 29 séminaires.
    1834, 44   —   30   —   48   —
    1836, 51   —   26   —   37   —
    1838, 52   —   27   —   31   —
    1843, 57   —   42   —   37   —
    1845, 49   —   38   —   39   —
    1847, 57   —   26   —   30   —

Ainsi, environ cent édifices tous les ans, et dans certaines années jusqu'à cent trente donnaient lieu, indépendamment du simple entretien, à des travaux considérables que payait le Trésor public. La moyenne des allocations était, avant 1843, de 12 000 fr., et depuis lors de 15 000 ; somme élevée sans doute, et peut-être suffisante, si les libéralités du Gouvernement n'eussent servi que d'appoint, comme sous l'Empire, aux ressources des fabriques et des départements ; mais subvention beaucoup trop modique et très-inférieure aux besoins réels, dès que la dépense presque tout entière était mise à la charge de l'État.

Outre les travaux annuellement poursuivis à l'aide des allocations portées aux budgets, le Gouvernement sollicita et obtint, de 1840 à 1848, des crédits spéciaux pour trois entreprises d'un intérêt vraiment national, les restaurations de la cathédrale de Chartres, de la cathédrale de Troyes et de Notre-Dame de Paris. Je ne parle pas de la Sainte-Chapelle rendue si heureusement à sa splendeur première, parce que la dépense a eu lieu sur les fonds et par les soins du Ministère des Travaux publics.

Dans la soirée du 4 juin 1836, un terrible incendie avait éclaté dans les combles de la cathédrale de Chartres; en quelques heures, malgré la promptitude des secours, les bois séculaires qui formaient la charpente de la toiture et celle du clocher principal furent dévorés. Heureusement les voûtes résistèrent à la violence des flammes, et tout l'intérieur de l'église, les sculptures et les vitraux échappèrent au désastre. « Notre-Dame de Chartres, disait peu de jours après M. Vitet à la Chambre des députés[1], est un des premiers essais, sur une aussi vaste échelle, de ce style à ogives qui, pendant trois siècles, a couvert l'Europe de tant de merveilles. Comme toutes les productions d'un art encore à sa jeunesse, elle offre, dans l'ensemble de ses proportions, une simplicité de lignes, une hardiesse de conception, une austérité de caractère dont il n'existe pas d'exemple, et qui contrastent merveilleusement avec l'éblouissante richesse de ses vitraux et avec les innombrables sculptures que tant d'époques diverses ont déposées sous les porches et sous les voûtes. » Un monument aussi révéré des fidèles et aussi précieux pour l'art ne pouvait être abandonné un seul jour aux chances de ruine que les ravages de l'incendie, encore plus que la vétusté des constructions, devaient faire redouter. Les devis des architectes envoyés immédiatement sur les lieux évaluaient à 800 000 fr. les réparations à entreprendre. Le Gouvernement saisit

---

1. Séance de la Chambre des députés du 13 juin 1836.

aussitôt les Chambres d'un projet de loi portant ouverture d'un crédit de 400 000 fr. sur l'exercice courant[1].
Le crédit fut accordé presque sans discussion, et les
années suivantes des votes renouvelés le portèrent à
1 195 000 fr. La dépense totale resta un peu inférieure
à ce chiffre : elle fut de 1 185 686 fr. 20 c. répartis en
cinq années de 1836 à 1840[2].

La restauration de la cathédrale de Chartres était à
peu près achevée, qu'une autre cathédrale, celle de
Troyes, s'écroulait en partie. Peu de villes, siége d'un
évêché, ont eu leur église épiscopale bâtie, détruite et
réparée plus souvent que l'ancienne capitale de la
Champagne. La cathédrale actuelle, qui date du
XIIIe siècle, en a remplacé trois autres successivement
ravagées par les barbares, par le feu et par les coups
de vent. Elle fut elle-même si mal construite, que dès
le XVe siècle, il fallut élever des contre-forts pour soutenir le portail septentrional qui menaçait ruine. Au siècle dernier, les piliers d'angle de la partie méridionale
s'étant à leur tour écartés, on essaya de les rapprocher
au moyen de fortes chaînes de fer fixées dans les gros
piliers. Mais cet expédient ne pouvait remédier au
vice des fondations, mal assises dans un sol de sable,
et construites en petites pierres de craie qui devaient
à la longue céder au poids énorme du monument. Le
14 décembre 1840, quelques pierres se détachèrent des

---

1. Séances de la Chambre des députés des 10 et 13 juin, et
séances de la Chambre des pairs des 18, 28 et 29 juin.

2. Voyez les lois du 5 juillet 1836, 18 juillet 1837 et 10 août
1839, et l'ordonnance royale du 29 janvier 1841. La note préliminaire du compte des dépenses des Cultes, exercice 1840, donne
le détail de la dépense année par année.

murs, les chaînes qui retenaient la maçonnerie se rompirent, et une portion de la voûte, en s'écroulant, faillit entraîner l'aile méridionale tout entière. Il s'agissait, comme à Chartres, d'une réparation qui ne souffrait pas de retard, et qui du reste était trop considérable pour que le budget des Cultes y suffît. Dès les premiers mois de 1841, le Gouvernement demanda un crédit de 400 000 fr. qui fut accordé sans difficulté[1]. La dépense eut lieu en quatre années et ne s'éleva qu'à 352 629 fr. 42 c.

Mais de toutes les restaurations qui furent l'objet de crédits spéciaux, la plus importante est sans contredit celle de la cathédrale de Paris.

La ville de Paris, si riche en monuments de tous les âges et de tous les styles, n'en possède pas qui soit plus célèbre à l'étranger ni plus populaire en France que sa vieille cathédrale. Mais que d'outrages le majestueux édifice n'a-t-il pas soufferts de l'action du temps et de la main des hommes! Il y a vingt ans, sa façade extérieure ne présentait à la vue que des parois rongées par les siècles, des clochetons croulant ou tronqués, des imagines mutilées, des galeries rompues, brisées, presque détruites, partout la décrépitude et l'aspect d'une ruine qui n'affligeait pas moins les amis des gloires nationales que les cœurs sincèrement religieux. Sur plusieurs points, la solidité de l'édifice

---

1. Loi du 25 juin 1841, *Bull.* IXe S., 849, n° 9398. Voyez l'exposés de motifs du projet de loi, séance de la Chambre des députés du 11 mai 1841 et le rapport de la commission, séance du 13 mai. C'est dans ce rapport et dans une lettre insérée au *Bulletin archéologique du Comité historique des arts et monuments.* Paris, 1843, in-8°, t. I, p. 129 et suiv., que nous avons puisé les détails qui précèdent.

était sérieusement compromise, et des travaux de conservation avaient été ordonnés d'urgence. Ajoutons
que depuis la dévastation du palais de l'Archevêché,
en 1831, l'église n'avait plus de sacristie; que le local
qui en tenait lieu était une masure informe, appuyée
au monument, et complétée par quelques chapelles
latérales qui avaient été affectées au service spécial
du clergé. En 1845, sur les instances réitérées du
Conseil des bâtiments civils, le Gouvernement résolut d'apporter un remède énergique à un aussi
déplorable état de choses, et de prévenir, s'il était
temps encore, par une restauration habile, les désastres qui seraient résultés de plus longs délais. Plusieurs architectes, qui se recommandaient par des
connaissances spéciales et un talent éprouvé, furent
invités à proposer des plans parmi lesquels celui de
MM. Lassus et Viollet-Le-Duc obtint la préférence. Il
comprenait la consolidation de l'édifice, sa restauration extérieure et la construction d'une sacristie; il
laissait en dehors la décoration intérieure et même la
statuaire, excepté les statues colossales des rois, qui
occupaient autrefois les niches de la façade principale,
d'où elles furent précipitées en 1793, et dont le rétablissement paraissait indispensable pour restituer à
cette partie du monument son ancien cachet historique. La dépense était évaluée à 2 639 113 fr. 72 c.,
soit en chiffre rond 2 650 000 fr. Un projet de loi portant ouverture d'un crédit extraordinaire d'égale
somme fut présenté dans la séance du 15 mai 1845 à
la Chambre des députés par le Garde des Sceaux, Ministre des Cultes. Environ un mois après, le crédit fut
libéralement accordé, sur l'avis favorable d'une Com-

mission dont M. Léon de Maleville était le rapporteur. Les travaux ayant commencé immédiatement, on n'y dépensa que 58 619 fr. 79 c. en 1845, et 238 351 fr. 46 c. en 1846; mais en 1847, ils prirent plus d'extension et les sommes payées montèrent à 620 013 fr. 33 c. L'entreprise continua ainsi jusqu'en 1851 où le crédit primitif fut épuisé, sans que toutefois, par l'effet d'obstacles imprévus, la restauration de l'église fût à beaucoup près parvenue à son terme.

Les généreux efforts du Gouvernement pour conserver les cathédrales étaient secondés par l'opinion presque unanime du pays, à qui ses vieux édifices, héritage longtemps oublié, commençaient à devenir chers, et qui n'aurait pas ménagé ses plaintes, s'ils fussent restés dans l'abandon. Les Sociétés archéologiques des départements où siégeaient plusieurs membres du clergé, veillaient avec un soin jaloux sur les anciennes églises de la contrée qui offraient des parties remarquables, comme un porche, un clocher, des vitraux, une tour; si la précieuse relique était compromise, elles poussaient un cri d'alarme qui retentissait jusqu'à Paris.

Ce culte inquiet du passé, les études qu'il supposait chez les uns et celles qu'il provoquait de la part des autres, contribuaient à rendre l'administration elle-même plus active et plus vigilante. Cependant les allocations de l'État ne recevaient pas toujours un heureux emploi; tous les travaux entrepris ne réussissaient pas également, et des réparations aussi mal étudiées qu'autrefois causaient souvent un grave préjudice aux monuments qui les subissaient. En 1848, dans cette fièvre de réforme qui suit toujours les révolutions, les erreurs commises servirent de prétexte à des changements profonds dans l'organisation du service. Les évêques et les préfets avaient eu jusque-là une part très-large dans le choix des architectes et dans la proposition des travaux à ordonner. Les travaux d'entretien étaient même laissés à l'entière discrétion de l'autorité diocésaine, moyennant une somme de 4000 à 5000 fr. annuellement accordée à chaque évêché. Le pouvoir central ne dirigeait sérieusement que les travaux extraordinaires de grosses réparations ou de construction, et, dans ce cas même, son influence et surtout son initiative étaient fort réduites, si ce n'est pour les entreprises tout à fait exceptionnelles, comme la restauration de Notre-Dame de Paris. Dès les premiers jours de mars 1848, la nouvelle direction des Cultes annonça l'intention de changer ces vieilles habitudes. Des circulaires menaçantes rappelèrent aux évêques et aux préfets « que les Cathédrales, les Évêchés et les Séminaires étaient des propriétés de l'État; qu'aucuns travaux d'aucune espèce, à quelque chiffre que la dépense s'élevât, et à part les travaux de simple entretien, ne pouvaient y être entrepris sans l'autorisation du Ministre responsable; que tous ouvrages non régulièrement approuvés seraient laissés à la charge de qui les aurait ou ordonnés ou exécutés, et qu'au besoin même des poursuites pourraient être exercées[1]. » Le 16 décembre suivant, un arrêté du Président du conseil des Ministres institua une Commission des arts et des édifices religieux, qui serait appelée à donner son avis sur toutes les demandes de subvention pour entretien,

______

1. Circulaire du 25 juillet 1848.

acquisitions, constructions et réparations de ces édifices. Un autre arrêté, en date du même jour, créa un corps d'architectes directement nommés et commissionnés par le Ministre, et chargés, sous sa direction et son contrôle immédiats, de la conservation des monuments. Le rapport qui servait de commentaire à ces deux arrêtés en aggravait les dispositions. Il jugeait avec rigueur l'ancien système, insistait sur l'opportunité d'une réforme, se taisait sur les droits des évêques, repoussait leur intervention et celle des préfets dans le choix des nouveaux architectes, et, sans tout à fait l'avouer, laissait entrevoir la pensée de soustraire entièrement à la sollicitude du premier pasteur de chaque diocèse les réparations de sa cathédrale, de son séminaire et même du palais affecté à son habitation personnelle.

De vives réclamations s'élevèrent du sein de l'Épiscopat contre ces nouveautés alarmantes[1]. M. de Falloux, dans l'intervalle, était devenu Ministre; par ses soins conciliants, une interprétation plus large et d'heureuses concessions tempérèrent ce que les premiers rapports avaient d'excessif. « Le Gouvernement, disait-il, a voulu donner une impulsion nouvelle et une régularité mieux entendue aux travaux diocésains; il n'a pu vouloir et ne veut rien au delà. L'épiscopat, c'est une justice qui lui est solennellement rendue, a secondé le Gouvernement dans toutes les réformes de ce genre successivement introduites. Il ne doit donc pas plus concevoir qu'inspirer de l'ombrage. » Il de-

1. Voyez les articles de M. Henri de Riancey dans l'*Ami de la Religion*, avril et mai 1853, t. CLX de la collection.

meura entendu que la nomination des architectes diocésains ne serait définitive qu'après avis de l'évêque ;
qu'ils devraient se concerter avec l'évêque pour les travaux à exécuter ; que l'évêque lui-même continuerait de
correspondre avec le Ministre pour cet objet, et qu'enfin
l'institution du Comité des arts et édifices religieux ne
lui enlevait pas l'initiative des propositions[1]. Toutefois,
les bases générales de la nouvelle organisation furent
maintenues : le Gouvernement ne renonça pas aux puissants moyens de contrôle, d'exécution et d'influence
que lui assuraient, d'une part, un corps d'artistes
éprouvés qui tiendraient de lui leur délégation, et,
d'autre part, les avis de quelques hommes éminents
qu'il chargeait de discuter les demandes, projets et
devis de travaux parvenus au Ministre des Cultes.

Soixante architectes institués par décision ministérielle, à la suite de pourparlers avec les évêques,
se partagèrent la conservation des deux cent quarante
cathédrales, évêchés et séminaires que l'Église de
France possédait. Comme la plupart résidaient à Paris,
ils furent représentés dans les départements par des
inspecteurs chargés de l'entretien courant, qui, dans le
cas d'un accident imprévu, devaient les avertir aussitôt. La première instruction qu'ils avaient reçue était de
se livrer à une étude approfondie de chaque édifice,
d'en constater les besoins réels et d'indiquer le système de réparations graduées qui paraîtrait le mieux
approprié aux formes de la construction. Une enquête,
la plus sérieuse qu'on eût encore faite sur la situation
des monuments diocésains, s'ouvrit à la fois dans tous

1. Circulaire du 20 avril 1849.

les évêchés, par les soins d'hommes spéciaux, expérimentés, dont les rapports étaient envoyés à la Commission des édifices religieux, qui discutait les conclusions. Ce fut alors qu'on aperçut l'immensité du mal qui, de siècle en siècle, avait été produit par l'incurie, le vandalisme, la cupidité, l'ignorance, la précipitation et l'outrage inévitable des années. Ce fut alors qu'il fut possible d'apprécier et les ruines déjà faites, et celles qui se préparaient, et l'énormité des sacrifices nécessaires pour réparer tant de plaies déjà bien anciennes.

Ici, nous ne pouvons mieux faire que d'emprunter à des documents officiels l'irrécusable preuve de cette affligeante situation.

« Si l'on visite nos cathédrales, écrivait le Directeur de l'administration des Cultes dans les premiers jours de 1851 [1], si l'on visite nos cathédrales, non pas en se promenant autour, mais en montant sur les voûtes, sur les terrasses, en examinant les détails de leur construction, on est épouvanté de voir partout des combles pourris, maintenus par des poteaux qui portent sur les voûtes; des chaîneaux dépouillés de plomb ou recouverts de lames cent fois ressoudées et cent fois déchirées; des flaques d'eau qui séjournent dans les rigoles et qui peu à peu pénètrent la maçonnerie; le salpêtre qui de jour en jour étend son action corrosive; les corniches, destinées à garantir les murs, écornées, laissant couler les eaux le long des parements; des meneaux de fenêtres maintenus au moyen de boulons et de colliers en fer; des joints ouverts, des placages

---

1. Rapport sur la situation des édifices diocésains, 2 janvier 1851.

cachant le développement du mal ; des constructions particulières accolées au flanc des contreforts ; des caves et des fosses d'aisance dans les fondations ; des cours humides qui absorbent la pluie et entretiennent une humidité constante dans les soubassements ; sur les terrasses, des dalles brisées, déplacées et replacées avec parcimonie ; partout, des étais, du fer, des lézardes ; des restaurations inachevées et d'autant plus nuisibles ; des arcs-boutants qui fléchissent ; les écoulements des eaux mal combinés ; des conduits engorgés ; partout enfin un entretien insuffisant. Voilà l'état général des cathédrales, sans parler des accidents majeurs survenus par suite de cet état dans un grand nombre de vieux monuments. »

La situation des évêchés et des séminaires n'était pas moins misérable. Sur quatre-vingts palais épiscopaux, quarante au moins avaient besoin de réparations de première nécessité, telles que la toiture et les planchers à refaire, des parties même à rebâtir ; ceux de Châlons, de Périgueux, d'Ajaccio et de Beauvais, pour nous borner à ces exemples, étaient à reconstruire entièrement. Pour les séminaires, établis à l'origine dans des hôpitaux, des fabriques et d'anciennes abbayes, la plupart se composaient de cellules étroites, humides, sans air ni soleil, où la santé des élèves s'altérait, où leur vie même était souvent compromise[1].

---

1. « Sur quatre-vingt-dix séminaristes que nous comptions au commencement de l'année, écrivait en 1851 le supérieur du séminaire de Bourges, vingt et un ont été obligés d'interrompre le cours de leurs études pour aller rétablir, auprès de leurs parents, une santé notablement altérée. Deux ont déjà succombé, un troisième est aux portes de la mort, et trois ou quatre autres

Tels étaient les faits douloureux que les architectes diocésains avaient constatés dans leurs tournées, et dont leurs rapports, discutés par la Commission des édifices religieux, déroulaient le véridique tableau. Après tant de promesses, d'efforts et de sacrifices prodigués pendant un demi-siècle, il était cruel de penser que la partie la plus précieuse des richesses monumentales de la France fût à ce point compromise, son épiscopat et les grandes écoles ecclésiastiques aussi mal installés. En dénonçant au pays cette grave situation qu'il ne soupçonnait pas, le Gouvernement se trouvait conduit à demander les moyens d'y porter remède. Les dépenses de restauration étaient évaluées à 46 000 000 pour les cathédrales ; 8 000 000 pour les évêchés ; 16 000 000 pour les séminaires ; il fallait y joindre environ 10 000 000 pour l'acquisition des propriétés attenantes et des terrains qui seraient affectés aux nouvelles constructions : le total général s'élevait à 80 000 000. En répartissant les travaux sur vingt années, comme l'administration le proposait, il restait 4 000 000 à inscrire pendant vingt ans au budget des Cultes pour

sont menacés du même sort. Les maladies ne sont point épidémiques : elles tiennent toutes à l'humidité de la maison dont le rez-de-chaussée est inhabitable, en hiver, et au mauvais air que l'on respire dans des cellules beaucoup trop étroites.... Cette année le mal est à son comble.... Les parents craindront de nous confier leurs enfants. » — « L'insalubrité du séminaire, écrivait à son tour l'évêque de Rennes, a été malheureusement constatée jusqu'à trois fois en trente ans, par des maladies épidémiques qui ont enlevé un grand nombre de sujets et interrompu les études. Ces maladies ont toujours été attribuées par les médecins à la mauvaise disposition de la maison et au défaut d'air. » Voy. le rapport de M. Denjoy, à l'Assemblée législative dans la séance du 22 juillet 1851.

la restauration des édifices religieux. C'est dépenser
économiquement, a-t-on dit, que de dépenser à propos. Jamais cette maxime n'avait trouvé une application plus opportune ; en n'ajournant pas les nouveaux
sacrifices que la situation commandait, on prévenait
ceux que les années, en s'écoulant, devaient y ajouter
dans des proportions indéfinies. Le crédit de 2 000 000
affecté de 1844 à 1848 aux travaux diocésains avait
été réduit en 1849, à 1 700 000 fr., puis divisé en deux
chapitres, l'un de 600 000 fr. pour le simple entretien,
l'autre de 1 100 000 fr. pour les grosses réparations.
On avait complété ce crédit en 1850 par une allocation
extraordinaire de 500 000 fr., ramenée pour l'année
suivante à 250 000 fr., dont un quart devait être affecté
aux églises et presbytères. Le Ministre des Cultes demanda un crédit nouveau de 1 000 000 qui, joint aux
deux autres, permettrait en 1851 de consacrer environ
2 350 000 fr. à la restauration des grands édifices, outre
600 000 fr. pour les dépenses d'entretien. Ce n'était
pas là une ressource à beaucoup près suffisante. Mais
jamais l'administration n'en avait obtenu de plus considérable, et d'ailleurs, dans les circonstances critiques ou le pays était placé, devant les lourdes charges
qui pesaient déjà sur le Trésor public, il n'était pas
possible de demander davantage. La Commission
de l'Assemblée législative, saisie de l'examen du projet de loi, voulut apprécier par elle-même l'état
des édifices ; elle en visita plusieurs, ceux de Troyes,
Sens, Amiens, Beauvais, Rouen, Meaux, Reims, etc.,
partout elle retrouva les traces de décrépitude et
de ruine qui avaient ému la vigilance du Gouvernement. Son rapporteur, M. Denjoy, exposa devant l'As-

semblée, avec l'autorité d'une conviction aussi éclairée que profonde, les faits principaux qui démontraient l'impérieuse nécessité non-seulement du million demandé, mais d'un grand et généreux effort répété pendant plusieurs années pour conserver, reconstruire ou restaurer les édifices diocésains. Le vote du crédit eut lieu sans opposition et fut accueilli par les évêques et par l'administration des Cultes, avec d'autant plus de joie, qu'il semblait contenir la promesse de nouvelles libéralités en faveur du service des travaux.

A l'époque même où cette grave question excitait la sollicitude du Gouvernement, le crédit de 2 650 000 fr. alloué en 1845 pour la restauration de la cathédrale de Paris fut épuisé; ce qui obligea en 1851 d'interrompre, faute de fonds, l'entreprise. L'élévation du prix des matériaux, les obstacles inattendus que le sol avait présentés pour l'établissement d'une sacristie, des inondations, des éboulements, des travaux accessoires, et, par-dessus tout, l'état désastreux de l'édifice qui dépassait toute créance, avaient donné à la dépense une extension imprévue. De nouveaux devis furent dressés; ils ne s'élevèrent pas à moins de 5 950 459 fr. 42 c. Ils s'appliquaient : 1° au côté nord du chœur et à la moitié de l'abside; 2° à une partie postérieure de la façade, à la couverture des tours, à la cour des réservoirs et à la statuaire; 3° aux deux façades nord et sud de la nef; 4° au bras de croix méridional; 5° au bras de croix septentrional; 6° à la charpente des grands combles et aux couvertures en plomb; 7° au rétablissement de la flèche de la croisée; 8° au débadigeonnage intérieur, aux réparations des voûtes et des parements intérieurs, aux vitraux, au pavage, à l'enlèvement des

marbres du rond point, et à la réparation des piliers;
9° à la pose et à la façon des grilles intérieures et des
autels; 10° à la construction du caveau destiné à la
sépulture des archevêques; 11° à la construction d'un
logement pour le gardien et le sonneur; 12° à l'établissement des trottoirs, d'un parvis et des grilles en
avant de la façade et autour du monument; 13° à la
décoration de la sacristie[1]. Comme la plupart de ces
travaux étaient d'une extrême urgence, le Ministre des
Cultes fut autorisé à saisir l'Assemblée législative de la
demande d'un crédit de 5 950 000 fr. dont 450 000 fr.
pour l'exercice 1851 et 700 000 fr. pour l'exercice
1852. Le projet de loi n'avait pas été discuté, et le rapport n'était pas même déposé, lorsque survint le coup
d'État du 2 décembre. Au budget de 1852, on se contenta d'inscrire une somme de 100 000 fr.; mais pour
1853 et pour les années suivantes, l'allocation a été
portée à 500 000 fr. En supposant que les derniers
devis ne fussent pas modifiés par des projets supplé-
mentaires et que le crédit annuel restât fixé à 500 000 fr.,
la somme de 5 950 000 fr. se trouvant épuisée en 1864,
la restauration de la cathédrale de Notre-Dame de
Paris serait alors complète; elle aurait duré vingt ans,
et aurait fait sortir des caisses de l'État, depuis l'origine, en 1845, la somme totale de 8 600 000 fr.

Indépendamment de la reprise de ces coûteux mais
admirables travaux, le gouvernement impérial a ordonné sur des crédits spéciaux la construction des ca-

______

1. Nous empruntons ces détails à l'exposé des motifs du projet de loi portant demande d'un nouveau crédit, pour la restauration de la cathédrale de Paris. Séance de l'Assemblée législative du 29 mars 1851.

thédrales de Marseille et de Moulins[1], celle du grand séminaire de Lyon[2], et la restauration de la grande tour de la cathédrale de Bayeux[3], l'un des plus précieux fragments de l'architecture normande. Le crédit ordinaire pour l'ensemble des édifices diocésains qui était revenu en 1852 à son ancien chiffre de 2 000 000, a été porté en 1853 à 2 500 000 fr., et il atteint aujourd'hui 3 000 000. Enfin, une amélioration importante a été introduite dans le service par l'institution de trois inspecteurs généraux, chargés de visiter les diocèses, de constater l'état des bâtiments, de procéder à l'examen définitif des plans et des devis fournis par les architectes, et de préparer la répartition des crédits entre tous les édifices[4]. Le décret impérial qui leur conférait ces pouvoirs compléta les satisfactions données depuis 1849 aux évêques, en disposant que les travaux ordinaires d'entretien des édifices diocésains seraient dirigés par des architectes ayant leur résidence dans

1. Décrets du 26 septembre 1852. *Bull.* X° S., 588.

2. Décret des 26 janvier et 4 juillet 1854 ; 4 mai 1855 ; 21 juillet 1856 ; 21 juin et 30 décembre 1858.

3. Décret du 21 juin 1858. Tous ces décrets sont au *Bulletin des Lois*.

4. Décret du 7 mars, arrêté du 20 mai et circulaire du 21 juin 1853, dans le recueil des *Lois, décrets et règlements relatifs à l'administration des Cultes*, p. 111, 122 et 137. « Le décret du 7 mars, disait M. Fortoul, a modifié l'organisation antérieure sans l'abolir ; aux moyens de contrôle qu'elle avait essayé d'instituer, il a superposé un service d'inspecteurs généraux. D'une part, il était urgent de recueillir, par des agents spéciaux, une notion exacte et comparative des besoins des édifices diocésains ; d'autre part, il fallait assurer une juste répartition et surveiller le régulier emploi des fonds destinés à pourvoir à ces besoins, etc. »

le diocèse, et nommés sur l'avis des évêques et des préfets. Il n'y eut désormais que les travaux extraordinaires de construction et de restauration que le Ministre se réserva la faculté de confier à des artistes choisis en dehors des diocèses où ces travaux devaient être exécutés.

Ces prudentes mesures étaient le gage des loyales intentions du Gouvernement, et des soins scrupuleux qu'il entendait apporter dans l'emploi des crédits affectés par les lois de finances à la conservation des monuments religieux. Mais pour qu'elles ne trahissent pas les espérances qu'elles ont fait naître, le pays devra rester longtemps sous l'impression que le rapport de M. Denjoy constatait en 1851. Il paraît aujourd'hui convaincu de la grandeur des intérêts engagés dans cette question des édifices diocésains et de la nécessité des sacrifices qui lui sont demandés pour éviter de prochains désastres. Il importe que cette conviction persévère, et que, de plus en plus, les budgets en portent la trace utile. Si jamais elle s'affaiblissait, si nous venions à nous repentir de nos libéralités, si nous cessions de nous intéresser à nos richesses monumentales, maintenant si chères au patriotisme et à la piété, le temps aurait bientôt reconquis sur nous les ruines vénérées que nous lui disputons péniblement, et tout le fruit de nos efforts serait perdu. Les dépenses qui se font aujourd'hui ne peuvent être fécondes, que si elles ont lieu sur une échelle assez grande, et assez longtemps pour que les travaux déjà en cours d'exécution et ceux dont l'urgence est démontrée soient conduits, sans relâche, à leur entier achèvement.

Nous ne quitterons pas ce sujet, sans ajouter quelques lignes relativement aux dépenses du service intérieur des édifices diocésains.

Ces dépenses, qui ont figuré sous différents titres dans les anciens budgets, forment, depuis quelques années, un même chapitre divisé en trois articles : 1° maîtrises et bas-chœurs des cathédrales; 2° loyers pour évêchés, séminaires et dépendances des cathédrales; 3° mobilier des évêchés et secours aux fabriques des cathédrales.

Sous le premier Empire, elles étaient en principe à la charge des départements ; mais la libéralité du prince apportait de fréquentes exceptions à cette règle comme à bien d'autres. Non-seulement le Trésor public payait les frais de tous les *Te Deum* célébrés dans l'église Notre-Dame, à l'occasion des victoires remportées par les armées françaises, mais divers décrets impériaux avaient alloué sur le budget des Cultes, à la maîtrise de la cathédrale de Paris, une indemnité annuelle qui, fixée d'abord à 12 000 fr., fut portée à 18 000 fr. par décision du 4 juillet 1807[1]. Quand un évêché manquait du mobilier convenable, l'Empereur accordait quelquefois les fonds nécessaires pour l'acquérir[2], bien

1. Rapport à Sa Majesté du 15 juillet 1807, approuvé le 4 août suivant dans le recueil des décrets et décisions de l'Empereur, qui est aux Archives de l'administration des Cultes, n° 668.

2. Lettre au Ministre des Cultes, du 24 février 1810 : « Monsieur le comte Bigot de Préameneu, comme la maison de M. l'évêque de Meaux a servi à recevoir plusieurs souverains et princes étrangers, à leur passage dans cette ville, et qu'elle se trouve dans le cas de servir quelquefois dans de pareilles circonstances; je désire que vous lui fassiez toucher une gratification de 5000 fr. et que vous mettiez à sa disposition 25 000 fr., pour meubler sa maison. L'état des meubles vous sera remis, et ils appartien-

qu'il eût soin de déclarer « qu'il n'était pas dans l'usage de meubler les évêques. »

Le gouvernement de la Restauration continua, en les régularisant, ces traditions généreuses. Ainsi, en 1819[1], il fut ordonné que la valeur normale du mobilier de chaque palais épiscopal représenterait une année du traitement de l'archevêque ou de l'évêque, soit 15000 fr. pour les archevêchés, et 10000 fr. pour les évêchés. La composition de ce mobilier était fixée ainsi qu'il suit : 1° les meubles servant à la représentation, tels que glaces, consoles, secrétaires, tentures, lustres, tapis, siéges et autres objets qui garnissent les salons de réception, la salle à manger, la chambre à coucher et le cabinet du prélat; 2° l'ameublement d'un appartement d'habitation d'honneur réservé aux étrangers de distinction qui séjournent à l'évêché; 3° le mobilier de la chapelle de l'évêque; 4° les crosses épiscopales. Les frais d'acquisition et d'entretien devaient être imputés sur les ressources départementales; mais après y être resté, pendant les premières années, étranger, l'Etat les prit à sa charge pour ainsi dire exclusive. La création de trente nouveaux siéges en 1822 contribuait avec d'autres causes à donner à la dépense une extension considérable. Il fallut, d'une part, acqué-

dront à l'État. Je ne suis pas dans l'usage de meubler les évêques. Je ne fais d'exception pour celui-ci, que parce que sa maison est la seule à Meaux où puissent être reçus les étrangers de considération. Sur ce, je prie Dieu qu'il vous ait en sa sainte garde, *Signé* : NAPOLÉON. » Archives de l'administration des Cultes, n° 922.

1. Ordonn. du 7 avril 1819 et circ. du 23 avril 1819, dans le recueil des *Circulaires du ministère de l'Intérieur*, t. III, p. 425. Voy. aussi la circulaire du Ministre des Cultes du 22 mars 1831.

rir le mobilier nécessaire aux palais épiscopaux et aux séminaires des nouveaux diocèses ; d'autre part, afin de donner plus de solennité et d'éclat aux exercices du Culte, on organisa sur une assez grande échelle les bas-chœurs et les maîtrises. Si l'on ajoute les dépenses accessoires et variables, il est facile de comprendre comment le Trésor a dépensé, pour le service intérieur des édifices diocésains :

En 1825.	753 327 fr. 04 c.
1826.	936 895 95
1827.	988 596 50
1828.	951 415 76
1829.	939 548 18
1830.	912 229 23

En 1832, la Chambre des députés contesta le crédit précédemment alloué pour les maîtrises ; celui pour le mobilier éprouva également des diminutions ; l'ensemble des allocations pour le service intérieur des édifices diocésains se trouva réduit à 445 000 fr.

Le Ministre de l'Intérieur, alors chargé de l'administration des Cultes, notifia, non sans regret, ces réductions aux évêques et aux préfets, en essayant d'amener les Conseils généraux à combler les lacunes qui allaient résulter du vote de la Chambre élective[1]. En effet, sur les crédits ouverts par la loi de finances, il fallut prélever 328 000 fr. au moins, et souvent plus, pour les dépenses des bas-chœurs, et 30 000 fr. environ pour la location

---

1. Circulaires des 19 avril et 14 mai 1832, dans le recueil des *Circulaires, instructions et autres actes relatifs aux affaires ecclésiastiques*. Paris, 1841, in-8, p. 193 et suiv.

de bâtiments dans quelques évêchés ; il restait à peine
87 000 fr., c'est-à-dire moins de 1100 fr. par diocèse,
pour l'entretien du mobilier des palais épiscopaux et
des cathédrales. Le mobilier des évêchés était estimé
1 500 000 fr. dans les inventaires récolés chaque
année par les soins des préfets, et on évaluait à un
dixième de la valeur la subvention nécessaire pour
l'entretien, y compris le remplacement des objets mis
hors de service[1]. Avec les faibles sommes dont elle
disposait, l'administration ne pouvait donc pas fournir
aux évêques les moyens de le maintenir dans un état
de suffisante conservation, et d'année en année elle recevait de tous côtés de justes plaintes sur le délabre-
ment que l'intérieur des édifices présentait. En 1841,
le crédit fut accru de 12000 fr. ; mais cette augmentation représentait le loyer d'un hôtel sis rue
Saint-Louis, et provisoirement affecté à l'habitation du
nouvel archevêque de Paris, Mgr Affre. En 1844 et
en 1847, sur les vives instances du gouvernement, les
Chambres accordèrent des suppléments nouveaux, l'un
de 30000 fr., l'autre de 50000 fr. qui portèrent successivement le crédit à 487000 fr. et à 537000 fr.
La révolution de Février annula presque aussitôt ce
progrès, et ramena la dépense à 462500 fr. ; mais
cette réduction ne fut que passagère, et en 1852 et
1853, l'allocation budgétaire fut reportée à 502 500 fr.,
puis à 520500 fr., son chiffre actuel. Au compte de
1856, la dépense est ainsi répartie : Service des bas-
chœurs 364828 fr. ; location et dépenses diverses

1. Voyez la Note préliminaire du Budget des dépenses des
Cultes pour l'exercice 1844.

29 953 fr.; dépenses de mobilier, acquisitions et entretien, 125 634 fr. 40 c.; total : 520 415 fr. 36 c. Les travaux de construction entrepris durant ces dernières années ont procuré à plusieurs diocèses les bâtiments qui leur manquaient; dès lors, les frais de location ayant diminué, l'administration a reporté l'excédant disponible sur le mobilier et sur le service des bas-chœurs. C'est ainsi que, depuis 1854, une somme de 18 000 fr., partagée en trente-six bourses de 500 francs chacune, a pu être accordée à l'école de musique religieuse fondée par M. Niedermayer, dans le but de former, par des études spéciales, et selon l'esprit et la tradition de l'Église, les artistes de tout ordre, maîtres de chapelle, compositeurs, organistes, jusqu'aux simples enfants de chœur, qui doivent contribuer à l'éclat de ses cérémonies[1]. Toutefois, en ce qui concerne le mobilier, la situation laisse encore beaucoup à désirer. Si nous sommes bien informés, l'ameublement d'un grand nombre d'évêchés exige des réparations et des compléments qui ont déjà motivé de nombreuses demandes, et auxquels il serait impossible de pourvoir avec le crédit actuel qui permet à peine d'affecter, en moyenne, 1500 fr. par année à chaque diocèse. Tout porte à croire qu'une augmentation sur cet article deviendra sous peu indispensable.

1. Circulaire du 2 août 1853; décret du 28 novembre 1853, *Bull.* XI⁰ S., 109, n° 946.

CHAPITRE XI.

CULTES PROTESTANTS.

Ces études sur le budget des Cultes seraient trop incomplètes si, après avoir tracé le tableau des vicissitudes financières du catholicisme depuis son rétablissement en France, nous laissions tout à fait dans l'ombre
les allocations que les autres cultes ont obtenues de
l'État durant la même période. Nous parlerons dans ce
chapitre des communions protestantes, et au suivant
de la religion Israélite.

Le protestantisme français se partage, comme on
sait, en deux communions reconnues par l'État, les
protestants réformés ou Calvinistes, et les protestants
de la confession d'Augsbourg ou Luthériens. Les
deux cultes ont à leur base une organisation analogue
qui, en l'absence d'un chef visible et unique, fait dé-
river de la société des fidèles les pouvoirs des pasteurs.
Chaque paroisse a un conseil qui se renouvelle périodiquement par les suffrages des habitants et qui veille au
maintien de la discipline et à l'administration. Ce
conseil est lui-même représenté dans les assemblées
qui règlent les intérêts généraux du culte : en sorte
que nulle décision n'est prise qu'après avoir été librement discutée par les délégués de toutes les paroisses.
Tel est le régime que l'irrésistible puissance de la

logique devait nécessairement faire prévaloir au sein du protestantisme. Mais tandis que les églises réformées, plus jalouses de leur indépendance, n'avaient pas eu jusqu'à ces dernières années un centre commun qui pût leur servir de point de ralliement, au contraire les églises de la confession d'Augsbourg, subordonnées à des inspections, à des consistoires généraux et à un directoire, ont de tout temps présenté une hiérarchie à demi ébauchée dans laquelle le principe d'élection et de libre examen était tempéré, pour la discipline, par le principe d'autorité.

Cette situation différente des deux communions s'explique pour l'historien, et par le génie opposé de leurs fondateurs, et par les conditions très-diverses dans lesquelles leur établissement a eu lieu. Malgré ses préférences personnelles pour l'unité, le Premier Consul n'essaya même pas de faire violence à des usages qui dataient de l'époque de la Réforme, et satisfait du témoignage de soumission qu'il avait reçu de toutes les Églises, il résolut de donner à chacune, ou plutôt de lui laisser le mode d'administration approprié à sa tradition particulière[1].

______

1. « Toutes les communions protestantes, disait Portalis, s'accordent sur certains principes. Elles n'admettent aucune hiérarchie entre les pasteurs ; elles ne reconnaissent en eux aucun pouvoir émané d'en haut ; elles n'ont point de chef visible. Elles enseignent que tous les droits et tous les pouvoirs sont dans la société des fidèles et en dérivent. Si elles ont une police, une discipline, cette police et cette discipline sont réputées n'être que des établissements de convention. Rien, dans tout cela, n'est réputé de droit divin.... Le gouvernement des églises de la confession d'Augsbourg est plus gradué que celui des églises réformées ; il a des formes plus sévères. Les églises réformées, par

Les articles qui organisaient les cultes protestants
d'après ces bases furent promulgués le même jour,
et dans la même loi, que la convention avec le Saint-
Siége pour le rétablissement du culte catholique.
L'article 16 ordonnait qu'il y aurait une église consistoriale pour 6000 âmes de population de la même
communion ; mais l'église pouvait elle-même être partagée en plusieurs sections, qui forment aujourd'hui
de véritables paroisses desservies par un ou plusieurs
pasteurs, à peu près comme au-dessous de la cure
catholique, nous avons des succursales qui ont une
existence propre. Dans le conseil de l'église consistoriale, autrement appelé *consistoire*, siégeaient les pasteurs attachés à cette église, et des anciens et notables laïques, au nombre de six pour le moins et de
douze au plus, choisis par la réunion de vingt-cinq
chefs de famille protestants les plus imposés au rôle
des contributions directes. L'élection des pasteurs et
leur destitution avaient lieu par le consistoire, sous
l'approbation du Gouvernement. Cinq églises consistoriales formaient l'arrondissement d'un *synode* pour le
culte réformé, et l'arrondissement d'une *inspection*
pour les églises de la confession d'Augsbourg. Le sy-

leur régime, sont plus constamment isolées ; elles ne se sont
donné aucun centre commun auquel elles puissent se rallier
dans l'intervalle plus ou moins long d'une assemblée synodale
à une autre.... On ne pouvait confondre des églises qui ont leur
discipline particulière et séparée, continuait Portalis. De là les
articles organiques ont distingué les églises de la confession
d'Augsbourg d'avec les églises réformées, pour conserver à toutes
leur police et leur forme de gouvernement.... » Rapport sur les
articles organiques des Cultes protestants, dans le recueil des
Discours et travaux sur le Concordat, p. 105 et suiv.

node était composé du pasteur, ou de l'un des pasteurs, et d'un ancien ou notable de chaque église; il avait à veiller sur tout ce qui concernait la célébration du culte, l'enseignement de la doctrine et la conduite des affaires ecclésiastiques. Les inspections luthériennes qui ne différaient pas sensiblement des synodes calvinistes par leur composition, choisissaient dans leur sein deux laïques et un ecclésiastique qui, sous le nom d'inspecteur, avait le droit de visiter les églises de son arrondissement pour y assurer le maintien du bon ordre. Trois consistoires généraux, établis à Strasbourg, à Mayence et à Cologne, étaient le lien de toutes les inspections, qui devaient y être représentées par trois députés. Comme ils ne s'assemblaient qu'à d'assez longs intervalles, et pour peu de temps, on était convenu de les remplacer d'une session à l'autre, selon l'usage des églises de la confession d'Augsbourg, par un directoire permanent, composé de cinq membres ecclésiastiques et laïques, les uns désignés par le Gouvernement, les autres par le consistoire général.

Le Gouvernement promit de pourvoir à la rétribution des pasteurs, comme il venait de faire pour le clergé catholique. Il les partagea, dans cette vue, en trois classes, suivant la population des communes où ils exerçaient leur ministère[1]. Dans les centres populeux qui comptaient plus de 30 000 habitants, les traitements furent fixés à 2000 fr.; dans les villes de moins de 30 000 âmes, mais de plus de 5000, à 1500 fr.;

---

1. Décret du 15 germinal an XII, dans le *Projet de code ecclésiastique*, p. 230.

dans toutes les autres à 1000 fr. A Paris, il fut porté, par exception, en vertu de décrets spéciaux, jusqu'à 3000 fr. Quelques pasteurs anciennement rétribués par la ville d'Heidelberg furent traités moins généreusement; le décret du 13 fructidor an XIII ne leur accorda que 1500 fr., 1000 fr. et 500 fr. Toutefois l'État ne s'engageait pas à payer chaque année une somme précisément égale aux traitements cumulés de tous les pasteurs en exercice. Les églises protestantes conservaient dans plusieurs départements de l'Alsace, de la Lorraine et de la Franche-Comté, des biens considérables dont la possession leur était garantie par des traités qui remontaient jusqu'à la réunion de ces provinces à la France[1]. Ni l'Assemblée constituante, ni la Convention, ni le Directoire n'avait osé attaquer de front cette antique propriété qui s'était perpétuée au milieu des troubles révolutionnaires, pendant que les richesses appartenant à l'Église catholique étaient l'objet de confiscations rigoureuses; loin de là, plusieurs décrets successifs l'avaient formellement recon-

---

1. Je citerai en particulier l'article 3 de la capitulation que Louis XIV accorda, en 1681, à la ville de Strasbourg : « Sa Majesté laissera le libre exercice de la religion, comme il a été depuis 1624 jusques à présent, avec toutes les écclises et écoles, et ne permettra à qui que ce soit, d'y faire des prétensions, ny aux biens ecclésiastiques, fondations et Couvents, à scavoir l'abbaye de Saint-Étienne, le Chapitre de Saint-Thomas, Saint-Marc, Saint-Guillaume, aux Touts-Saints et tous les autres compris et non compris, mais les conservera à perpétuité à la Ville et ses habitants. » Les articles de cette capitulation et ceux des traités de Westphalie, de Nimègue et de Ryswick, qui concernent les protestants, ont été recueillis à la suite de la *Notice sur les fondations administrées par le séminaire protestant de Strasbourg*, Strasbourg, 1854, in-4°.

nuè et consacrée, en exceptant de la vente des biens nationaux tous ceux qui étaient possédés autrefois par les établissements protestants des deux confessions[1]. Il était de toute justice que, dans la rémunération des pasteurs, on tînt compte des revenus propres de leur cure, et que ces revenus fussent déduits du traitement servi par le Trésor public. Le Gouvernement ne laissa pas échapper une économie aussi bien justifiée; il en inscrivit le principe dans les lois[2] et il ne l'a jamais abandonné depuis, sauf à n'user de son droit qu'avec beaucoup de ménagements. Au budget actuel, le montant des réductions opérées sur les traitements, à raison des redevances qui appartiennent aux Églises, s'élève à 93 000 fr.

S'il faut en croire des statistiques anciennes qui paraissent avoir été dressées d'après des documents

---

1. Loi du 10 décembre 1790, art. 1 : « Les biens possédés actuellement par les établissements des protestants des deux confessions d'Augsbourg et Helvétique, habitants de la ci-devant province d'Alsace et des terres de Blamont, Clermont, Héricourt et Chatelet, sont exceptés de la vente des biens nationaux, et continueront d'être administrés comme par le passé. » Cf. Décrets des 24 août 1790 et 8 mars 1793.

2. Loi du 18 germinal an X : « Il sera pourvu au traitement des pasteurs des églises consistoriales ;... on imputera sur ce traitement les biens que ces églises possèdent et le produit des oblations établies par l'usage ou par des règlements. » Si j'en crois un passage du *Rapport au Roi sur le budget des dépenses des Cultes pour l'exercice* 1838, ce serait en 1820 seulement que l'imputation dont il s'agit aurait eu lieu pour la première fois. Un fait positif, c'est que l'administration procéda, en 1819, à une vérification contradictoire des biens curiaux possédés par les protestants des deux communions, afin de constater régulièrement la part de revenu qui devait être déduite des traitements.

officiels, les dépenses du personnel des cultes protestants se seraient élevées :

En l'an xi	à	22 363 fr.
xii	. . . .	143 640
xiii	. . . .	195 619
1807	. . . .	637 000
1808	. . . .	655 000
1809	. . . .	671 000
1810	. . . .	688 000

Dans ces derniers chiffres sont comprises, il faut le dire, les sommes afférentes aux pays étrangers que la conquête avait successivement annexés à l'Empire français. Si l'on ne considérait que les Églises situées dans les départements qui composent le territoire actuel de la France, la dépense effectivement acquittée par le Trésor dépasserait de bien peu 320 000 fr. La communion réformée comptait alors en France 268 emplois de pasteurs rétribués, que les vacances réduisaient en moyenne à 250 ; la communion luthérienne en comptait seulement 56 [1], nombre bien inférieur à celui des ministres qui desservaient les églises consistoriales, et que les relevés nominatifs portent au delà de 200 [2].

L'habitation des pasteurs était à la charge des communes, qui devaient leur fournir, comme aux desser-

---

1. Je donne ces chiffres d'après un tableau récapitulatif que j'ai trouvé dans les Archives de l'administration des Cultes et qui paraît remonter aux premières années de la Restauration.

2. Voy. *l'Annuaire ou Répertoire ecclésiastique, à l'usage des églises réformées et protestantes de l'Empire français*, par M. Rabaut le jeune, Paris 1807, in-8°, p. 295 et suiv., et l'*Almanach des Protestants de l'Empire français*, pour l'an de grâce 1810, Paris, 1810, in-18.

vants du culte catholique, un logement et un jardin, ou, à défaut, une indemnité pécuniaire arbitrée par le préfet[1]. Elles pouvaient leur accorder aussi un supplément de traitement. Enfin elles supportaient, en cas de nécessité, les frais de construction, de réparation et d'entretien des temples. Il nous paraît difficile d'admettre que, pour les dépenses de cette nature, elles n'aient pas obtenu, dès l'époque de l'Empire, dans certains cas exceptionnels, le concours de l'État; mais nous n'en avons pas retrouvé la trace dans les pièces de comptabilité que nous avons compulsées.

Afin de préparer par des études convenables les jeunes gens qui se destinaient aux fonctions de pasteurs, la loi de germinal[2] avait ordonné qu'il serait créé des académies ou séminaires pour les ministres de chaque communion.

Les luthériens possédaient à Strasbourg, depuis la fin du XVIᵉ siècle, une académie ou université pour le haut enseignement et un gymnase pour les études secondaires, qui avaient des revenus très-élevés, provenant pour la plupart des biens de l'ancienne collégiale ou chapitre de Saint-Thomas[3]. La ville de Strasbourg fut en conséquence choisie par le Gouvernement pour être le siége de l'une des écoles dont l'établissement avait été convenu. La nouvelle institution, placée sous l'autorité du consistoire général, prit le nom

1. Décret du 5 mai 1806, *Bull.* IVᵉ S., 90, nᵒ 1528. Cf. Loi du 18 juillet 1837, art. 30; ordonn. du 7 août 1842, *Bull.* IXᵉ S., 942, nᵒ 10198.

2. Articles organiques des cultes protestants. Art. 9.

3. Voy. la *Notice sur les fondations administrées par le séminaire protestant de Strasbourg*, Strasbourg, 1854, in-4°.

d'Académie protestante, et plus tard celui de Séminaire; elle eut pour dotation les riches propriétés de
l'ancienne académie et de l'ancien gymnase qu'elle
était destinée à remplacer, sans que le budget eût à
supporter les charges de son entretien[1]. Le séminaire
réformé fut établi à Genève. Enfin, à ces fondations, les
décrets du 17 mars et du 17 septembre 1808, sur l'Université, superposèrent deux facultés de théologie à ouvrir dans les mêmes villes, et une troisième faculté qui
devait être organisée à Montauban pour les réformés des
départements du Sud et de l'Ouest[2]. Bien que le gouvernement évitât toutes les occasions de grever le Trésor,
surtout pour l'instruction publique, il consentit en
1810, sur de pressantes sollicitations, à fonder dans
les séminaires 36 bourses de 400 fr., qui furent répar-
ties de la manière suivante : Strasbourg, 8 bourses et
16 demi-bourses; Montauban, 6 bourses et 12 demi-
bourses; Genève, 4 bourses et 8 demi-bourses[3]. Mais
cette libéralité nécessaire n'éleva que dans une très-
faible proportion les dépenses de l'État pendant les
dernières années de l'Empire.

Il ne semblait pas que le gouvernement de la Res-

1. Décret du 30 floréal an XI : « Art. 1. Il y aura à Strasbourg
une des académies protestantes déterminées par l'art. 9 du titre 1er des art. organiques sur les cultes protestants. Art. 2. Les
fondations de l'académie, du gymnase, des bourses, bibliothèques et bâtiments de l'ancienne académie seront affectés à cette
académie.... » Ce décret ne figure pas au *Bulletin des Lois*, ni
au *Moniteur*; nous en copions le texte dans la *Notice sur les fondations*, etc., p. 52.

2. Décrets des 17 mars 1808, art. 8, et 17 septembre 1808,
art. 6.

3. Décret des 4 mars 1810 et 12 mars 1811.

tauration, si dévoué au catholicisme, dût favoriser
les églises protestantes; et cependant elles ont dû à
son impartiale bienveillance de sérieuses améliorations.

En 1818, un arrêté de la Commission d'instruction
publique régla les rapports du séminaire de Strasbourg
avec la faculté de Théologie dont l'Université ne voulait pas ajourner plus longtemps l'ouverture[1]. Parmi
les chaires anciennement établies au séminaire, trois
seulement avaient été érigées en chaires de faculté; il y
en eut cinq, en fait, qui subirent cette transformation,
celles de dogme, de morale évangélique, d'histoire
ecclésiastique, d'exégèse et d'éloquence sacrée. On
créa une sixième chaire pour l'enseignement particulier du dogme de la confession réformée. Un traitement de 1000 fr., avec un préciput de 500 fr. pour le
doyen, fut attribué sur les caisses universitaires à chacun des cinq professeurs qui appartenaient déjà au
séminaire, et à qui leur nouveau titre n'allait pas
imposer, par une charge nouvelle, des devoirs nouveaux. Le sixième professeur reçut 3000 fr. comme
tous ceux des facultés de département. Cette situation
a duré jusqu'en 1838, où le préciput du doyen fut
élevé, sur la proposition de M. de Salvandy, à 1000 fr.,
et le traitement de toutes les chaires à 3000 fr. sans
distinction d'origine.

A Montauban, la faculté calviniste conserva l'organisation qu'elle avait sous l'Empire. Elle se composait
de six chaires, trois pour les études préparatoires et

---

1. Arrêté du 27 décembre 1818, dans le recueil des *Lois et
Règlements concernant l'instruction publique*, t. VI, p. 257.

trois pour la théologie proprement dite. L'enseignement préparatoire comprenait la philosophie, l'hébreu
et un cours de haute latinité et de grec; l'enseignement
théologique avait pour objet la morale, le dogme et
l'histoire ecclésiastique[1]. Les professeurs étaient payés
par l'Université, qui leur allouait un traitement de
3000 fr., et 1000 fr. de plus au doyen comme préciput.

En même temps que l'administration supérieure
essayait d'affermir, au moyen de sages règlements, la
prospérité des écoles, elle secondait les vocations ecclésiastiques en augmentant le nombre des bourses.
Non-seulement toutes celles que l'Empire avait fon-
dées furent maintenues, bien que Genève et d'autres
villes protestantes eussent été enlevées à la France,
mais l'ordonnance du 31 juillet 1821 en créa de nouvelles. Dans les comptes de 1822, figure une dépense de 24 000 fr. pour 60 bourses à 400 fr., parmi
lesquelles 18 bourses entières et 36 demi-bourses sont
attribuées au culte réformé; 12 bourses et 24 demi-
bourses au culte luthérien. Sur la part faite au
culte réformé, 4 bourses entières et 8 demi-bourses
étaient réservées pour les étudiants de cette communion qui suivaient les leçons de la faculté de Strasbourg.

Sans que le protestantisme fît en France de progrès
notables, les vœux des populations motivèrent aussi
un accroissement rapide dans le nombre des emplois

---

1. Voy. le règlement d'études et de discipline de la Faculté de Théologie de Montauban, dans la seconde édition du
Code universitaire de M. Rendu, Paris, 1835, in-8°, p. 490
et suiv.

ecclésiastiques. En 1817, on comptait 318 pasteurs payés par l'État;

En 1820 il y en avait 493;
　1823　　—　　515
　1826　　—　　520
　1829　　—　　540

dont 315 appartenant aux églises réformées et 225 à la confession d'Augsbourg. Cette année même le traitement de ceux de troisième classe fut porté de 1000 fr. à 1200 fr.; il en résulta pour le Trésor une augmentation de 70 à 80 000 fr. La dépense totale des traitements s'éleva, d'après le compte rendu de l'exercice, à 614 500 fr.

Enfin, le gouvernement de la Restauration, cédant aux prières des consistoires, accorda des allocations qui devinrent une charge, pour ainsi dire normale, du budget, tant pour secourir les ministres, leurs suffragants et leurs veuves, que pour aider les communes à construire ou à réparer les temples. Les secours et indemnités personnels, qui ne s'étaient pas élevés à 9000 fr. en 1817, dépassèrent 13 600 fr. en 1829. Les subventions aux communes atteignirent, comme on le pense bien, un chiffre plus élevé :

En 1817. . . . . 66 669 fr. 01 c.
　1820. . . . . 177 270　　66
　1823. . . . . 53 390　　»
　1826. . . . . 39 650　　»
　1829. . . . . 41 110　　»

Sous l'influence de toutes ces causes réunies, le budget des cultes protestants prit une extension relativement considérable, et fut, de 1815 à 1830, plus que doublé. Tandis qu'à la chute de l'Empire il dépassait à peine, comme nous le disions plus haut, 320 000 fr., la dépense effective acquittée par le Trésor public allait au delà de 690 000 fr., lorsque la branche aînée des Bourbons fut renversée du trône.

La révolution de Juillet n'arrêta pas cet essor. Malgré les principes d'économie qui faisaient ajourner au nouveau gouvernement beaucoup de dépenses utiles, plusieurs emplois furent créés ; les traitements s'élevèrent ; le fonds de secours s'augmenta ; les communes obtinrent des subventions plus nombreuses et plus fortes. Sans prétendre suivre pas à pas les améliorations qui furent apportées dans les différentes parties du service, nous nous contenterons de donner quelques chiffres qui permettront d'apprécier ce progrès insensible et continu.

Négligeons l'année 1830. Les deux communions possédaient :

En 1831	573	pasteurs.
1835	596	—
1838	630	—
1841	661	—
1842	677	—

En douze ans, le nombre des emplois rétribués par le Trésor s'était augmenté d'un cinquième ; là dépense avait atteint 781 385 fr. 21 c.

En 1843, la loi de finances de l'exercice fournit les moyens de porter le traitement des pasteurs de seconde classe à 1800 fr., et celui des pasteurs de troisième classe à 1500 fr. Cette importante amélioration n'avait pas été demandée par le Gouvernement ; l'initiative en appartient à la Chambre des députés, qui, sur la proposition de M. François Delessert, inscrivit, dans cette vue, au budget une augmentation de 175 000 fr[1]. Nonobstant le surcroît de charges qui allait désormais grever le Trésor, les titres ecclésiastiques continuèrent à se multiplier. En effet, cinq années après, 475 pasteurs de l'Église réformée et 245 appartenant à la confession d'Augsbourg, au total 720 ministres protestants, figuraient dans les comptes de l'exercice 1847 ; c'était 180 de plus que pendant la dernière année de la Restauration, où les comptes n'en portent que 540. Le progrès avait eu lieu surtout au profit du culte réformé, qui avait vu son personnel s'augmenter de 160 minis-tres, tandis que la communion luthérienne en avait obtenu 20 seulement.

A ce clergé devenu plus nombreux il fallut des secours plus abondants. Soit aux pasteurs en activité, soit aux suffragants qui leur servaient d'auxiliaires, soit à ceux que l'âge et les infirmités obligeaient à résigner leurs fonctions, soit enfin à leurs veuves et même à leurs enfants, le Trésor accorda des indemnités et des secours dont le total n'atteignit pas 30 000 fr. en 1831, dépassait 62 000 fr. en 1844, et retombait à 48 000 fr. environ, en 1847.

Plusieurs communes reçurent dans le même intervalle d'abondantes subventions pour les travaux de leurs temples. Le crédit fut porté en 1833 à 50 000 fr., en 1834 à 60 000 fr., en 1835 à 100 000 fr., en 1841 à 120 000 fr. Il y eut jusqu'à 112 communes, en 1835,

1. Séance du 18 mai 1842.

qui furent secourues, 79 en 1838, 48 en 1841, 46 en 1844, 52 en 1847. Parmi les objets les plus importants auxquels les fonds accordés annuellement par les lois de finances étaient appliqués, il faut citer les travaux qui furent commencés, vers cette époque, aux bâtiments de la faculté de Théologie de Montauban. Durant plusieurs années, les jeunes gens qui fréquentaient cette faculté et les boursiers eux-mêmes que l'État y entretenait, n'avaient pas de résidence fixe, et habitaient, comme les étudiants du moyen âge, un domicile de leur choix, où ils échappaient en grande partie à la surveillance de leurs maîtres. De vives et justes plaintes s'étant élevées jusque dans les Chambres législatives, contre le maintien d'un pareil état de choses, on affecta en 1835 une somme annuelle de 500 fr. à quelques travaux d'appropriation qui furent poussés plus rapidement, lorsque, à partir de 1841, une somme de 20 000 fr. eut été portée au budget pour cette dépense. Quelques années après, les constructions jugées nécessaires étaient assez avancées pour que l'administration pût imposer à tous les élèves, boursiers ou pensionnaires libres, l'obligation de venir demeurer, sous l'autorité d'un directeur, dans les bâtiments qu'on leur avait préparés. Tel fut l'objet principal de l'ordonnance du 15 janvier 1847, portant organisation du séminaire réformé de Montauban.

Ce fut également sous la monarchie de Juillet que parut, pour la première fois, au budget une allocation de 12 000 fr., puis de 16 000 fr., pour les dépenses du Directoire de la confession d'Augsbourg. Un décret du 17 prairial an xi avait imputé la dépense sur les revenus des Fabriques situées dans le ressort du Directoire. Plus tard, les départements du Haut-Rhin et du Bas-Rhin avaient voté les suppléments de crédit que l'insuffisance des ressources locales avait rendus nécessaires[1]. Mais, en 1838, sur le refus de ces assemblées de continuer leur subvention, le Trésor se vit dans la nécessité d'accepter cette nouvelle charge qui paraissait légère et qui, comme bien d'autres, ne tarda pas à s'aggraver.

Au compte de l'année 1847, les dépenses du culte protestant figurent pour la somme totale de 1 230 799 fr. 54 c. Comparativement à 1829, l'augmentation dépasse 500 000 fr., et comparativement aux dernières années de l'Empire, 900 000 fr. En raison du développement des services, ils avaient été successivement partagés en trois chapitres dans chacun desquels le Gouvernement était tenu de se renfermer, le premier pour le personnel comprenant les traitements, les secours aux prêtres et les bourses; le second pour le matériel, et le troisième pour les frais d'administration du Directoire.

De 1848 à 1852, quelques nouveaux emplois furent rétribués; mais l'augmentation qui en résulta fut balancée par des économies qui réduisirent le fonds du matériel à 84 000 fr. Au compte de 1851, la dépense totale s'élève à 1 276 133 fr. 37 c.

Le décret du 26 mars 1852 modifia profondément la législation qui régissait depuis un demi-siècle les communions protestantes. Près de chaque paroisse ou section d'église consistoriale, il établit un conseil pres-

1. Voy. le rapport au Roi sur le budget des dépenses des Cultes, pour l'exercice 1838, p. 18.

bytéral ou consistoire de paroisse, élu périodiquement par le suffrage de tous les fidèles, mais subordonné au consistoire de la circonscription. En ce qui concerne les églises de la confession d'Augsbourg, les attributions les plus étendues furent données au consistoire supérieur et au Directoire qui devint le régulateur de la discipline et de l'enseignement, et l'arbitre du sort de tous les ministres. Une discipline aussi forte ne pouvait pas être imposée à la communion réformée; toutefois ses consistoires, naguères sans autre lien que des synodes qui ne se réunissaient pas, furent rattachés à un conseil central siégeant à Paris, et chargé de représenter les églises auprès du Gouvernement[1].

Ces sages mesures tendaient à donner au protestantisme français l'ordre et la règle qu'il avait longtemps désirés, et dont l'absence paralyse trop souvent les efforts les plus généreux. Ce n'est pas ici le lieu de retracer les discussions orageuses qu'elles soulevèrent et dont l'écho s'est prolongé jusqu'à ces dernières années. Notre rôle d'historien se borne à suivre dans les budgets et dans les comptes la trace financière des changements que les institutions éprouvent. Il est arrivé bien rarement dans notre siècle qu'on ait modifié l'organisation des services publics sans ajouter aux charges de l'État. Par une exception remar-

---

1. Le décret du 26 mars 1852 et le rapport qui l'accompagne ont été insérés au *Bulletin des Lois*. Toutes les pièces, arrêtés, circulaires et instructions, en assez grand nombre, qui se rapportent à la réorganisation des cultes protestants, font partie du recueil des *Lois, décrets et règlements relatifs à l'administration des Cultes*, p. 201 et suiv.

quable, le décret du 26 mars 1852 n'a pas eu pour conséquence, comme tant d'autres, une sérieuse extension de la dépense. En 1851, les paroisses du culte réformé étaient desservies par 504 pasteurs et pasteurs-adjoints, celles de la confession d'Augsbourg par 246; total pour les deux communions, 748 ministres, dont les traitements coûtèrent cette année même à l'État, 1 089 374 fr. 98 c. En 1856, le clergé réformé avait gagné 20 pasteurs, et en comptait par conséquent 524; le clergé luthérien n'en avait gagné que 5, ce qui portait son personnel à 251 ministres. La dépense augmentée d'environ 36 000 fr., s'élevait à 1 125 388 fr. 78 c. La progression avait été relativement plus forte pour les autres articles. Au moyen de quelques économies réalisées sur les traitements, les secours et les indemnités personnels distribués en 1852 et dans les années suivantes, dépassèrent constamment les crédits portés au budget, et s'élevèrent, en 1856, au-dessus de 82 000 fr.; plus de 200 pasteurs en activité de service et d'anciens pasteurs et veuves de pasteurs, au nombre d'environ 80, prirent part à la distribution. Les prérogatives du Directoire de la confession d'Augsbourg ayant été confirmées et étendues, les fonctions des inspecteurs laïques et ecclésiastiques mieux définies, il fallut accroître le crédit porté au budget pour frais d'administration. Il est aujourd'hui de 32 000 fr.; le traitement du président du Directoire, qui reçoit 6000 fr., celui du secrétaire général fixé à 3000; ceux des employés et des hommes de service, les indemnités allouées aux inspecteurs chargés de la visite des paroisses, et quelques autres frais de personnel ab-

sorbent 29 000 fr. environ; le surplus est affecté au
matériel.

Pendant l'exercice 1856, la dépense totale des cultes
protestants s'est élevée à 1 353 801 fr. 19 c.

Indépendamment des subventions annuelles que l'É-
tat leur accorde, indépendamment même des revenus qui sont affectés au traitement des pasteurs, les
églises protestantes trouvent, soit dans les fondations
anciennes, soit dans la bienfaisance quotidienne des
fidèles, d'abondantes recettes qui leur permettent de
pourvoir aux dépenses d'établissements considérables.
Nous avons nommé les fondations dites de Saint-Thomas, affectées en grande partie à l'entretien du séminaire, et qui ont donné lieu dans ces derniers temps
à des contestations animées entre la ville de Strasbourg et le Directoire général[1]. Nous aurions pu en
citer un grand nombre d'autres, plus ou moins récen-
tes, dont l'ensemble constitue une masse de revenus
imposants, à la libre disposition des communions protestantes, pour les divers besoins des églises et des
écoles. Mais il n'entre pas dans notre plan de me-
surer, par des évaluations toujours arbitraires, l'étendue des ressources qui sont particulières à chaque
communion. De même que nous n'avons pas scruté,
parce que les éléments nous manquaient, les re-

---

1. C'est à l'occasion de ces débats que le Directoire a publié
la *Notice sur les fondations administrées par le séminaire protestant de Strasbourg*, à laquelle nous avons fait de nombreux emprunts. Voy. en sens inverse une très-curieuse brochure de
M. Aug. Gui. Heinhold, *Affaire de Saint-Thomas. Relevé détaillé
des biens dont jouissent certains protestants du Bas-Rhin, au dé-
triment des communes, des départements et de l'État*, Strasbourg,
1854, in-8°.

venus propres des Fabriques de nos paroisses catholiques, ni ceux des congrégations religieuses ; nous
laisserons de même en dehors du cadre de ces études
toute la partie des recettes et des dépenses des cultes
protestants qui n'affectent pas les finances du pays.
A plus forte raison ne parlerons-nous pas des fractions dissidentes du protestantisme français, qui, sans
se rattacher à aucune église consistoriale, possèdent
cependant des oratoires et des temples où elles cé-
lèbrent, avec l'assentiment de l'autorité publique,
les cérémonies de leur culte. Quelque développement qu'elles aient pris dans ces dernières années,
nous n'avons point à en connaître, puisqu'elles se
sont suffi, jusqu'à ce jour, avec les dons de la charité privée, sans mettre à contribution les caisses de
l'État.

CHAPITRE XII.

Avant 1789, les Israélites n'étaient jamais parvenus à triompher entièrement des vieux préjugés qui leur contestaient la qualité de citoyens et la jouissance des droits qui y sont attachés. Étrangers pour ainsi dire dans leur patrie, ils achetaient, au prix d'impositions arbitraires, la faculté d'y séjourner et d'exercer les professions qu'une défiance aveugle ou intéressée ne leur avait pas interdites. Les lois de l'Assemblée constituante ouvrirent pour eux l'ère de l'émancipation déjà préparée par quelques ordonnances libérales de Louis XVI; le décret du 20 juillet 1790 les affranchit des tributs qui étaient en quelque sorte la rançon de leur nationalité; celui du 27 septembre 1791 les admit à prêter le serment civique et leur garantit les mêmes droits qu'à tous les citoyens actifs[1]. Ces conquêtes importantes furent confirmées implicitement par les constitutions qui suivirent celle de 1791. Cependant le culte juif, quoique publiquement exercé, ne possédait pas encore une existence légale, lorsque Napoléon, après

---

1. Voy. le *Recueil des lois, décrets, ordonnances, avis du conseil d'État, arrêtés et règlements concernant les Israélites depuis la révolution de* 1789, *suivis d'un appendice contenant la discussion dans les assemblées générales*, etc., par A. E. Halphen, Paris, 1851, in-8°, p. 5 et 9. Nous avons puisé dans ce recueil très-habilement composé, la plupart des faits qui suivent.

avoir signé le Concordat et terminé les affaires religieuses des protestants, s'occupa aussi de celles des Israélites.

La question était d'autant plus délicate à régler qu'elle n'avait jamais été résolue à fond. Les rabbins qui présidaient en général aux cérémonies religieuses, ne formaient pas un véritable sacerdoce et étaient moins des prêtres, dans le sens propre du mot, que des savants honorés de la confiance des fidèles. La loi religieuse ne leur conférait pas des attributions spéciales, et tous les Israélites avaient au même titre qu'eux le droit de circoncire les enfants et de bénir les mariages. L'Empereur, qui n'était pas sans défiance, ne voulut décider rien qu'il ne se fût assuré si l'enseignement donné par les rabbins était compatible avec les principes de sociabilité sur lesquels reposait la constitution civile et politique, non-seulement de la France, mais de toutes les nations chrétiennes. Vers le milieu de l'année 1806, les délégués de la population israélite, au nombre de soixante-quatorze, furent convoqués à Paris pour délibérer sur les points les plus controversés de la foi mosaïque, notamment sur les articles qui, disait-on, érigeaient en devoir l'intolérance la plus haineuse, sapaient les bases de la famille en autorisant la polygamie, favorisaient l'usure et détournaient du service militaire et de la plupart des professions libérales. La discussion eut lieu en présence de MM. Molé, Portalis et Pasquier, commissaires du Gouvernement. Elle fut longue et approfondie, et elle eut pour résultat de dissiper les préventions invétérées qui subsistaient dans beaucoup d'esprits[1], et que les habitudes

---

1. Aujourd'hui on se ferait difficilement une idée des haines

cupides d'une partie de la population juive en Alsace paraissaient jusqu'à un certain point autoriser. Les avis exprimés par la réunion des délégués furent convertis en décisions doctrinales par une sorte de concile ou grand Sanhédrin dans lequel siégeaient les plus savants rabbins de France, d'Italie et d'Allemagne[1]. Le Gouvernement jugea dès lors que, sans être taxé de faiblesse, il pouvait accorder sa protection officielle à l'exercice d'une religion vénérable par son antiquité, et dont les maximes interprétées équitablement ne faisaient courir aucun danger à l'ordre social. Mais, pour surcroît de garanties, il exigea que le judaïsme eût, comme tous les cultes chrétiens, contrairement aux anciens usages, des ministres avoués par l'État et seuls chargés des fonctions ecclésiastiques. Il fit préparer, en

---

dont les Juifs étaient encore l'objet dans l'Est de la France il y a cinquante ans. M. Pelet de la Lozère, *Opinions de Napoléon, sur divers sujets de politique et d'administration*, p. 211 et 212, fournit à cet égard un témoignage précieux à recueillir. « Une grande fermentation, dit-il, se manifesta, en 1806, dans l'Alsace contre les Juifs. Ils envahissaient, disait-on, toutes les professions de brocanteurs et de marchands ; ils ruinaient les cultivateurs par l'usure et les expropriations ; ils seraient bientôt propriétaires de toute l'Alsace. On parlait dans les cabarets de les massacrer. Les négociants d'une classe élevée n'étaient pas exempts eux-mêmes de cette irritation. Le tribunal de commerce de Strasbourg se plaignit d'avoir eu à juger, de l'an ix à l'an xi, pour 800 000 fr. de créances en faveur des Juifs. Telle était l'exaspération contre eux, qu'on pouvait craindre de voir se renouveler à leur égard, les scènes de barbarie du moyen âge. »

2. Sur l'assemblée de 1806 et le grand Sanhédrin qui eut lieu l'année suivante, on peut consulter, outre le recueil tout récent de M. Halphen, un ouvrage plus ancien, intitulé *Organisation civile et religieuse des Israélites de France et du royaume d'Italie*, Paris, 1808, in-8°.

conséquence, par les Juifs eux-mêmes un règlement qui créait au sein de leur culte une véritable hiérarchie, je ne dirai pas la plus forte, mais la seule que depuis bien des siècles il eût possédée. Ce règlement approuvé par le décret du 17 mars 1808, modifié dans quelques-unes de ses parties par l'ordonnance du 25 mai 1844, est resté pendant un quart de siècle : il est encore aujourd'hui, à beaucoup d'égards, la loi organique de la religion israélite en France[1].

Dans chaque département qui renfermait 2000 individus professant la religion mosaïque, il y eut une synagogue et un consistoire israélite composé d'un grand rabbin, autant que possible d'un second rabbin, et de trois Israélites, dont deux choisis parmi les habitants de la ville où siégeait le consistoire. Lorsqu'il ne se trouvait pas 2000 Israélites dans un seul département, la circonscription de la synagogue devait embrasser autant de départements, de proche en proche, qu'il en fallait pour les réunir.

Des synagogues particulières pouvaient être établies, avec l'autorisation du Gouvernement, sur la proposition de la synagogue consistoriale.

Dans chaque circonscription consistoriale, vingt-cinq notables, choisis par le Ministre de l'Intérieur parmi les plus imposés et les plus recommandables des Israélites, procédaient à l'élection des rabbins et des membres du consistoire, dont la nomination défi-

---

1. Voy. dans le recueil de M. Halphen, p. 37 et suiv., le règlement du 10 décembre 1806, concernant les Juifs et les décrets en date du 17 mars 1808, pour l'exécution de ce règlement. Cf. *Projet de code ecclésiastique*, p. 240 et suiv.

nitive était soumise, par le Ministre des Cultes, à l'agrément de l'Empereur.

A Paris, un consistoire central, composé de trois rabbins et de deux autres membres, était chargé : 1° de
correspondre avec les consistoires; 2° de veiller à la
stricte exécution des règlements; 3° de déférer les in-
fractions à l'autorité compétente; 4° de confirmer la
nomination des rabbins et de provoquer, quand il y
avait lieu, leur destitution et celle des membres des
consistoires.

Parmi les devoirs des rabbins, figurait l'obligation
« de rappeler en toute circonstance l'obéissance aux
lois, notamment à celles qui concernaient la défense
du pays, mais d'y exhorter plus spécialement tous les
ans, à l'époque de la conscription; de faire considérer
aux Israélites le service militaire comme un devoir
sacré, et de leur déclarer que pendant tout le temps
où ils se consacreraient à ce service, la loi les dispen-
sait des observances qui ne pouvaient se concilier avec
lui. »

Le traitement des rabbins membres du consistoire
central fut fixé à 6000 fr., celui des grands rabbins
des synagogues consistoriales à 3000 fr. Celui des rabbins des synagogues particulières devait être arrêté par
la réunion des familles qui avaient demandé l'établissement de la synagogue, sans pouvoir descendre au-
dessous de 1000 fr. Le règlement se taisait sur les
ministres officiants chargés de servir d'auxiliaires aux
rabbins, et de les suppléer au besoin.

Après avoir promulgué ces sages et politiques dispositions, il eût fallu, pour combler les vœux des Israélites,
que le Gouvernement prît à son compte les dépenses de

leur culte, comme il s'était chargé de celles des cultes chrétiens. La demande en fut faite en termes formels par l'assemblée de 1806[1], mais elle n'eut pas de suite. L'Empereur consentait à laisser les descendants de Moïse exercer librement leur religion, sous l'œil vigilant et tutélaire de l'État ; mais il n'entendait pas que ce bienfait devînt l'occasion de nouveaux déboursés pour le Trésor. Il se contenta de prendre des mesures pour que tous ceux à qui ces dépenses devaient incomber, les payassent régulièrement. Chaque consistoire fut chargé de répartir entre les Israélites de la circonscription les sommes exigibles pour le salaire des ministres et les autres frais du culte. Les rôles ayant été rendus exécutoires par les préfets, la perception avait lieu, ainsi que l'acquittement trimestriel de toutes les dépenses, par les mains d'un Israélite non rabbin que le consistoire désignait et qui lui rendait des comptes annuels. Comme ce mode de recouvrement était sujet à beaucoup de non valeurs, les consistoires obtinrent, par la suite, que la perception fût confiée aux receveurs des contributions directes, qui versaient le montant de la recette dans la caisse du trésorier, sauf une remise de trois centimes par franc pour les indemniser de leur peine[2].

1. Séance du 15 décembre 1806 : « L'assemblée des représentants israélites de l'Empire de France et du royaume d'Italie.... arrête que.... Messieurs les commissaires seront suppliés de faire connaître à Sa Majesté les vœux que forme humblement l'assemblée, pour que Sa Majesté mette le comble à ses bienfaits en consentant à concourir elle-même au salaire des rabbins.... » *Recueil*, etc., p. 277 et 278.

2. Circulaire du Ministre de l'Intérieur du 26 janvier 1816 et ordonnance du 29 juin 1819, *Recueil*, etc., p. 68 et suiv.

La population juive de toutes les villes qui composaient l'Empire français s'élevait, en 1808, d'après les documents transmis par les consistoires, à un peu plus de 77 000 âmes ; elle était répartie en treize synagogues consistoriales, ayant pour siége les villes de Paris, Strasbourg, Wintzenheim, Mayence, Metz, Nancy, Trèves, Coblentz, Creveld, Bordeaux, Marseille, Turin et Casal. A la chute de l'Empire, elle fut réduite à 46 000 âmes [1], et le nombre des consistoires à 7. Les changements territoriaux nous avaient enlevé ceux de Mayence, Trèves, Coblentz, Creveld, Casal et Turin. Celui de Wintzenheim fut transféré à Colmar. Deux nouveaux consistoires ont été créés depuis, l'un en 1846, à Saint-Esprit, dans le département des Landes ; l'autre en 1857, à Lyon [2]. Le chiffre de la population juive a dans l'intervalle presque doublé ; un recensement, fait il y a quinze années, la portait à 70 000 âmes : ce n'est pas exagérer que de l'évaluer aujourd'hui à 80 000.

Sous la Restauration, le régime auquel le culte israélite avait été soumis par l'Empereur n'éprouva pas de changements essentiels. Toutefois, il donna lieu à quelques mesures qui constituaient de sérieuses améliorations. En 1819, une ordonnance royale décida que les dépenses d'instruction religieuse et des écoles primaires, qui, sur l'avis du consistoire central, auraient été approuvées par le Ministre de l'Intérieur, seraient comprises dans les frais du culte à la charge des fa-

---

1. Les consistoires séparés de la France comprenaient en effet plus de 30 000 Israélites. Voy. le recueil de M. Haiphen, p. 56 et 57.

2. Ordonn. du 7 janvier 1846 : décret du 24 août 1857.

milles[1]. Elles devaient faire partie, selon la destination des établissements, soit des frais généraux du consistoire central, soit des frais généraux de chaque synagogue, soit de ceux des communes respectives. Par là se trouvait assurée l'éducation des enfants israélites, autant qu'elle pouvait l'être à une époque où l'organisation de l'enseignement primaire était à peine ébauchée en France.

En 1829, un arrêté ministériel, sollicité par les consistoires, fit faire un progrès nouveau dans la même voie. Une école centrale rabbinique pour l'instruction des jeunes gens qui aspirent au titre de rabbin, fut établie à Metz[2]. Indépendamment des pensionnaires et des externes qu'elle pourrait recevoir, moyennant une rétribution de 650 fr. pour les premiers, et de 120 fr. pour les seconds, on y fonda neuf bourses, dont deux étaient attribuées au consistoire de Strasbourg, deux à celui de Colmar et une seule à chacun des consistoires de Metz, Nancy, Bordeaux, Marseille et Paris. La durée du cours d'études était fixée à cinq ans; il était divisé en études profanes, comprenant les langues latine et grecque, la rhétorique, la philosophie et l'histoire; et en études sacrées, dont la principale était l'explication du Pentateuque et des parties les plus utiles du Talmud. Le professeur chargé de cet enseignement délicat devait saisir toutes les occasions de recommander aux élèves l'obéissance aux lois et la fidélité envers le souverain. L'administration était confiée à une Commission composée du grand rabbin du consistoire de Metz,

1. Ordonn. du 29 juin 1819, *Recueil*, etc., p. 72 et suiv.
2. Arrêté du 21 août 1829, *Recueil*, etc., p. 80 et suiv.

président, d'un membre laïque du consistoire, vice-président, et de six membres nommés par le consistoire central sur la proposition du consistoire de Metz. La dépense annuelle devait être inscrite au budget du consistoire central, et répartie par ses soins entre les différentes synagogues, proportionnellement à leur contingent dans les frais généraux.

Libres et honorés dans leur patrie, fiers de l'opulence que quelques-uns de leurs coreligionnaires s'étaient acquise par de fructueux services rendus au pays, les Israélites avaient vu s'abaisser presque toutes les barrières qui les séparaient autrefois du reste de la nation. Pour être sur le pied d'une parfaite égalité avec les communions chrétiennes, ils avaient à conquérir un dernier avantage, celui-là même que Napoléon leur avait toujours refusé, l'acquittement par l'État du salaire de leurs ministres. La Charte de 1814 ne permettait pas que cette suprême satisfaction leur fût donnée; car elle statuait en son article 7, que : « les ministres de la religion catholique apostolique et romaine, et ceux des autres cultes chrétiens, recevaient *seuls* des traitements du Trésor royal. » Mais le mot *seuls* ayant disparu de la Charte de 1830, cette disposition perdit ce qu'elle avait d'exclusif. Aussi, à peine quelques mois depuis la révolution de Juillet étaient-ils écoulés, que le nouveau gouvernement saisit les Chambres d'un projet de loi, portant qu'à partir du 1er janvier 1831, les rabbins seraient payés par le Trésor. « Il est évident, disait l'exposé des motifs, que les Israélites supportant les contributions auxquelles sont tenus tous les autres citoyens, ils ont droit de participer aux mêmes bienfaits, c'est-à-dire qu'ils doivent recevoir, comme toutes les autres communions religieuses, l'avantage et l'honneur d'un traitement de l'État pour les ministres de leur culte.» A la Chambre des députés, le projet de loi rencontra une assez vive opposition chez quelques membres dont les uns n'approuvaient pas que le sacerdoce fût salarié par le Trésor public, et dont les autres auraient voulu que les subventions du budget fussent réservées aux cultes chrétiens[1]. A la Chambre des pairs, le rapporteur fut M. Portalis, qui, après avoir assisté en 1806 aux délibérations qui préparèrent la reconnaissance officielle de la foi mosaïque, se trouvait désigné, vingt-cinq ans après, pour servir d'interprète aux mesures financières qui étaient le sceau de l'émancipation religieuse des Israélites. L'éminent magistrat remontant aux considérations les plus élevées de la philosophie sociale, définit les conditions de haute moralité et d'intérêt public sous lesquelles un culte peut être subventionné par l'État; puis, il montra que ces conditions étaient remplies par le culte mosaïque, et que si des doutes avaient pu s'élever autrefois sur l'interprétation de certains passages équivoques du Talmud, ils avaient tous été dissipés par les décisions doctrinales du grand Sanhédrin. « Quelque éloignée du christianisme qu'elle paraisse au premier coup d'œil, continuait-il, la religion hébraïque est de toutes les religions celle qui a avec lui les relations les plus intimes. Le christianisme est sorti de son sein, il adore le même Dieu, il se fonde sur les mêmes livres ; théologie, cosmogonie, généalo-

1. Séances de la Chambre des députés des 13 novembre, 2 et 4 décembre 1830.

gie, tout leur est commun ; les chrétiens se considèrent comme la descendance spirituelle du patriarche du peuple hébreu ; ils se glorifient de ses prophéties ; c'est par les traditions des Israélites qu'ils remontent au commencement des temps, et que la religion du Christ précède l'origine même du monde. L'existence des Juifs importe à la foi des chrétiens : quelque anathème qui les sépare, il y a concordance de croyance religieuse entre eux. Ainsi, quoi qu'en aient pu croire quelques esprits, c'est de tous les cultes non chrétiens celui que les chrétiens verront s'élever avec le moins de répugnance au rang de religion établie. » Ces éloquentes paroles et les explications lumineuses qui les accompagnaient ne réussirent pas à calmer tous les scrupules ; quelques protestations, dernier écho des anciens préjugés, s'élevèrent contre les erreurs de la religion juive ; le projet du gouvernement fut adopté par 57 voix seulement sur 91 votants, dans la séance du 1er février 1831 [1].

Peu de jours après [2], une ordonnance royale arrêta, pour l'année 1831, le traitement du grand rabbin du consistoire central à 6000 fr. ; celui des grands rabbins des consistoires départementaux à 3000 fr., et les frais d'entretien de l'école de Metz à 8500 fr. Au mois d'août suivant [3], une seconde ordonnance accorda aux rabbins communaux et aux ministres officiants une indemnité qui variait de 300 fr. à 600 fr., selon le chiffre de la population juive, avec

1. Séances de la Chambre des pairs des 8, 11 et 29 janvier et 1er février 1831.

2. Ordonn. du 22 mars 1831, *Recueil*, etc., p. 89.

3. Ordonn. du 6 août 1832, *Recueil*, etc., p. 93.

augmentation de 100 fr. dans les villes qui comptaient plus de 5000 habitants. Deux ministres au traitement de 2000 fr., deux au traitement de 1000 fr. furent attachés par la même ordonnance à la synagogue de Paris. La dépense s'éleva, en 1831, à 63 299 fr. 73 c.; savoir, pour le traitement de 65 rabbins et ministres officiants 49 999 fr. 73 c.; pour l'école de Metz, 8500; pour dépenses diverses, 4000 fr.; pour indemnités et secours, 800 fr.

Le culte israélite n'était pas assez répandu en France pour que son budget prît jamais une grande extension; cependant, il a subi, comme tous les autres budgets, des accroissements successifs qui ont presque triplé l'allocation primitive. Après s'être chargé du traitement des rabbins et des dépenses de l'école de Metz, le Gouvernement ne pouvait pas se dispenser de contribuer aux frais d'entretien et de construction des temples, tout en laissant le gros de la dépense à la charge des communes. Un crédit de 5000 fr., qui s'élève aujourd'hui à 20 000, fut à cet effet porté au budget de 1838. Afin de répondre aux vœux des consistoires, le personnel payé par le Trésor fut augmenté; 94 rabbins, et ministres au lieu de 63, puis 98, puis 112 reçurent une rétribution de l'État. Les traitements participèrent eux-mêmes à la progression générale. Tandis que la dotation de l'école de Metz était élevée à 10 000 fr. l'ordonnance du 19 octobre 1847 arrêtait, en faveur des rabbins communaux, un nouveau tarif qui leur attribuait 500, 600 et 800 fr., plus une indemnité supplémentaire de 100 fr. par 5000 âmes de population, dans les communes qui dépassaient ce chiffre. Cette année même, le Gouvernement avait demandé une augmentation de 42 800 fr., qui aurait permis d'élever les traitements jusqu'à 1200, 1500 et 1800 fr.; mais malgré l'appui énergique de M. Crémieux, la proposition combattue par la Commission du budget ne fut pas adoptée.

Au moment de la révolution de Février, les dépenses du culte israélite, déduction faite des vacances d'emploi, venaient de s'élever à 108 836 fr. 18 c., dont 79 636 fr. 18 c. pour le personnel; 4200 fr., pour indemnités et secours; 10000 fr. pour l'école de Metz, et 15 000 fr. pour la construction et l'entretien des temples, et les dépenses diverses. Le personnel constitué sur des bases en partie anciennes, en partie nouvelles, par l'ordonnance du 25 mai 1844, comprenait un grand rabbin, membre du consistoire central, au traitement de 6000 fr.; 7 grands rabbins, membres des consistoires départementaux, au traitement de 3000 fr.; 93 rabbins communaux dont la rétribution variait de 1200 à 300 fr., et 8 ministres officiants dont un seul, attaché à la synagogue de Paris, continuait à recevoir 2000 fr., en vertu de l'ordonnance du 6 août 1831, et les autres 1000 francs.

Cette organisation assez complète et peu coûteuse ne soulevait aucune question irritante, qui pût servir de prétexte à des réformes. On se contenta, selon le vœu des consistoires, d'élever la dotation du culte, qui fit, de 1848 à 1852, de sensibles progrès. D'une part, il fallut pourvoir à la reconstruction de l'école rabbinique, dont les bâtiments tombaient en ruine; ce qui entraîna une dépense annuelle de 7000 à 8000 fr., qui n'a pas encore disparu du budget; d'autre part, on améliora le sort des rabbins et des ministres officiants,

comme on faisait à la même époque pour les instituteurs, les desservants et, en général, pour tous ceux
qui se trouvaient en communication immédiate avec
les masses populaires. Le comité des Cultes de l'Assemblée constituante avait exprimé l'avis que l'école
de Metz ne suffisait pas à sa mission, et que, pour
compléter l'éducation des rabbins, il serait opportun
de créer, à Paris même, en faveur du culte israélite,
un enseignement supérieur, analogue à celui des facultés de Théologie catholique et protestante[1]; mais, ce
projet, qui s'exécutera peut-être un jour, est resté jusqu'ici tout à fait stérile.

Depuis la proclamation de l'Empire, la progression
de la dépense ne s'est pas arrêtée; et, en effet, comment les populations juives n'auraient-elles pas re-
cueilli leur modeste part des fruits que l'ordre et la
sécurité rétablis assuraient alors à la société tout entière? Les augmentations se sont élevées à 37 000 fr.;
elles ont porté sur presque tous les articles du budget;
les traitements, les secours personnels, l'entretien et
la construction des temples. Au budget de 1859, le
service du culte israélite, l'Algérie non comprise,
figure pour une somme totale de 189 400 fr., savoir :

1 Grand rabbin du consistoire central.   7 000 fr.
1 Grand rabbin du consistoire de Paris.   5 000
8 Grands rabbins des consistoires de
   Metz, Strasbourg, Bordeaux, Nancy,

A reporter. . . 12 000 fr.

1. Pradié, *La Question religieuse*, etc., p. 228.

Report. . . 12 000 fr.

Colmar, Marseille et Saint-Esprit,
à 3500 fr. 28 000

47 Rabbins communaux, de 800 fr. à
1500 fr. 50 500

60 Ministres officiants, de 500 à 2000 fr.   38 000

Indemnité de logement au grand rabbin
du consistoire central. 2 000

Secours à des ministres du culte israélite. 10 600

Dépenses de l'école rabbinique. 22 000

Frais d'administration des consistoires.   10 000

Construction et entretien des édifices
du culte israélite. 20 000

Total égal. . . 193 100 fr.

Lors de la discussion du budget de 1848, l'honorable
M. Crémieux n'hésitait pas à déclarer que le culte israélite serait rendu riche quand on lui aurait alloué
200 000 fr.[1]. Nous touchons bien près du but que l'élo-
quent député indiquait, il y a dix ans, comme le terme
des espérances lointaines de ses coreligionnaires. Cette
limite une fois atteinte, aurait-on le droit de citer le
culte israélite comme un culte riche, alors que le chef
de la hiérarchie, père de famille, forcé par ses fonctions de résider dans la capitale, ne reçoit que
7000 fr. ; que 47 rabbins communaux, à qui l'ordon-

1. Séance du 23 juin 1847 : « Le Culte Israélite, pour être salarié, aura besoin de s'élever d'ici à quelques années jusqu'à la
somme importante de 200 000 fr.; et quand vous lui aurez donné
200 000 fr., vous l'aurez rendu riche. » Voy. aussi les séances
de l'Assemblée nationale du 12 avril 1849 et du 30 avril 1850.

nance de 1844 a sagement interdit toute profession industrielle, ne touchent pas plus de 1000 fr., en moyenne, et 43 ministres officiants 500 fr. seulement? Nous ne le pensons pas, et si l'honorable M. Crémieux siégeait encore dans les assemblées délibérantes, il nous paraît probable qu'il appuierait énergiquement les vœux des consistoires unanimes à réclamer pour leur culte une dotation plus élevée.

CHAPITRE XIII.

Nous ne nous arrêterons pas longuement sur le dernier objet qui nous reste à traiter : les dépenses du culte public en Algérie. Le service étant nouveau et le chiffre des charges qu'il impose au Trésor étant relativement peu élevé, quelques mots suffiront, je l'espère, pour en expliquer l'origine, le progrès et l'utilité[1].

Sans parler du culte musulman, qui ne rentre pas dans le cadre de nos études, trois cultes se partagent, comme on sait, dans des proportions inégales, la population de l'Algérie : le culte catholique, le culte protestant et le culte israélite.

Sur ces bords illustrés autrefois par l'épiscopat de saint Augustin, les souvenirs du catholicisme étaient obscurcis depuis plusieurs siècles, sinon entièrement effacés, lorsque le brillant succès des armes françaises vint tout à coup les ranimer. La croix reparut aux lieux d'où la barbarie musulmane l'avait exilée ; elle y reparut non pas comme une menace pour la religion du peuple vaincu, mais comme le signe éclatant de la foi de ses vainqueurs, de leur clémence, de leur justice et surtout de leur charité. Les commencements furent

---

1. Outre les budgets et les comptes de chaque exercice, nous avons consulté pour ce chapitre les *Tableaux de la situation des établissements français en Algérie*, publiés périodiquement par le Ministère de la guerre.

laborieux comme ils le sont toujours. Dix-huit mois
après la conquête, l'ordonnance du 19 décembre 1831
avait placé le petit nombre de prêtres qui représentaient l'église d'Alger, sous la surveillance d'un
préfet apostolique qui reçut de l'administration des
Cultes un traitement de 3000 fr.; mais, dès l'année 1833, cette disposition, sans avoir été rapportée,
cessa d'être en vigueur, par suite du retour en France
de l'aumônier de brigade à qui les fonctions de préfet
avaient été déléguées.

L'organisation proprement dite du culte catholique
ne date, en Algérie, que de l'érection de l'évêché d'Alger, qui eut lieu en 1838[1]. Les années suivantes furent
employées utilement à constituer le nouveau diocèse

1. La bulle d'érection de l'évêché d'Alger est du 9 août 1838;
elle a été publiée en France le 25 du même mois, à la suite de
l'ordonnance royale pour l'établissement du nouveau siége.
Nous nous contenterons de reproduire le passage suivant, où le
Souverain Pontife laisse éclater la joie et les espérances que ce
mémorable événement fit éprouver à toute la chrétienté : « Faus-
« tissima tandem illuxit dies bonorum omnium votis expetita in
« qua fortissimæ Gallorum copiæ Juliam Cæsaream in suam po-
« testatem redegerunt, simulque ipsa eadem catholica religio
« splendidissimum profecto de Christiani nominis inimicis egisse
« triumphum visa est. Enim vero facie rerum penitus immutata,
« exinde licuit Christum prædicare et hunc Crucifixum, liber ac
« tutus ad illas regiones evangelicis operariis aditus patuit et
« cuique datum est christianæ religioni nomen dare, eamque
« libere et in omnium conspectu profiteri. Ad augendam vero cu-
« mulandamque animi nostri lætitiam illud etiam accessit, quod
« ingens Algeriæ templum profanis scelestisque Alcorani ritibus
« peragendis prius addictum, sacris ecclesiæ ceremoniis jam ex-
« piatum, salutifero nostræ religionis signo inibi erecto ac
« Deiparæ virginis icone publicæ Christi fidelium venerationi
« exposita, devotæ eorumdem frequentiæ in præsentiarum rese-
« retur.... » *Bull.* IXᵉ S., 597, nº 7533.

à l'image de ceux de la métropole. Le traitement de son clergé, la construction et la réparation des églises et presbytères furent mis à la charge de l'État ; les réparations de simple entretien furent imputées sur le budget local[1]. Le zèle ardent du premier évêque, Mgr. Dupuch, chercha, même par les expédients les plus hasardés, des ressources extraordinaires pour le succès de la mission confiée à la sollicitude pastorale. Toutes celles qu'il attendait ne se réalisèrent pas, et il éprouva de cruels mécomptes ; mais quand il descendit volontairement de son siége, il laissait debout d'utiles fondations à Alger, Bone, Oran, Dgigelli, Philippeville, Constantine et Ténez[2].

En 1848, lorsque le service des Cultes en Algérie fut transporté du ministère de la Guerre à celui de l'Instruction publique et des Cultes[3], l'Afrique française possédait 7 curés à 2400 fr., 32 desservants, vicaires et prêtres auxiliaires à 1800 fr., 18 aumôniers militaires chargés du service paroissial, à 1200 fr. Ce clergé militant avait au-dessus de lui 1 évêque au traitement de 25 000 fr., 4 vicaires généraux à 3600 fr.,

1. Ord. du 17 janvier 1845, *Bull.* IXe S., 1174, n° 11800.
2. Le décret du 1er novembre 1852 alloue un crédit de 220 000 francs auxquels devaient se joindre 36 003 francs restant sans emploi sur le produit d'une souscription ouverte pour désintéresser les créanciers de Mgr Dupuch. Le rapport du Ministre de l'Instruction publique et des Cultes qui accompagne ce décret, constate que les engagements onéreux pris par le prélat avaient tourné à l'avantage de la colonie, puisqu'ils avaient servi à créer des établissements religieux et charitables dans les villes que nous venons de nommer.
3. Arrêté du pouvoir exécutif du 16 août 1848, *Bull.* Xe S., 67, n° 662.

6 chanoines à 2400 fr. La dépense totale, y compris quelques indemnités modiques, des frais de bas chœur et une double subvention au grand et au petit séminaire, s'élevait à 181 347 fr. 26 c.

Dans les années suivantes, l'organisation ecclésiastique de l'Algérie se compléta peu à peu par la création successive d'un assez grand nombre d'emplois. A mesure que le chiffre de la population s'accroissait, que de nouveaux villages, de nouveaux centres d'exploitation agricole étaient fondés, le Gouvernement établissait, avec le concours de l'autorité diocésaine, de nouvelles églises dont le service exigeait un personnel de plus en plus nombreux.

En 1856, on comptait dans les trois provinces d'Alger, d'Oran et de Constantine, 9 curés, 141 desservants, vicaires et prêtres auxiliaires, 21 aumôniers militaires. Le personnel du clergé avait donc plus que triplé dans l'espace de huit ans. Les séminaires avaient pris des développements proportionnés à celui du service religieux ; le grand séminaire qui n'avait en 1847 que 35 élèves, en comptait de 50 à 60 en moyenne, et le petit séminaire à peu près autant. La subvention accordée aux deux établissements avait dû être portée de 25 900 fr. à environ 62 000 fr. Une indemnité de 500 fr. pour frais de tournée et de bureaux avait été accordée à l'évêque d'Alger ; des indemnités de 1500 fr. pour frais de logement à deux vicaires généraux résidant l'un à Oran, l'autre à Constantine. Je passe sous silence quelques frais secondaires d'un chiffre modique. Pour l'exercice 1856, la dépense du personnel du clergé catholique atteint 429 344 fr. 67 c.

Mais, en Algérie comme en France, il ne suffit pas

que le Trésor public assure le traitement des prêtres
employés au saint ministère; il doit aussi pourvoir aux
travaux de construction que le service du culte rend
nécessaires.

Au nouvel évêché d'Alger il fallut une cathédrale,
des bâtiments pour ses séminaires, et un palais épiscopal. Pour cathédrale on fit choix d'une ancienne
mosquée qui fut appropriée à cette destination,
mais dont la reconstruction successive entraîna de
vastes travaux qui durent encore. Un camp abandonné,
à Kouba, servit provisoirement de grand séminaire;
mais les baraques en ruine qui formaient le camp
n'offraient pas aux séminaristes un abri salubre ni
durable. Dès le principe, l'administration s'occupa de
les remplacer par des bâtiments plus solides, sollicitant
d'exercice en exercice des crédits plus élevés afin d'accélérer l'achèvement des constructions. Quant au palais
épiscopal, on donna ce nom pendant plusieurs années
à une maison mauresque, convenablement restaurée,
qui servait d'habitation à l'évêque. En 1856, un crédit
extraordinaire de 200 000 fr., dont 100 000 fr. sur
l'exercice courant, a été ouvert[1] afin d'acquérir les terrains nécessaires à l'agrandissement et à la reconstruction des bâtiments. Tous ces travaux, dont quelques-uns
remontent à 1840, ont imposé annuellement à l'État,
depuis dix ans, des charges très-variables qui sont
quelquefois restées au-dessous de 50 000 fr., mais qui,
dans ces derniers temps, ont atteint et même dépassé
le triple de cette somme. Il faut y ajouter les dépenses
faites par les soins du Ministre de la Guerre et des ad-

---

1. Décret du 21 juillet 1856, *Bull.* Vᵉ S., 423, n° 3923.

ministrations locales, pour bâtir des églises et des presbytères dans les grands centres de population. La plupart des villes de l'Algérie ont vu s'élever en quelques années des édifices paroissiaux où le culte catholique est aujourd'hui célébré. Indépendamment de l'église de Notre-Dame des Victoires à Alger, nous citerons l'église de Boufarik qui a coûté 106462 fr.; les deux églises d'Oran, qui ensemble ont coûté 135 500 fr., celles de Philippeville, Bone, Guelma, La Calle, Sétif, l'église et le presbytère de Mascara[1], etc.

L'organisation du culte protestant en Algérie date de 1839. Une ordonnance royale du 31 octobre de cette année, appliquant à nos possessions du nord de l'Afrique les dispositions de la loi du 18 germinal an x, créa en effet pour les trois provinces une église consistoriale dont le siége fut Alger. Aux termes de l'ordonnance, le consistoire était composé d'un pasteur président et de douze anciens.

De 1839 à 1842, il n'y a eu en Algérie qu'un seul pasteur attaché à l'Église d'Alger, lequel devait, selon les besoins, se transporter dans chaque province pour y distribuer des secours religieux. Mais l'accroissement de la population protestante nécessita bientôt l'établissement de nouveaux oratoires qui furent desservis par des pasteurs auxiliaires.

En 1848, le culte protestant comptait dans les possessions françaises du nord de l'Afrique deux pasteurs à 2000 fr., et trois oratoires établis à Douera, Philippeville et Oran; la dépense, y compris quelques secours

---

1. Voy. les *Tableaux de la situation des établissements français dans l'Algérie*, 1846-1849, p. 365, et 1850-1852, p. 432.

et des indemnités de déplacement ou de service extraordinaire, figure au compte pour 11 299 fr. 84 c. En 1849 et en 1850, de nouveaux oratoires furent créés à Blidah et à Bone; la population protestante comprenait alors 6518 habitants inégalement répartis dans les trois provinces. Pour 1856, les documents de comptabilité portent à dix le nombre des pasteurs en exercice et rétribués. Le total des dépenses a été de 30 071 fr. 60 c., en y comprenant 1000 fr. de secours et 4025 fr. pour indemnités de déplacement et de service extraordinaire. Deux temples ont été construits, l'un à Alger et l'autre à Douera; dans les autres villes, il est pourvu aux besoins du culte par des locations particulières à la charge des communes.

Sur cette terre d'Afrique, où de temps immémorial, la population juive côtoie la population arabe et semble, comme elle, enracinée au sol, il est assez remarquable que le culte israélite n'ait été organisé qu'après tous les autres. C'est de 1845 seulement que date en effet son organisation[1]. Un consistoire central siégeant à Alger, deux consistoires provinciaux établis à Oran et à Constantine furent alors créés, avec la mission de diriger l'exercice du culte, le consistoire central dans toute l'étendue de nos possessions, les consistoires provinciaux dans les limites de leurs provinces respectives. Le consistoire d'Alger, composé de quatre membres laïques et d'un grand rabbin, célébrait en 1848 les cérémonies religieuses dans 33 synagogues, savoir: 25 à Alger, 2 à Blidah, 2 à Médéah, 2 à Milianah et 2 à Orléansville. La ville de Constantine en comptait 9; la

---

1. Ordonn. du 9 nov. 1845, *Bull.*, IVᵉ S., 1255, nᵒ 12396.

province d'Oran, 20. La dépense à la charge de l'État était de 11 399 fr. 92 c. La situation n'était pas de nature à varier beaucoup dans les années suivantes. Au compte de 1851, nous retrouvons une dépense d'environ 14 600 fr. seulement, savoir : un grand rabbin à 4000 fr.; un secrétaire du consistoire central à 1800 fr.; deux rabbins pour Constantine et Oran, au traitement de 3000 fr. l'un, et quelques indemnités de logement formant ensemble 2800 fr. Le surplus des charges du culte est généralement supporté par les consistoires, comme le veut l'ordonnance de 1845. Toutefois, à Alger, où la population israélite est plus nombreuse, une synagogue a été bâtie au compte de l'État. Les frais de construction, dans lesquels l'administration des Cultes n'est pas entrée, sont d'environ 120 000 fr.

Indépendamment des articles que nous venons de parcourir, le budget des divers cultes en Algérie comprend un crédit spécial affecté aux frais de passage des ministres du culte de France en Algérie et d'Algérie en France. La dépense qui variait d'année en année, à mesure que le personnel devenait plus nombreux, s'est élevée en 1856 à 17 561 fr. 04 c.

CONCLUSION.

Avant de poser la plume, établissons une dernière
fois quelle est, en France, au point de vue du budget,
la situation du culte public.

Pour l'exercice 1859, les dépenses de tous les
cultes subventionnés par le Trésor sont évaluées
à 47 432 136 fr. Le culte catholique figure dans ce
chiffre pour 44 773 700 fr.; les cultes protestants
pour 1 408 436 fr.; le culte israélite pour 189 400 fr.;
l'Algérie pour 820 200 francs.

La dépense la plus considérable du culte catholique
est celle du clergé paroissial, comprenant 3424 cures
et 30 000 succursales qui sont autorisées, mais dont
environ 29 000 seulement seront occupées; elle est
fixée par prévision à 33 613 600 fr. Le surplus de la
dépense concerne l'administration centrale, qui coûte
203 400 fr.; l'épiscopat, 1 507 500 fr.; les chapitres
cathédraux et métropolitains, 1 537 900 fr.; le chapitre
de Saint-Denis et les chapelains de Sainte-Geneviève,
177 500 fr.; les bourses dans les séminaires, 1 034 200 fr.;
les secours personnels; ceux aux congrégations religieuses; les subventions aux communes pour leurs
presbytères et leurs églises; enfin le service intérieur
et les travaux de construction et de réparation des
édifices diocésains qui n'absorbent pas moins de

4422000 fr., en y comprenant les travaux de la cathédrale de Paris et ceux des cathédrales de Marseille et de Moulins.

Les cultes protestants comptent 772 pasteurs rétribués par l'État, dont 537 appartenant à l'Église réformée, et 135 à la confession d'Augsbourg; leurs traitements sont évalués à 1197436 fr., et en y joignant les secours personnels aux pasteurs ou à leurs veuves et l'entretien des bourses, la dépense monte à 1292436 fr. Les frais d'administration du Directoire général de la confession d'Augsbourg, et les dépenses du matériel forment un total de 116000 fr.

La modeste allocation accordée au culte israélite comprend les traitements de 116 rabbins et ministres officiants, c'est-à-dire environ 125400 fr.; les indemnités et secours personnels, 12000 fr.; les dépenses de l'école rabbinique de Metz, 22000 fr.; les frais d'administration et d'entretien des temples, 30000 fr.; total, 189400 francs.

Enfin, 545200 fr. sont affectés, en Algérie, aux traitements des ministres des différents cultes, et 285000 fr. aux dépenses du matériel, et spécialement à la construction du palais épiscopal, du grand séminaire et de la cathédrale.

Voilà le fait actuel dans son expression arithmétique. Nous avons fidèlement étudié ses antécédents et, pour ainsi dire, sa génération, depuis le Concordat de 1801; nous espérons que cette analyse approfondie aura jeté quelque jour sur une partie importante et peu connue de l'histoire de notre temps. Mais plus nous attachions de prix à relever avec exactitude les chiffres contenus dans les documents de comptabilité,

moins nous nous sentions de penchant pour des discussions brûlantes qui nous auraient écarté inutilement de notre sujet. Nous voulions écrire un livre de
statistique et de finances, non de philosophie et de
polémique religieuses.

Toutefois, en terminant, nous ne pouvons nous
dispenser de toucher quelques mots d'une question
qui s'est présentée plus d'une fois à notre esprit dans
le cours de cet ouvrage; une question que, depuis
soixante ans, les bouleversements politiques ont souvent mise à l'ordre du jour dans ce pays, sur laquelle
on disputait encore, il y a peu d'années, et qui, fût-
elle résolue pour des siècles, comme nous le croyons,
par la législation actuelle, est néanmoins assez grave
et se rattache à des intérêts d'un ordre assez élevé,
pour que nous n'ayons pas le droit de la passer
entièrement sous silence.

Le culte est-il un service analogue aux autres services publics dont la dépense est à la charge de l'État?
Est-ce à l'État qu'il appartient de rétribuer le sacerdoce,
et de construire ou de réparer les sanctuaires? En cas
d'affirmative, le mode actuellement suivi en France,
est-il le meilleur de tous? Convient-il à la majesté de la
religion que ses ministres figurent au budget parmi
les salariés du Trésor? Ne serait-il pas préférable de
lui accorder une dotation en revenus immobiliers
ou en rentes, calculée d'après le chiffre des subventions qui sont annuellement accordées par les lois de
finances?

A ceux qui vivent en dehors des croyances religieuses, qui non-seulement y demeurent étrangers et
indifférents, mais qui les repoussent comme funestes

aux progrès de la raison publique, aux héritiers de
Diderot et de d'Holbach, champions attardés du ma-
térialisme, les largesses des gouvernements en faveur
du culte paraissent une prodigalité insensée. Par condescendance pour la liberté de leurs semblables, ils
tolèrent les religions, ils consentent que l'État en protége l'exercice ; mais ils n'admettent pas qu'il vienne
à leur aide par des subsides pécuniaires, qu'il paye
leurs dépenses, et qu'il affecte ses édifices à leurs
cérémonies. Ces tristes adversaires des vérités divines
ont pour alliés naturels les démagogues de toutes
les conditions. La religion étant l'une des bases de
l'ordre social, tous ceux qui rêvent le renverse-
ment de la société, jugent qu'ils parviendraient plus
facilement à leurs fins, s'ils réduisaient le sacerdoce
à une situation tellement précaire, qu'il perdît son
autorité sur les peuples et que son existence même
fût compromise. De là ces projets subversifs, dans
lesquels la suppression du budget des Cultes, sert,
pour ainsi dire, de préface à la désorganisation de
l'armée, de la magistrature, de la famille et de la
propriété.

Que de semblables doctrines se présentent devant
le pays comme le dernier mot de l'impiété philoso-
phique, ou comme l'espérance criminelle de l'anar-
chie, le pays s'en détourne avec épouvante. Une seule
fois, dans notre histoire, aux jours les plus néfastes
de la Révolution, elles ont obtenu un triomphe pas-
sager ; la Convention essaya de les ériger en maximes
de gouvernement, et dans la Constitution de l'an iii
et d'autres actes législatifs, elle inscrivit que la République française qui protégeait tous les cultes, n'en

salariait aucun[1]. Mais le sentiment religieux de la nation se souleva plus vivement que la témérité de ses législateurs ne l'avait cru, contre ces lois hypocrites qui ne fondaient, sous le nom de liberté, que l'oppression des consciences. Les populations, sans églises et sans pasteurs, s'effrayèrent elles-mêmes de leur dénûment spirituel; elles réclamèrent de toutes parts des autels et un sacerdoce légitime, et, depuis un demi-siècle, leur reconnaissance n'a pas cessé de bénir, comme le plus précieux des bienfaits, l'acte politique et religieux qui leur rendit, sous le Consulat, ces indispensables biens.

Mais le budget des Cultes a d'autres ennemis, moins violents que les athées et les anarchistes, mais non pas moins dangereux, dont les uns le condamnent au nom de l'économie politique, et les autres au nom de la liberté religieuse.

Le culte, aux yeux de quelques disciples d'Adam Smith, n'est pas du nombre des objets qui importent à la société et qui doivent figurer parmi les dépenses publiques; il n'intéresse que ceux qui le pratiquent, et la justice est d'accord avec l'économie pour laisser à leur charge les frais des satisfactions intimes qu'ils trouvent dans le commerce de l'âme avec Dieu.

Aberration qui étonne de la part d'esprits aussi pénétrants sur d'autres points! La religion serait-elle donc une fantaisie arbitraire de la pensée ou du cœur? Cette aspiration vers l'infini qui fait son essence, n'est-elle pas le plus impérieux et le plus profond des besoins,

---

1. Constitution de l'an III, art. 354: « Nul ne peut être forcé de contribuer aux dépenses d'aucun culte. La République n'en salarie aucun. » Voyez aussi les sévères dispositions de la loi du 3 nivôse an III, que nous avons rapportées plus haut, p. 12.

comme elle en est le plus salutaire et le plus noble?
En admettant que l'unique objet de la mission des
gouvernements soit de veiller aux intérêts généraux.
quelle institution est plus véritablement conforme à la
nature de l'homme, quelle autre rend à la société des
services plus précieux que ces réunions consacrées
par l'usage de tous les peuples, où les cœurs se rap-
prochent pour prier Dieu? Que si, de plus, le culte en
vigueur chez une nation y compte quatorze siècles de
durée, s'il a contribué plus que toute autre cause à
former le génie et les mœurs du pays; s'il a inspiré
ses législateurs, ses écrivains et ses artistes; si malgré
des bouleversements inouïs, il est resté la foi religieuse
de l'immense majorité des citoyens; s'il offre à tous
les hommes d'admirables enseignements que les cœurs
les plus rebelles ne peuvent pas complétement repousser; quel est, je le demande, le pouvoir souverain, de
quelque titre qu'il se pare, qui osera soutenir qu'il ne
connaît pas ce culte, qu'il n'a souci ni de son clergé
ni de ses autels; que les deniers de l'État ne sont
pas destinés à solder ses dépenses, et que c'est à ceux
qui le pratiquent de pourvoir, comme ils l'entendront,
aux frais de leurs croyances?

Ces milliers de soldats et ces puissantes flottes que
l'or de la France entretient, l'immense matériel accu-
mulé dans ses arsenaux, les canaux et les routes qui
sillonnent son territoire, les tribunaux institués pour
rendre la justice, les bureaux de bienfaisance, les hôpitaux, les écoles, les musées, ce sont là des conditions de sécurité, de richesse et de grandeur pour un
peuple. Aussi, quelque dispendieuses que ces institutions paraissent, la nation acquitte, sans murmure,

les subsides qui lui sont demandés pour les soutenir. Mais ni l'armée, ni les travaux publics, ni l'ordre judiciaire, ni les arts libéraux, ne constituent à eux seuls la vie de la société française. En France, le catholicisme est mêlé à tous les éléments de l'existence nationale, et prête sa garantie à tous les intérêts. Le prêtre sert son pays comme le juge et le soldat, mais pour des fins d'un ordre plus haut, puisqu'elles se prolongent dans l'éternité. Il enseigne, il exhorte, il bénit, il console. Sans le ministère qu'il remplit, les âmes éprouveraient un vide que nul pouvoir humain ne parviendrait à combler. Si donc l'État rémunère tous les services qui tendent à l'utilité générale, pourquoi ne rétribuerait-il pas le service du prêtre? Pourquoi le sacerdoce serait-il la seule fonction sociale envers qui la société n'acquitterait pas sa dette? Souvent prodigue de ses trésors pour des superfluités, comment ne se montrerait-elle avare que pour les sanctuaires où s'entretiennent les forces vives du dévouement, de la résignation et de l'espérance[1]?

Quand le catholicisme possédait en France une for-

1. « Le culte, disait, en 1790, à l'Assemblée constituante, le rapporteur du comité des dîmes, Chasset, le culte est un devoir de tous; tous sont censés en user, parce que le temple du Seigneur est ouvert à tous. La milice sainte est entretenue pour l'utilité de tous, de même que l'armée aux dépenses de laquelle personne ne tentera jamais de se soustraire; ainsi il est juste et constitutionnel de faire supporter les frais du culte à tous par le moyen d'une imposition générale. » *Histoire parlementaire de la Révolution française*, par Buchez et Roux, t. V, p. 329. Voyez aussi, dans la séance de l'Assemblée nationale du 12 juillet 1848, le rapport de M. Chapot sur diverses pétitions relatives au maintien ou à la suppression du budget des Cultes. Cf. Pradié, *La Question religieuse*, etc., p. 184 et suiv.

tune propre qui atteignait un chiffre très-élevé, sans égaler cependant la prodigieuse opulence de l'Église d'Angleterre, il n'était pas nécessaire que la rémunération du clergé et l'entretien des édifices religieux fussent classés parmi les charges de l'État; les biens ecclésiastiques suffisaient pour y pourvoir. On comprend de même qu'aujourd'hui les lois de finances déduisent annuellement, du montant des crédits qui sont alloués aux églises protestantes pour la rétribution de leurs pasteurs, les revenus des biens que ces églises possèdent dans quelques départements de l'Alsace, de la Franche-Comté et de la Lorraine. Mais, quand les dotations séculaires pour le service du culte n'existent plus, ne convient-il pas d'aviser ? Que si c'est la nation elle-même qui s'en est emparée, au risque de fouler aux pieds la volonté des donateurs et les droits qui découlaient d'une antique possession, n'est-ce pas une obligation étroite pour elle, de combler le déficit que ses mains ont ouvert, et de dédommager ceux qu'elle a spoliés ? Qui pourrait reprocher à l'Église de France le dénûment où elle est tombée ? Ses enfants l'avaient enrichie et le magistrat politique n'a pas laissé entre ses mains les fruits de leur libéralité. Je ne ranimerai pas des débats éteints; je ne discuterai pas les objections que les adversaires de la propriété ecclésiastique ont fait valoir et qui ont entraîné, en 1791, le vote de l'Assemblée constituante; mais il est bon de rappeler à ceux qui les auraient oubliés, les engagements solennels qui furent pris au nom du pays : c'est que le Trésor national acquitterait désormais toutes les dépenses religieuses ; c'est que, dépossédé de son patrimoine par une mesure de salut public qui avait tous les caractères d'une confiscation, le clergé trouverait, dans les dons de l'État, des ressources convenables tant pour sa propre subsistance que pour les autres nécessités du culte[1]. Ceux qui décrétaient son expropriation lui promettaient de l'indemniser; ils annonçaient que ses revenus ne seraient que transformés, et qu'après s'être ouvertes pour recueillir les richesses de l'Église, les caisses du Gouvernement ne se fermeraient pas lorsqu'il s'agirait de subvenir à ses besoins. Ces déclarations, consignées dans les lois, ne sauraient être écartées quand on discute sur le budget des Cultes; elles créent en faveur du catholicisme un titre particulier dont la violence et la passion peuvent bien ne pas tenir compte, mais qui sera toujours respecté par les gouvernements réguliers et honnêtes. Quand l'Église catholique de France fait appel à la munificence du pouvoir civil, elle n'est pas dans le même isolement qu'une secte établie d'hier et sans aïeux; elle a derrière elle, pour ainsi dire, le cortége des générations éteintes qui conjurent leurs descendants de suppléer par les largesses du budget aux fondations pieuses qu'elles avaient élevées à la gloire de Dieu, et que la Révolution a détruites par des motifs purement humains.

1. Décret du 2 novembre 1789 : « L'Assemblée nationale décrète, 1° que tous les biens ecclésiastiques sont à la disposition de la nation, à la charge de pourvoir d'une manière convenable aux frais du culte, à l'entretien de ses ministres et au soulagement des pauvres, sous la surveillance et d'après les instructions des provinces; 2° que dans les dispositions à faire pour subvenir à l'entretien des ministres de la religion, il ne pourra être assuré à la dotation d'aucune cure moins de 1200 livres par année, non compris le logement et les jardins en dépendant. »

Mais peut-être en acceptant les dons de l'État, l'Église aliène son indépendance; peut-être, espérant trouver dans le prince un bienfaiteur, elle se donne un maître incommode et jaloux qui étendra une main profane sur les emplois ecclésiastiques. C'est ici une objection nouvelle, où l'économie politique n'entre pour rien et qui prend sa source dans des scrupules assurément très-honorables, fussent-ils, comme nous le pensons, exagérés.

Il s'est rencontré de nos jours dans les rangs du clergé catholique et parmi les protestants, il existe encore de divers côtés dans la société des esprits élevés sans doute, mais enclins, par prudence moins peut-être que par orgueil, à se méfier des faveurs du pouvoir, et pour qui le budget des Cultes ne sera jamais que le symbole humiliant de leur servitude. Un sacerdoce que le Trésor public ne salarie pas, mais que la communauté des fidèles se charge elle-même de rétribuer, c'est là l'idéal que poursuivent ces amants généreux de la liberté. Il leur semble que le prêtre exercerait son ministère avec plus de succès, que sa parole serait plus persuasive et mieux obéie, si l'on n'apercevait pas derrière lui la main de l'État qui le soutient, et qui quelquefois prétend le diriger.

Mais comment briser des liens que la nécessité a formés? Parmi ces nouveaux adversaires de la dotation du culte, ceux d'entre eux chez qui la passion n'a pas étouffé le sentiment des réalités de la vie, sont obligés de convenir que leur système ne prévaudra pas de longtemps contre la puissance des faits [1]. Le philo-

1. Sur ce point, je renvoie avec confiance aux déclarations

sophe du fond de son cabinet peut rêver une organisation préférable à celle que le Concordat inaugurait, il y a un demi-siècle, parmi nous : mais, sans le Concordat, eussions nous vu les autels relevés et la religion réparer ses pertes, au lendemain d'effroyables catastrophes qui semblaient devoir consommer sa ruine? Fallait-il que l'Église, pour assurer son indépendance, repoussât la main secourable que le Premier Consul lui tendait? Fallait-il que, dénuée de tout, mutilée comme aux âges apostoliques, elle se résignât à mendier son pain à la porte du pauvre, plutôt que d'accepter la protection des puissances du siècle ? Cette fière attitude aurait souri peut-être à quelques imaginations ; mais combien d'âmes auraient profondément souffert? Combien eussent été privées de la parole de Dieu! Combien se seraient complu dans leur ignorance, leurs doutes et leur impiété !

Il ne faut pas se faire illusion sur la périlleuse portée des maximes que l'on met en avant. Sous l'empire des lois actuelles, le Gouvernement contribue, en France, de deux façons aux charges du culte : 1° en allouant des subventions pécuniaires; 2° en affectant au service religieux des bâtiments qui sont classés parmi les propriétés nationales. Assurément le concours de l'État n'a pas moins de prix, sous cette seconde forme, que sous la première; mais il suppose, dans les deux cas, une alliance, un concert, des rapports définis et réguliers entre l'Église et le pouvoir civil. Si croyant

très-explicites de deux écrivains éminents dont le témoignage ne sera pas suspect, M. Jules Simon, *La Liberté de conscience*, 2ᵉ édit., Paris 1857, in-8, p. 13 et suiv., et M. Édouard Laboulaye, *La Liberté religieuse*, Paris 1858, in-18, p. 66.

apercevoir une menace pour sa liberté dans ces pacifiques relations, l'Église refuse d'y souscrire, et, concentrée en elle-même, n'aspire qu'à se préserver de toute influence, de tout contact étrangers, elle sacrifie du même coup non pas seulement ses dotations, mais la jouissance des édifices que les lois lui attribuaient. Exilée de ses temples, réduite à la dure condition que l'impitoyable logique des passions révolutionnaires lui avait imposée, il faudra qu'elle construise aux frais des fidèles de nouvelles basiliques et de nouveaux presbytères, tandis que s'écrouleront les vieilles cathédrales, désormais inutiles entre les mains de la nation. C'est la conséquence fatale que le principe de la liberté religieuse, entendu comme il l'a été par des esprits absolus, produirait parmi nous. La témérité la plus aveugle et la plus inhumaine pourrait seule affronter de pareilles aventures qu'une sagesse conciliante et judicieuse a épargnées à notre pays.

On oppose l'exemple des États-Unis, où la législation et les mœurs ont consacré la séparation de l'Église et de l'État, et où l'unique obligation du pouvoir civil envers le culte est de ne pas s'en occuper, même pour le secourir. Je comprendrais mieux la valeur de ce précédent, s'il s'agissait d'examiner théoriquement la possibilité qu'un culte subsiste en dehors de l'intervention de la puissance publique. Mais nous ne raisonnons pas sur des faits hypothétiques ou lointains; nous sommes en France et nous écrivons pour la France. A Dieu ne plaise qu'elle prenne jamais pour modèle un pays divisé en je ne sais combien de sectes qui n'ont la plupart aucune règle de foi, et qui, selon la forte parole de

Bossuet, appellent Dieu tout ce qu'elles pensent[1]! Que certaines personnes admirent cette variété infinie de pratiques et de croyances, comme le merveilleux épanouissement de la pensée religieuse, nous laissons un libre cours à leur enthousiasme, sans toutefois le partager. Mais quand les cultes sont aussi nombreux, il est évident que l'État n'a plus les mêmes motifs de se mêler à leurs affaires, que s'il s'agissait d'une religion professée par toute la nation. En se multipliant, ils forment des sociétés particulières dont les intérêts sont de plus en plus distincts de ceux du peuple entier. Ces petites agglomérations de fidèles qui se réunissent pour prier Dieu à leur guise, n'ont rien à réclamer du Gouvernement, sinon la sécurité; vient-il à leur secours, c'est pure libéralité de sa part. Ni la justice, ni la raison d'État ne l'oblige à se charger des frais de leur culte, non plus qu'à subvenir aux autres dépenses personnelles des citoyens. La réserve où il se renferme peut favoriser la liberté; mais le principe qui se trouve engagé et qui domine la question, c'est moins encore la liberté que l'utilité publique. Aussi, parmi tant de sectes différentes, s'il s'en élevait une qui l'emportât sur les sectes rivales par le nombre de ses adhérents, qui représentât par exemple les neuf dixièmes de la population, qui comptât dans son sein une armée

1. Dans le *Dictionnaire d'économie politique* publié par M. Guillaumin, art. CULTES, on trouvera la liste de vingt-sept communions qui, non compris le catholicisme, se partagent la population des États-Unis. De l'aveu même de l'auteur, M. Cherbuliez, cette liste, qui a été dressée d'après des documents remontant à 1840, se trouvait déjà fort incomplète douze ans plus tard, en 1852.

de 40000 pasteurs chargés de la direction des consciences et ayant eux-mêmes des chefs reconnus et obéis
avec une docilité sans exemple dans l'histoire, j'ai
quelque peine à me persuader, malgré les apparences
contraires, qu'une église aussi fortement établie restât
longtemps deshéritée de toute subvention, et que son
culte, expression de la croyance générale, ne fût pas
rangé, d'un commun accord, parmi les services publics
à la charge de l'État.

Quand le gouvernement d'une nation s'est ainsi
trouvé conduit à subventionner le culte professé par
la majorité, ce culte a sans doute une position privilé-
giée; mais ce privilége est la conséquence des services
qui sont rendus au pays, et il contribue à les perpétuer. Sans doute aussi les autres cultes peuvent regretter de ne pas jouir des mêmes faveurs, de ne
pas disposer des mêmes moyens d'action; mais quels
arguments sérieux ont-ils à élever contre les avantages qui sont accordés à une communion plus ancienne, plus répandue, et, en dernière analyse, plus
utile à la société? La liberté religieuse a-t-elle donc
pour conséquence nécessaire l'égalité de toutes les
communions devant la loi du budget? Toutes les
fois qu'une secte nouvelle s'élèvera, quels que soient
son origine et son symbole, le Gouvernement, sous
peine de violer les droits de la conscience, se verra-t-il
dans l'alternative de retirer tout subside aux cultes
anciennement reconnus, ou d'adopter le culte nouveau et de lui accorder une part proportionnelle de
subvention? Les éventualités de l'avenir doivent-elles
l'emporter dans l'esprit du législateur sur les réalités
du présent? Afin de laisser un champ plus large

aux religions qui ne sont pas écloses, la justice veut-elle qu'on entrave l'essor des religions établies, en les dépouillant des dotations que l'usage et la loi autorisent? Les novateurs peuvent le soutenir, mais, de leur part, cette prétention est trop visiblement intéressée pour n'être pas suspecte; en tout cas, elle est aussi contraire à la saine raison qu'à l'expérience et à la tradition du pays.

Vainement, pour écarter l'intervention de l'État sans porter atteinte aux intérêts de l'Église, on proposerait de classer le salaire du clergé parmi les dépenses obligatoires des communes[1]. Cette combinaison a été, dans dans l'origine, essayée, et elle a échoué. Ainsi que nous l'avons fait remarquer plus d'une fois, le Concordat ne stipulait un traitement que pour les membres de l'épiscopat et pour les curés; tous les autres établissements ecclésiastiques, séminaires, chapitres, succursales, vicariats étaient laissés à la charge des diocèses, ou à celle des départements et des communes. C'est l'insuffisance des ressources locales, qui, dès les premières années, a mis le Gouvernement dans l'obligation d'affecter au payement de la dépense des sommes de plus en plus considérables sans lesquelles la restauration religieuse n'aurait pas pu s'effectuer. On peut reprocher au pays cette coupable indifférence qui s'en repose sur l'admi-

---

1. « Si l'on voulait, dit M. Édouard Laboulaye, modifier la nature du traitement du clergé, rien ne serait plus aisé que d'en faire une dépense communale et obligatoire. L'État s'effacerait derrière le fidèle, en même temps qu'il lui rendrait le sentiment de ses devoirs et de ses droits religieux. Je n'imagine pas de réforme plus utile et plus chrétienne. » *La Liberté religieuse*, p. 68.

nistration du soin de pourvoir à des objets qui intéressent chaque citoyen de la manière la plus directe; mais il faut accepter les peuples, comme les individus, avec leurs défauts et leurs qualités; ce sont là les données essentielles des problèmes sociaux que les législateurs ont la mission de résoudre. Il est à remarquer, du reste, que la substitution des communes à l'État n'augmenterait nullement, comme on paraît le croire, les garanties de la liberté. Si le Gouvernement cessait demain de payer les desservants, renoncerait-il au droit de choisir les évêques, d'approuver la nomination des curés et des chanoines, et d'autoriser les conciles? A mesure qu'il verrait son budget allégé, se montrerait-il plus disposé à tout permettre et à ne se mêler de rien? Les prérogatives qu'il exerce ont été inscrites de sa propre main dans les lois même qui réduisaient à leur plus simple expression ses engagements financiers vis-à-vis du culte; ce n'est pas le calomnier de croire qu'il les retiendrait toutes, fût-il déchargé des dépenses que le sentiment du bien public l'avait successivement porté à s'imposer.

L'exacte démarcation entre le spirituel et le temporel importe à tous deux; sachons la maintenir d'une main ferme autant que la nature des choses nous le permettra; mais défions-nous des utopies qui l'exagèrent; laissons l'Église et l'État suppléer réciproquement à ce qui leur manque et gardons-nous de croire que l'appui qu'ils se prêtent doive entraîner le sacrifice de leur mutuelle indépendance. On ne brise pas d'ailleurs impunément le faisceau des forces qui entretiennent la vie d'une nation. Quand la société politique et la société religieuse ne s'entendent plus, que leur alliance étant rompue, chacune suit sa propre voie, leur isolement se tourne vite en hostilité, et l'histoire témoigne que ce n'est pas à la liberté qu'il profite. La persécution et l'impiété en sont les résultats ordinaires; il prive les peuples des fruits qu'ils pouvaient recueillir du développement harmonieux du patriotisme et des généreux sentiments qui détachent l'homme de la terre et l'élèvent vers le ciel.

A quelque point de vue que l'on envisage ces délicates matières, l'existence du budget des Cultes nous paraît donc amplement justifiée en fait et en droit. Le catholicisme est la religion de 30 millions de Français ; comment s'étonner s'il dispose de nombreux édifices et s'il reçoit du Gouvernement des allocations annuelles, qui, du reste, n'égaleront jamais le revenu des biens dont le domaine public s'est enrichi à ses dépens? Que des avantages analogues soient accordés aux communions protestantes et même au judaïsme, c'est aussi un acte de munificence commandé par les motifs les plus équitables. Mais ce point accordé, est-ce à dire que les allocations périodiques des lois des finances ne pourraient pas être avantageusement remplacées par une dotation en immeubles, ou tout au moins en rentes sur l'État? Sans prétendre discuter à fond cette grave question, nous résumerons en quelques mots très-simples les réflexions qu'elle nous a suggérées.

La jouissance de grandes possessions territoriales et de revenus fixes sourit à toutes les Églises, mais particulièrement à l'Église catholique. Une fortune assise sur le sol et échappant aux fluctuations des gouvernements, lui offre en quelque sorte l'image de sa propre perpétuité. Elle contribue d'ailleurs à relever le sacerdoce dans l'estime des peuples, et elle assure son indépendance. Quand il est réduit à marchander son salaire aux puissances du siècle, il paraît leur être subordonné plus peut-être qu'il ne convient à la dignité de sa mission. La propriété l'affranchit du rôle importun de solliciteur, et permet qu'il soit moins obséquieux, sans être moins fidèle[1].

Ces avantages sont précieux, qui pourrait le contester?

1. M. le comte de Tocqueville a écrit sur les avantages de la propriété ecclésiastique une page très-remarquable que nous transcrirons tout entière, quoique les opinions du noble écrivain nous paraissent en beaucoup de points excessives : « J'ose penser, contrairement à une opinion bien générale et fort solidement établie, dit M. de Tocqueville, que les peuples qui ôtent au clergé catholique toute participation quelconque à la propriété foncière et transforment tous ses revenus en salaire, ne servent que les intérêts du Saint-Siége et ceux du prince temporel, et se privent eux-mêmes d'un très-grand élément de liberté. Un homme qui, pour la meilleure partie de lui-même, est soumis à une autorité étrangère, et qui dans le pays qu'il habite ne peut avoir de famille, n'est pour ainsi dire retenu au sol que par un seul lien solide, la propriété foncière. Tranchez ce lien, il n'appartient plus en particulier à aucun lieu. Dans celui où le hasard le fait naître, il vit en étranger au milieu d'une société civile dont presque aucun des intérêts ne peuvent le toucher directement. Pour sa conscience, il ne dépend que du pape : pour sa subsistance, que du prince. Sa seule patrie est l'Église. Dans chaque événement politique il n'aperçoit guère que ce qui sert à celle-ci ou peut lui nuire. Pourvu qu'elle soit libre et prospère, qu'importe le reste? Sa condition la plus naturelle en politique est l'indifférence. Excellent membre de la cité chrétienne, médiocre citoyen partout ailleurs. De pareils sentiments et de semblables idées, dans un corps qui est le directeur de l'enfance et le guide des mœurs, ne peuvent manquer d'énerver l'âme de la nation tout entière en ce qui touche à la vie publique. » *L'Ancien régime et la Révolution*, par Alexis de Tocqueville, Paris 1856, in-8, p. 173 et 174.

et toutefois, ils ne sont pas sans mélange; car quels soins multipliés et peu compatibles avec le caractère sacerdotal, n'entraîne pas à sa suite la possession de grands biens qu'il faut affermer ou faire valoir, et qui deviennent souvent l'occasion de procès scandaleux dans lesquels les plus mauvais penchants du cœur humain se donnent pleine carrière, à la confusion des âmes sincèrement chrétiennes! Mais sans m'arrêter à ce point de vue de la question, je demanderai quel est le bras qui se sentirait assez fort aujourd'hui pour restaurer la propriété ecclésiastique? Dix ans après la Constitution civile de 1790, l'entreprise paraissait tellement périlleuse à tous les esprits sages, que le Souverain Pontife y renonça, et faisant taire d'inutiles regrets, consentit à ratifier, dans un article du Concordat, l'aliénation des biens ecclésiastiques. En 1815, dans cette fièvre de rénovation politique et sociale qui dévorait une fraction puissante du pays, quand il semblait que le passé tout entier allait sortir de ses ruines, l'occasion était sans doute propice pour frapper un grand coup; et cependant, malgré les forces dont le parti religieux disposait dans les Chambres, dans le ministère et à la cour, ses démarches combattues énergiquement, n'aboutirent qu'à faire augmenter de quelques millions le budget du culte catholique[1]. Après ces deux expériences, la question est, je crois, jugée. Ce que le Premier Consul

---

1. L'article 8 du Concordat de 1817 porte « qu'il sera assuré à tous les Siéges, tant existants qu'à ériger de nouveau, une dotation convenable en biens-fonds et en rentes sur l'État, aussitôt que les circonstances le permettront. » Mais les circonstances ne l'ont pas permis, et le Concordat de 1817 est lui-même resté une lettre morte.

n'a pas même essayé en 1801, ce qui n'a pas été possible en 1815, nul gouvernement, si bienveillant pour l'Église et si fortement constitué qu'on l'imagine, ne pourra de longtemps l'entreprendre. On peut se livrer à des discussions théoriques sur les avantages qu'une dotation fixe en terres ou en rentes offrirait pour la religion; mais ces controverses qui sont très-opportunes en Piémont et en Espagne, n'ont en France ni à-propos, ni utilité; aucune conclusion pratique ne peut en sortir, et elles offrent le grave inconvénient d'exalter les esprits, soit qu'elles entretiennent chez les uns des espérances qui ne sont que des illusions, soit qu'elles fournissent aux autres le thème de faciles déclamations contre le catholicisme.

Si le clergé redevient jamais propriétaire dans ce pays, ce sera par l'influence des mêmes causes qui avaient contribué autrefois à l'enrichir. Il n'avait pas acquis d'un seul coup les biens qu'il possédait; sa fortune était l'œuvre du temps; chaque génération était venue, pour ainsi dire, apporter sa pierre à ce grand édifice, et c'est là ce qui le rendait si imposant et si respectable. Nos lois actuelles, plus libérales que celles du commencement de ce siècle, autorisent les donations en faveur des établissements religieux; que les catholiques de nos jours usent de cette faculté; qu'à l'exemple de leurs ancêtres, ils se montrent généreux à l'égard de leur culte; qu'ils commencent à doter les fabriques, à fonder des bourses dans les séminaires; ainsi l'Église verra se reformer son patrimoine, et peut-être il arrivera un jour, sans doute encore bien éloigné de nous, où les subventions de l'État lui deviendront moins nécessaires. Marchons-nous dans cette voie? J'en doute beaucoup; le progrès du moins est si lent, qu'il ne mérite pas jusqu'ici qu'on en tienne compte. Il y a huit ans, les biens de main-morte possédés par les fabriques et les séminaires avaient une contenance d'environ 29 621 hectares, et payaient 107 054 fr. d'impositions foncières; leur superficie est aujourd'hui de 38 767 hectares, supportant un impôt de 119 224 fr. La différence, quoique sensible, ne révèle pas dans la génération actuelle des habitudes sérieuses de libéralité envers le clergé. L'amélioration est plus marquée, dit-on, en ce qui touche les rentes sur l'État; mais qu'est-ce que quelques centaines de mille francs qui ont le plus souvent une destination spéciale indiquée par les donataires, comparativement à un budget de 46 millions? En supposant que la même progression se continuât, il se passerait plusieurs siècles avant que le domaine de l'Église ne fût reconstitué. La prévoyance de l'homme n'est pas tenue de devancer d'aussi loin les desseins de Dieu sur l'humanité.

L'Église catholique possède au suprême degré le don de la patience et de la résignation. Inflexible sur le dogme et la morale, elle fait pour tout le reste la part des hommes et des événements, ne s'acharne pas contre des impossibilités, et ne compromet pas légèrement, pour des satisfactions imaginaires, le salut des âmes que sa mission consiste à purifier et à régénérer. Après avoir poussé des gémissements douloureux sur la perte de l'héritage que les siècles lui avaient confié, elle s'est remise peu à peu de son affliction; elle s'est accoutumée à sa nouvelle condition; de jour en jour elle a mieux apprécié les avantages de ce régime qui la décharge des soucis d'une gestion toujours onéreuse, et dans lequel les seules chances défavorables qu'elle ait à redouter lui sont communes avec la société. Tant que le pays est calme et prospère, sous la main tutélaire d'un gouvernement fort, elle participe à la prospérité générale; sa subvention s'accroît; ses ministres sont mieux rétribués, ses monuments mieux entretenus; le péril ne commence pour elle qu'aux temps d'orage et de confusion. Mais si nous étions destinés à revoir encore ces tristes journées où l'État est la proie du désordre, serait-elle moins exposée, aurait-elle de moindres dangers à courir, pour avoir, dès maintenant, échangé les allocations de la loi de finances contre une dotation fixe? L'expérience a prouvé trop visiblement, hélas! que la propriété elle-même, ses titres authentiques fussent-ils confirmés par une possession immémoriale, n'était pas une digue capable d'arrêter le torrent révolutionnaire.

Ce que la prudence conseille aujourd'hui, ce n'est donc pas de troubler les imaginations par la perspective décevante d'un avenir qui ne luira jamais pour la génération actuelle, c'est d'accepter la situation telle que le cours des événements l'a faite, et de travailler loyalement à l'améliorer. Personne ne saurait prétendre que tout soit pour le mieux, comme si nous vivions dans le meilleur des mondes possibles. Malgré l'extension qu'il a prise, le budget du culte catholique n'est pas encore au niveau des besoins de l'Église; il offre en plusieurs points des insuffisances dont le clergé s'afflige, et auxquelles il est indispensable d'obvier. Parmi les articles qui nous paraissaient réclamer des augmentations, nous avons indiqué, dans le cours de ces études, le traitement des chanoines et des desservants, l'établissement des succursales, les secours aux paroisses pauvres, la construction et l'entretien des édifices diocésains. Que ces importants services reçoivent les compléments de subvention qui seront jugés nécessaires; que les lacunes du budget soient comblées; que le Trésor public proportionne ses dons à la grandeur de la cause qu'il veut servir; c'est là le but auquel le clergé doit tendre; ce sont les vœux, ce sont les espérances qu'il porte aux pieds du trône. Comment le gouvernement impérial résisterait-il à de justes demandes qu'il a lui-même autorisées par ses précédents bienfaits? Que de fois n'a-t-il pas donné des gages de ses intentions libérales envers la religion! Mais plus il a fait pour elle, plus elle doit compter sur lui. Il ne peut pas laisser inachevée l'œuvre qu'il a voulue et si généreusement inaugurée. Quand la féconde vertu de la paix élève partout le niveau de la richesse publique, sa munificence ne saurait se transformer en parcimonie. Fidèle à ses propres actes qui sont devenus, pour ainsi dire, des promesses, il continuera de protéger le sacerdoce, d'améliorer son sort et de seconder son ministère, certain de contribuer ainsi au bonheur du pays, dont la tranquillité sera d'autant mieux assurée que la religion y sera plus florissante.

STATISTIQUE

DES DÉPENSES DES CULTES

DEPUIS LE CONCORDAT DE 1801.

Afin de rester fidèle jusqu'à la fin à la pensée qui nous avait inspiré nos recherches précédentes sur le budget de l'Instruction publique, nous compléterons ces nouvelles études par une série de tableaux offrant la statistique détaillée des dépenses des Cultes depuis le Concordat de 1801 jusqu'au 31 décembre 1856.

Tous les faits qui appartiennent à la période du Consulat et de l'Empire ont été réunis dans un même tableau. Cette époque ne ressemble à aucune de celles qui ont suivi. L'organisation financière y différait sensiblement du régime qui a prévalu depuis; les formes de la comptabilité n'étaient pas les mêmes; les dépenses de diverse nature s'appliquaient à des portions de territoire que la France a perdues en 1815; entre les budgets et les comptes d'alors et ceux d'aujourd'hui, il eût été impossible d'établir une comparaison par article, à moins de se livrer à des développements qui auraient nui à la simplicité et à la clarté du travail. Nous avons jugé préférable de rapprocher tous les services qui avaient existé de 1802 à 1815; ce qui permettait d'embrasser d'un coup d'œil l'ensemble des dépenses qui ont été faites à cette époque en faveur des Cultes.

A partir de la Restauration, nous ne rencontrions plus les mêmes difficultés. Nous avons suivi l'ordre actuel des chapitres du budget, en y ramenant tous les détails que nous trouvions rangés, dans les anciens comptes, sous d'autres titres.

Les sources que nous avons consultées sont, comme pour l'Instruction publique, les documents officiels qui sont dans toutes les mains, mais que bien peu de personnes ont le courage de compulser. Les comptes rendus annuellement publiés par l'administration nous ont fourni, au moins depuis 1817, tous les éléments de nos calculs, tous les chiffres qui constatent les vicissitudes ou plutôt le progrès incessant des charges du Trésor. Notre tâche s'est bornée à extraire et à grouper ces matériaux. Pour la période du Consulat et de l'Empire, nous avons reproduit un ancien état qui s'est trouvé d'accord en beaucoup de points avec les documents officiels, et que nous n'avons eu qu'à compléter pour les autres articles.

Nous n'avons pas séparé la statistique des dépenses de celle des fonctions qui en sont l'objet. On trouvera dans les tableaux qui suivent, sinon l'état complet du personnel du clergé, du moins celui des titres ecclésiastiques reconnus et rétribués par le Trésor. Nous avons consacré un tableau spécial à établir la comparaison entre le chiffre de la population de chaque diocèse, le nombre de communes qu'il renferme, et celui des cures, succursales et vicariats qu'il possédait au 1er janvier 1859.

Enfin nous avons emprunté aux documents publiés par le Ministère des finances les éléments d'une situation des biens de mainmorte appartenant aux fabriques, aux séminaires et aux congrégations religieuses. Il nous a semblé que ce tableau, qui embrasse une période de dix années et qui comprend des faits peu connus et généralement mal appréciés, ne serait pas dépourvu d'intérêt.

I. — TABLEAU SOMMAIRE DES DÉPENSES DES CULTES DEPUIS LE CONCORDAT.

ANNÉES.	CULTE catholique et administration centrale.	CULTES protestants.	CULTE israélite.	CULTES en Algérie.	EXERCICES clos et périmés.	TOTAL des dépenses.
	fr. c.	fr. c.	fr. c.	fr. c.	fr. c.	fr. c.
1803	4 059 005 68	22 363 51	»	»	»	4 081 369 19
1805	12 212 307 87	195 619 52	»	»	»	12 407 927 39
1809	14 569 849 91	671 000 »	»	»	»	15 240 849 91
1811	16 313 000 »	700 000 »	»	»	»	17 013 000 »
1813	16 628 868 90	694 000 »	»	»	»	17 322 868 90
1817	21 507 016 »a	393 348 69	»	»	»	21 900 364 69
1820	24 061 399 74b	650 377 44	»	»	»	24 711 777 18
1823	26 138 445 70c	577 829 93	»	»	»	26 716 278 63
1826	30 101 573 81	584 161 68	»	»	»	30 685 735 49
1829	34 891 308 45	690 202 33	»	»	»	35 581 510 78
1832	33 049 361 09	749 272 01	64 921 26	3 000 »	» d	33 866 554 36
1835	33 523 318 87	849 763 15	79 995 27	»	104 850 22	34 557 927 51
1838	34 645 703 »	910 129 96	89 785 82	»	77 331 38	35 722 950 16
1841	34 860 266 66	987 401 56	90 803 32	»	193 371 89	36 131 843 43
1844	36 171 990 61	1 206 958 76	91 058 30	»	167 687 27	37 637 694 94
1847	37 630 008 28	1 240 229 28	108 836 18	»	130 620 98	39 109 694 72
1848	38 131 258 »	1 239 799 54	116 039 72	204 047 02	277 119 46	39 968 263 74
1849	39 165 507 52	1 248 143 45	116 408 34	351 626 72	305 189 07	41 186 875 10
1850	39 705 652 19	1 254 703 93	132 181 95	366 643 14	248 565 86	41 707 747 07
1851	40 083 947 07	1 276 133 37	143 825 85	433 118 61	386 255 83	42 323 280 73
1852	39 900 037 17	1 291 159 17	142 243 85	418 493 38	328 120 28	42 080 053 85
1853	42 320 266 81	1 312 115 91	146 040 44	502 100 »	158 760 12	44 439 283 16
1854	42 223 328 68	1 328 890 82	149 528 48	568 023 60	228 927 53	44 498 699 11
1855	42 423 224 08	1 339 515 33	163 752 80	617 059 36	138 819 80	44 682 371 37
1856	42 765 450 74	1 353 801 19	161 814 88	735 157 18	564 766 89	45 580 990 88

a Y compris 1 357 016 fr. sur les fonds départementaux.

b Y compris 600 000 fr. sur les fonds du ministère de l'intérieur (travaux d'utilité générale dans les départements), et 896 171 fr. sur les fonds départementaux.

c Y compris 886 055 fr. 85 c. sur les fonds du ministère de l'intérieur, et 1 028 99 fr. sur les fonds départementaux.

d A partir de 1835, les dépenses des exercices clos ont été inscrites à un chapitre spécial, en vertu de l'article 8 de la loi du 23 mai 1834.

II. — DÉVELOPPEMENTS GÉNÉRAUX [DÉPE]NSES DES CULTES DE 1802 A 1813.

DÉSIGNATION DES SERVICES.	1802. — An X.	1803. — An XI.	1805. — An XIII.	1807.	1809.	1811.	1813.
	fr. c.	fr. c.	fr. c.	fr. c.	fr. c.	fr. c.	fr. c.
Administrateur général des cultes. — Ministre des cultes	60 000	50 000 »	120 000 »	120 000 » »	120 000 »	120 000 »	120 000 »
Personnel et matériel des bureaux	70 000	61 920 »	170 000 »	170 000 »	215 000 »	236 000 »	236 000 »
Cardinaux. — Maison du pape	»	41 833 32	150 000 »	219 000 »	647 849 91	982 000 »	451 000 »
Archevêques et évêques	217 625 «	132 950 19	668 772 80	656 221 13	659 300 »	751 834 «	757 482 »
Chapitre de Saint-Denis	»	»	»	100 511 07	109 400 »	91 024 « »	94 668 »
Vicaires généraux et chapitres	»	451 293 05	679 129 87	695 022 10	700 000 »	688 411 « »	716 600 »
Curés de 1re et de 2e classe	57 179 «	078 010 96	3.049 534 98	2 985 869 93	2 855 000 »	3 231 000. »	3 074 600 »
Desservants des succursales	»	» .	6 298 337 35	6 102 175 09	7 654 233 36	7 577 605 »	7 291 241 90
Bourses dans les séminaires	»	236 584 57	272 537 78	156 466 34	150 423 82	20 600 »	»
Secours et pensions accordés par décrets impériaux	»	» «	»	15 600 »	159 300 »	131 880 »	131 880 »
Secours aux congrégations hospitalières de femmes et aux missions	»						
Travaux des édifices diocésains. — Mobilier des évêchés. — Maîtrises et bas-chœurs. — Visites diocésaines, etc.	»	52 000 »	15 000 »	15 000 »	18 000 »	6 000 »	6 000 »
		»	259 406 09	»	»	»	»
Secours extraordinaires pour églises et presbytères	»	22 363 51	195 619 52	537 000 »	671 000 »	700 000 »	694 000 »
Dépenses des cultes protestants	»						
Dépenses diverses et accidentelles. — Frais d'établissement des évêques. — Gratifications à l'occasion du rétablissement des cultes. — Distribution de crosses, mitres, croix, bagues, etc.	793 392 «	494 413 59	529 589 «	218 315 23	322 332 82	744 879 21	432 400 »
Dépenses du culte hors de France. — En Piémont. — En Toscane. — Dans divers départements au delà des Alpes. — En Illyrie. — Dans les États romains. — En Hollande. — Dans les Villes Anséatiques	»	»	»	50 000 »	270 000 »	1 111 000 »	2 869 197 »
Totaux	1 258 197 «	1 381 369 19	12 407 977 39	12 140 800 89	15 240 849 91	17 013 000 »	17 322 868 90

III. — DÉPENSES DE L'ADMINISTRATION CENTRALE.

ANNÉES.	TRAITEMENT du ministre des affaires ecclésiastiques.		TRAITEMENT du directeur.	PERSONNEL des bureaux.		TOTAL des traitements.		INDEMNITÉS à des employés réformés. — SUBVENTION au fonds de retraite.		MATÉRIEL.	
	fr.	c.	fr.	fr.	c.	fr.	c.	fr.	c.	fr.	c.
1817	»		»	»		51 022	65 *a*	»		9 000	»
1820	»		»	»		26 719	» *b*	»		7 250	16
1823	»		»	»		23 859	62 *c*	»		4 826	66
1826	109 999	92	20 000	160 654	10	290 654	02	4 807	»	84 538	03 *e*
1829	121 166	66	»	202 446	43 *d*	323 613	09	7 463	24	103 617	94 *f*
1832	34 144	43	»	165 421	58	199 866	11	10 913	53	24 994	89
1835	»		»	144 999	97	144 999	97	16 089	»	29 248	20
1838	»		»	148 489	99	144 489	99	16 089	»	26 616	62
1841	»		15 000	159 499	59	174 499	59	18 914	»	26 982	26
1844	»		18 000	162 496	48	180 496	48	23 150	07	26 959	08
1847	»		18 000	179 999	33	197 999	33	17 000	»	26 996	88
1848	»		17 450	163 648	76	181 098	76	30 102	»	26 932	83
1849	»		15 000	156 713	36	171 713	36	31 895	»	25 619	04
1850	»		13 250	154 679	55	167 929	55	42 910	90	24 999	40
1851	»		15 000	154 720	82	169 720	82	41 022	»	24 998	22
1852	»		15 000	169 895	43	184 895	43	53 896	»	26 999	87
1853	»		15 000	175 491	10	190 491	10	37 570	»	31 991	06
1854	»		15 000	175 499	32	190 499	32	»		31 999	29
1855	»		15 000	175 500	»	190 500	»	»		26 999	47
1856	»		15 000	175 500	»	190 500	»	»		26 999	53

a Y compris 25 000 fr. pour le grand aumônier chargé des affaires ecclésiastiques. Le surplus de la dépense est confondu au budget du ministère de l'intérieur avec les traitements du personnel des bureaux.

b Ce chiffre, comme le précédent, n'exprime que la dépense du bureau des affaires ecclésiastiques dans les attributions du grand aumônier.

c Même observation.

d Y compris les frais du bureau des présentations des titres ecclésiastiques sous la direction d'un prélat qui recevait pour sa part 10 000 fr.

e Y compris 59 999 fr. 33 de travaux extraordinaires.

f Y compris 56 073 fr. de travaux extraordinaires.

IV. — DÉPENSES CONCERNANT LES CARDINAUX, ARCHEVÊQUES ET ÉVÊQUES.

Le traitement des cardinaux était de 30 000 francs sous la Restauration comme sous l'Empire. Supprimé en 1830, rétabli en 1836, il est resté depuis cette époque fixé à 10 000 francs.

Le traitement des archevêques et évêques a été de 25 000 et de 15 000 francs sous la Restauration, de 15 000 et de 10 000 francs sous la monarchie de Juillet et sous la République. Celui des archevêques a été reporté à 25 000 francs, à partir de 1853, et celui des évêques à 15 000 francs à partir de 1858 seulement. Mais 42 évêques ont reçu de 1853 à 1857 inclusivement une indemnité supplémentaire de 3000 francs.

ANNÉES.	NOMBRE			DÉPENSE effectuée pour traitements.	INDEMNITÉS pour frais de visites diocésaines.	FRAIS de premier établissement.	FRAIS de bulles.	FRAIS d'informations.	TOTAL.
	des cardinaux.	des archevêques.	des évêques à 10 000 francs.						
				fr. c.	fr. c.	fr.	fr. c.	fr.	fr. c
1817	5	2	33	750 395 83 a	»	»	»	»	750 395 83
1820	3	9	41	954 619 22 b	»	40 000	12 323 50	»	1 006 942 72
1823	3	13	61	1 181 065 69 c	»	205 000	88 525 52	»	1 474 591 21
1826	4	14	66	1 484 860 66	121 158 32	55 000	14 517 22	1900	1 677 436 20
1829	5	14	66	1 492 358 60	120 626 96	95 000	25 007 60	2200	1 735 193 16
1832	»	14	66	945 455 82	74 300	25 000	27 722 38	1200	1 073 678 20
1835	»	14	66	815 035 50	79 850	39 000	18 842 81	3200	955 928 31
1838	2	14	66	867 975 86	78 300	48 000	16 354 06	900	1 011 529 92
1841	3	14	68	871 894 72	76 500	98 000 d	15 913 13	2600	1 064 907 85
1844	3	15	65	884 868 06	79 500	63 000	39 684	2500	1 059 552 06
1847	3	15	65	915 590 97	80 500	100 000	8 793 30	300	1 105 184 27
1848	4	15	65	894 452 05	77 500	23 000	21 941 57	1700	1 023 593 62
1849	4	15	65	875 493 71	82 500	66 000	21 685 57	2200	1 047 879 28
1850	6	15	65	893 840 96	81 500	158 000	13 616 74	1000	1 147 957 70
1851	5	15	65	900 007 65	81 500	18 000	9 420 20	2100	1 011 027 85
1852	5	15	65	934 327 11	81 950	69 000	13 487	»	1 098 764 11
1853	6	15	65	1 238 521 13 e	83 050	68 000	6 345 50	600	1 396 516 63
1854	6	15	65	1 234 925 00 f	82 500	8 000	2 950	300	1 328 675
1855	6	15	66	1 216 694 42 g	83 000	87 000 h	25 904 60	2400	1 414 999 02
1856	6	15	66	1 248 117 73 i	83 000	69 000	28 182 27	2500	1 430 800

a Y compris 116 214 fr. 50 c. à 28 évêques nommés.
b Y compris 37 000 fr. à 16 évêques nommés.
c Y compris 24 983 fr. 33 c. à 13 évêques.
d Y compris 45 000 fr. pour frais d'installation d'un cardinal.
e Y compris 72 000 fr. accordés à 24 évêques pour charges extraordinaires.
f Y compris 71 991 fr. 67 c. pour le même objet.
g Y compris 69 416 fr. 66 c. pour le même objet, et 8277 fr. 77 c. pour un évêque auxiliaire dans le diocèse de Paris.
h Y compris 40 000 fr. pour l'érection du nouvel évêché de Laval.
i Y compris 81 551 fr. 07 c. à 24 évêques et à l'évêque auxiliaire de Paris.

V. — DÉPENSES DES CHAPITRES ET DU CLERGÉ PAROISSIAL.

ANNÉES.	CHAPITRES cathédraux.		DÉPENSES des cures.		DÉPENSES des succursales.		DÉPENSES des vicariats.		INDEMNITÉS de binage.		DÉPENSE TOTALE.	
	fr.	c.	fr.	c.	fr.	c.	fr.	c.	fr.	c.	fr.	c.
1817	1 252 586	69a	2 858 630	60	11 198 306	08	995 291	17	1 022 189	94	17 327 004	48
1820	856 908	30	2 970 390	53	13 220 218	13	1 072 784	45b	605 324	55	18 725 625	96
1823	1 073 270	45	3 078 833	87	14 061 222	37	1 299 780	56c	565 197		20 078 304	25
1826	1 405 943	37	3 253 382	52	14 855 067	16	1 370 735	51d	640 713	74	21 525 842	30
1829	1 410 316	54	3 879 752	31	17 095 478	64	1 502 848	91e	572 727	83	24 461 124	23
1832	1 369 036	67	3 955 153	14	19 041 687	04	1 774 586	07	419 185	80	26 559 648	72
1835	1 380 537	34	4 037 773	90	19 753 456	51	1 848 584	92	341 396	83	27 361 749	50
1838	1 390 568	45	4 089 004	63	20 241 745	76	1 894 313	75	307 794	04	27 923 426	63
1841	1 406 940	96	4 110 594	12	20 660 472	81	1 929 766	92	303 482	87	28 411 257	68
1844	1 343 597	12	4 179 619	88	21 160 970	75	1 952 159	58	327 871	52	28 964 218	85
1847	1 352 378	05	4 232 643	92	21 900 978	89	2 025 385	22	322 977	89	29 834 363	97
1848	1 328 700	99	4 231 619	44	22 862 085	66	2 064 538	29	302 124	79	30 789 069	17
1849	1 340 883	14	4 241 675	57	24 167 324	78	2 084 291	67	278 368	79	32 112 543	95
1850	1 346 124	56	4 248 908	52	24 345 848	19	2 117 244	05	258 394	92	32 316 520	24
1851	1 347 742	11	4 266 666	20	24 528 910	44	2 153 036	27	256 932	07	32 553 287	09
1852	1 351 809	58	4 281 066	45	24 704 264	58	2 190 832	66f	243 496	01	32 771 469	28
1853	1 442 449	16	4 299 865	87	24 871 663	95	2 232 318	80g	234 688	61	33 080 986	39
1854	1 443 441	18	4 308 611	88	25 034 700	13	2 267 787	26	226 996	69	33 281 537	14
1855	1 447 949	80	4 316 797	27	25 217 910	74	2 309 815	61	220 945	23	33 513 418	65
1856	1 459 328	70	4 325 153	42	25 443 755	41	2 360 481	57	203 532	25	33 792 251	35

a   Y compris 655 362 fr. sur les fonds départementaux. Voyez la note a au tableau suivant.

b   Y compris 161 100 fr. pour les prêtres auxiliaires.

c   Y compris 140 761 fr. 98 c. pour les prêtres auxiliaires.

d   Y compris 125 710 fr. 45 c. pour les prêtres auxiliaires.

e   Y compris 93 000 fr. pour les prêtres auxiliaires.

f   Y compris 3959 f. 98 c. pour les aumôniers des dernières prières. D. 2 mars 1852.

g   Y compris 7200 fr. pour le même objet : mais je détache du chapitre les dépenses de la communauté des chapelains de Sainte-Geneviève, que je réunis à celles du chapitre de Saint-Denis

VI. — DÉPENSES DES CHAPITRES CATHÉDRAUX.

Le traitement des grands vicaires était en 1817 de 2000 fr. et de 1500 fr.; à partir de 1819 jusqu'en 1852, il a été de 4000 fr., 3000 fr. et 2000 fr.; à partir de 1853, il a été porté à 4500 fr., 3500 fr. et 2500 fr.

Le traitement des chanoines était en 1817 de 1000 fr.; il a été porté à partir de 1819 à 2400 fr. à Paris, et à 1500 fr. dans les départements. Voy. plus haut, p. 67 et suiv.

ANNÉES.	VICAIRES généraux			CHANOINES		DÉPENSE effectuée.
	à 4000 fr. et 4500 fr.	à 2000 fr. et 3000 fr.	à 1500 fr. et 2000 fr.	à 2400 fr.	à 1100 fr. et 1500 fr.	
						fr.　c.
1817	»	9	100	»	415	1 252 586 69 a
1820	1	10	98	16	402	856 908 30
1823	1	15	148	16	610	1 073 270 45
1826	1	15	158	16	679	1 405 943 37
1829	1	15	157	16	680	1 410 316 54
1832	1	15	155	16	680	1 369 036 67
1835	1	15	158	16	680	1 380 537 34
1838	1	15	156	16	681	1 390 568 45
1841	1	15	157	16	686	1 406 940 96
1844	1	16	158	15	645	1 343 597 12
1847	1	16	158	15	645	1 352 378 05
1848	1	16	158	15	646	1 328 700 99
1849	1	16	158	15	644	1 340 883 14
1850	1	16	158	15	644	1 346 124 56
1851	1	16	158	15	644	1 347 742 11
1852	1	16	158	15	645	1 351 809 58
1853	1	16	158	15	646	1 442 449 16
1854	1	16	158	15	646	1 443 441 18
1855	1	16	160	15	654	1 447 949 80
1856	1	16	160	15	654	1 459 328 70

a. Y compris 655 862 fr. sur les fonds départementaux. L'allocation tout entière n'alla pas aux chanoines et aux vicaires généraux; une partie fut affectée aux évêques.

VII. — DÉVELOPPEMENTS DES DÉPENSES DU CLERGÉ PAROISSIAL.

(CURES.)

A partir de 1817, les curés de 1re classe ont touché constamment 1500 fr., et quand ils étaient septuagénaires, 1600 fr. Les curés de 2e classe ont reçu 1100 fr. jusqu'en 1827, et à partir de l'année suivante, 1200 fr., avec 100 fr. d'augmentation pour les septuagénaires.

ANNÉES.	1re CLASSE.		2e CLASSE.		DÉPENSE effectuée.
	Septuagénaires non pensionnés à 1600 fr.	à 1500 fr.	Septuagénaires non pensionnés à 1200 et 1300 fr.	à 1100 et 1200 fr.	fr. c.
1817	24	567	69	2199	2 858 630 60
1820	18	702	27	2137	2 970 390 53
1823	13	724	35	2132	3 078 833 87
1826	17	716	37	2229	3 253 382 52
1829	23	729	53	2457	3 879 752 31
1832	31	715	66	2452	3 955 153 14
1835	33	703	88	2439	4 037 773 90
1838	48	701	99	2414	4 089 004 63
1841	46	711	92	2410	4 110 594 12
1844	44	775	72	2410	4 179 619 88
1847	38	805	62	2445	4 232 643 92
1848	39	806	53	2452	4 231 619 44
1849	43	803	51	2453	4 241 675 57
1850	44	802	54	2464	4 248 908 52
1851	42	804	50	2474	4 266 666 20
1852	31	825	49	2467	4 281 066 45
1853	24	831	47	2491	4 299 865 87
1854	24	832	44	2495	4 308 611 88
1855	18	840	39	2504	4 316 797 27
1856	22	836	43	2512	4 325 153 42

VIII. — DÉVELOPPEMENTS DES DÉPENSES DU CLERGÉ PAROISSIAL.

(SUCCURSALES.)

Sur les variations du traitement des desservants, voy. notre chapitre IV, de la page 81 à la page 100.

ANNÉES.	SUCCURSALES.	DESSERVANTS EN EXERCICE.					TOTAL.	DÉPENSE effectuée.	
		Ayant 75 ans accomplis.	Ayant 70 ans accomplis.	Ayant 60 ans accomplis.	Ayant 50 ans accomplis.	au-dessous des limites d'âge précédentes.		fr.	c.
1817	25 642	»	3180	»	»	19 234	22 414	11 198 306	08
1820	26 160	»	3595	»	»	19 172	22 767	13 220 218	13
1823	26 334	»	3765	»	»	19 117	22 882	14 061 222	37
1826	26 788	»	3884	»	»	19 306	23 190	14 855 067	16
1829	26 774	»	3881	4661	»	15 348	23 890	17 095 478	64
1832	26 776	»	3642	2945	»	18 183	24 771	19 041 687	04
1835	26 775	»	3246	1537	»	20 484	25 267	19 753 456	51
1838	27 000	»	2540	763	»	22 354	25 657	20 241 745	76
1841	27 450	»	1800	597	»	23 763	26 160	20 660 472	81
1844	28 198	»	1146	693	»	24 939	26 778	21 160 970	75
1847	29 049	»	738	1006	»	25 922	27 666	21 900 978	89
1848	29 152	»	607	1209	6205	19 874	27 895	22 862 085	66
1849	29 203	379	181	1371	6660	19 460	28 051	24 167 324	78
1850	29 288	337	183	1627	7140	18 899	28 186	24 345 848	19
1851	29 384	294	199	1956	7558	18 341	28 348	24 528 910	44
1852	29 454	256	216	2244	8097	17 673	28 486	24 704 264	58
1853	29 533	214	231	2474	8530	17 163	28 602	24 871 663	95
1854	29 629	194	242	2828	9049	16 409	28 722	25 034 700	13
1855	29 695	173	259	3192	9556	15 670	28 850	25 217 910	74
1856	29 785	147	296	3577	9983	14 981	28 984	25 443 755	41

IX. — DÉVELOPPEMENTS DES DÉPENSES DU CLERGÉ PAROISSIAL.

(Vicariats.)

ANNÉES.	NOMBRE des vicariats autorisés.	NOMBRE des vicaires en exercice.	DÉPENSE effectuée.	OBSERVATIONS.
			fr. c.	
1817	»	4770	995 291 17	
1820	»	3987	1 072 784 45 a	a. Y compris 161 100 fr. alloués aux prêtres auxiliaires.
1823	5178	4163	1 299 780 56 b	b. Y compris 140 761 fr. 98 c. pour le même objet.
1826	5674	4520	1 370 735 51 c	c. Y compris 125 710 fr. 40 c. pour le même objet.
1829	6078	5012	1 502 848 91 d	d. Y compris 93 000 fr. pour le même objet.
1832	6206	5293	1 774 586 07	
1835	6212	5447	1 848 584 92	
1838	6210	5564	1 894 313 75	
1841	6248	5688	1 929 766 92	
1844	6365	5748	1 952 159 58	
1847	6631	5912	2 025 385 22	
1848	6698	6054	2 064 538 29	
1849	6740	6168	2 084 291 67	
1850	6827	6239	2 117 244 05	
1851	6933	6386	2 153 036 27	
1852	7008	6429	2 190 832 66 e	e. Y compris 3959 fr. 98 c. pour 6 aumôniers des dernières prières, à 1200 fr.
1853	7185	6577	2 232 318 80 f	f. Y compris 7200 fr. pour le même objet.
1854	7292	6671	2 267 787 26 g	g. Id.
1855	7432	6820	2 309 815 61 h	h. Id.
1856	7581	6958	2 360 481 57 i	i. Id.

X. — POPULATION, COMMUNES, CURES, SUCCURSALES, VICARIATS DES 81 DIOCÈSES DE L'ÉGLISE DE FRANCE.

Nous avons dressé ce tableau d'après le dernier recensement de la population de la France (*Bull.*, XI° série, n° 469), et d'après l'état des cures, succursales et vicariats autorisés, sinon effectivement occupés, à la date du 1ᵉʳ janvier 1859.

DIOCÈSES.	DÉPARTEMENTS compris dans la circonscription de chaque diocèse.	CHIFFRE de la population.	NOMBRE des communes.	EMPLOIS ECCLÉSIASTIQUES à la charge du Trésor dans chaque diocèse.			
				Cures.	Succursales.	Vicariats et chapelles vicariales.	TOTAL.
Agen	Lot-et-Garonne..	340 041	315	47	389	46	482
Aire............	Landes	309 832	333	27	279	45	351
Aix	Bouch.-du-Rhône	202 866	90	23	101	38	162
Ajaccio	Corse......	240 183	354	69	330	117	516
Albi	Tarn	354 832	316	48	421	65	534
Amiens.........	Somme	566 619	832	60	568	85	713
Angers.........	Maine-et-Loire...	524 387	376	35	376	135	546
Angoulême.....	Charente........	378 721	433	30	304	12	346
Arras	Pas-de-Calais ...	712 846	903	51	649	69	769
Auch	Gers	304 497	466	29	447	129	605
Autun	Saône-et-Loire...	575 018	585	64	422	84	570
Avignon	Vaucluse	268 994	149	28	142	91	261
Bayeux	Calvados........	478 397	784	71	625	168	864
Bayonne	Basses-Pyrénées.	436 442	560	43	416	91	550
Beauvais.......	Oise...........	396 085	700	39	481	26	546
Belley.........	Ain	370 919	447	35	387	122	544
Besançon	Doubs, Hᵗᵉ-Saône.	599 285	1222	56	726	124	906
Blois..........	Loir-et-Cher	264 403	296	27	265	23	315
Bordeaux	Gironde	640 757	546	79	394	87	560
Bourges	Cher, Indre.....	588 323	536	64	405	54	523
Cahors	Lot............	293 733	315	33	443	68	544
Cambrai	Nord	1 212 353	663	67	552	158	777
Carcassonne	Aude	382 833	424	37	360	44	441
Châlons........	Marne	230 050	486	24	308	14	346
Chartres.......	Eure-et-Loir....	291 074	427	25	347	25	397
Clermont.......	Puy-de-Dôme ...	590 062	445	53	417	170	640
Coutances	Manche........	595 202	643	60	598	382	1040
Digne	Basses-Alpes....	149 670	255	35	311	40	386

POPULATION, COMMUNES, CURES, SUCCURSALES, VICARIATS DES 81 DIOCÈSES DE L'ÉGLISE DE FRANCE.

(Suite.)

DIOCÈSES.	DÉPARTEMENTS compris dans la circonscription de chaque diocèse.	CHIFFRE de la population.	NOMBRE des communes.	EMPLOIS ECCLÉSIASTIQUES à la charge du Trésor dans chaque diocèse.			
				Cures.	Succursales.	Vicariats et chapelles vicariales.	TOTAL.
Dijon............	Côte-d'Or........	385 131	727	38	454	23	515
Évreux.........	Eure............	404 665	701	37	534	40	611
Fréjus.........	Var............	371 820	203	36	199	93	328
Gap............	Hautes-Alpes....	129 556	189	26	215	25	266
Grenoble........	Isère..........	576 637	547	48	473	97	618
Langres........	Haute-Marne....	256 512	550	28	384	31	443
Laval	Mayenne........	373 841	274	31	264	138	433
Limoges........	Hᵗᵉ-Vienn.,Creuse	319 787	199	69	386	75	530
Luçon..........	Vendée........	389 683	297	36	247	83	366
Lyon	Rhône, Loire....	1 131 251	575	71	560	323	954
Mans..........	Sarthe..........	467 193	389	38	350	105	493
Marseille........	Bouch.-du-Rhône	270 499	21	11	67	22	100
Meaux..........	Seine-et-Marne...	341 382	527	38	381	27	446
Mende..........	Lozère..........	140 819	193	26	189	142	357
Metz............	Moselle..........	451 152	628	36	445	114	595
Montauban.....	Tarn-et-Garonne.	234 782	193	30	294	45	369
Montpellier.....	Hérault..........	400 424	330	43	295	38	376
Moulins........	Allier............	352 241	317	29	255	56	340
Nancy	Meurthe........	424 373	714	34	524	45	603
Nantes.........	Loire-Inférieure.	555 996	208	52	200	158	410
Nevers	Nièvre..........	326 086	317	34	265	34	333
Nîmes	Gard	419 696	348	42	214	73	329
Orléans.........	Loiret..........	345 115	348	41	288	45	374
Pamiers	Ariége..........	251 318	336	22	300	41	363
Paris	Seine	1 727 419	81	32	99	36	167
Périgueux.......	Dordogne.......	504 651	584	65	423	56	544
Perpignan......	Pyrénées-Orient.	183 056	228	26	175	72	273
Poitiers.........	Vienne,Deux-Sèv.	650 431	651	69	542	76	687

POPULATION, COMMUNES, CURES, SUCCURSALES, VICARIATS DES 81 DIOCÈSES DE L'ÉGLISE DE FRANCE.

(Suite.)

DIOCÈSES.	DÉPARTEMENTS compris dans la circonscription de chaque diocèse.	CHIFFRE de la population.	NOMBRE des communes.	EMPLOIS ECCLÉSIASTIQUES rétribués par le Trésor dans chaque diocèse.			
				Cures.	Succursales.	Vicariats et chapelles vicariales.	TOTAL.
Le Puy	Haute-Loire	300 994	258	33	235	199	467
Quimper	Finistère	606 552	283	47	255	214	516
Reims	Marne, Ardennes.	464 138	659	47	510	27	584
Rennes	Ille-et-Vilaine	580 898	350	60	319	356	735
Rochelle (La)	Charente-Infér.	474 828	480	46	286	46	378
Rodez	Aveyron	393 890	282	50	595	217	862
Rouen	Seine-Inférieure.	769 450	760	63	519	117	699
Saint-Brieuc.	Côtes-du-Nord	621 573	379	48	346	349	743
Saint-Claude	Jura	296 701	584	34	343	61	438
Saint-Dié	Vosges	405 708	546	33	349	65	447
Saint-Flour	Cantal	247 665	259	24	282	207	513
Séez	Orne	430 127	512	45	464	157	666
Sens	Yonne	368 901	482	49	429	12	490
Soissons	Aisne	555 539	837	38	518	40	596
Strasbourg	B.-Rhin, H.-Rhin.	1 083 297	1033	76	632	185	893
Tarbes	Hautes-Pyrénées.	245 856	480	28	269	116	413
Toulouse	Haute-Garonne	481 247	578	43	457	110	610
Tours	Indre-et-Loire	318 442	281	36	249	42	327
Troyes	Aube	261 673	446	40	379	9	428
Tulle	Corrèze	314 982	286	34	254	67	355
Valence	Drôme	324 760	365	37	292	79	408
Vannes	Morbihan	473 932	234	38	228	310	576
Verdun	Meuse	305 727	587	30	425	57	512
Versailles	Seine-et-Oise	484 179	684	62	505	40	607
Viviers	Ardèche	385 835	339	37	323	137	497
Total		36 039 364	36 826	3 425	29 948	7 844	41 217

XI. — CHAPELAINS DE SAINT-DENIS ET CHAPELAINS DE SAINTE-GENEVIÈVE.

| | CHAPITRE DE SAINT-DENIS. | | | | | | CHAPELAINS DE SAINTE-GENEVIÈVE. | |
| ANNÉES. | Nombre des chanoines | | | Traitements des membres du chapitre. | Frais de service intérieur et d'entretien. | Total du la dépense. | Nombre des chapelains. | Dépense. |
	de 1er ordre.	dignitaires et doyen.	de 2e ordre.	fr. c.	fr. c.	fr. c.		fr. c.
1817	9	3	10	»	»	175 000	»	»
1820	8	5	13	»	»	200 000	»	»
1823	8	5	14	»	»	188 008 07	»	»
1826	7	5	14	»	»	199 950 12	»	»
1829	8	5	14	»	»	200 000	»	»
1832	6	5	12	»	»	107 446 58	»	»
1835	4	5	10	»	»	96 278 54	»	»
1838	6	4	9	»	»	111 999 42	»	»
1841	6	4	10	»	»	110 838 27	»	»
1844	5	3	10	70 671 95	37 452 53	108 124 48	»	»
1847	5	2	8	58 606 63	33 097 67	91 704 30	»	»
1848	5	1	8	53 666	31 592 43	85 258 43	»	»
1849	4	»	9	44 479 75	23 169 21	67 648 96	»	»
1850	4	»	8	29 516 67	18 210 45	47 727 12	»	»
1851	2	»	8	27 027 77	16 981 85	44 009 62	»	»
1852	2	»	8	35 376 13	32 528 31	67 904 44	7	34 765 01 a
1853	5	»	8	60 754 70	27 758 63	88 513 33	7	18 062 50
1854	5	»	8	69 455 21	21 762 23	91 217 44	7	34 249 30
1855	5	»	11	77 753 82	19 051 26	96 805 08	7	36 694 92
1856	6	1	11	89 844 10	17 029 13	106 873 23	7	37 296 82

a Savoir 8166 fr. 62 c. pour le personnel, et 26 598 fr. 39 c. pour frais d'installation et d'ameublements.

XII. — BOURSES DES SÉMINAIRES DU CULTE CATHOLIQUE.

ANNÉES.	BOURSES à 800 fr.	DEMI-BOURSES à 400 fr.	BOURSES à 400 fr.	DEMI-BOURSES à 200 fr.	FRACTIONS de bourses.	TOTAL de la dépense.	BOURSES dans les écoles secondaires ecclésiastiques.
						fr. c.	fr. c.
1817	»	»	1187	2217	47	924 218 31	»
1820	»	»	1186	2198	46	922 624 »	»
1823	»	»	1297	1996	46	915 797 73	»
1826	»	»	1521	2708	79	1 160 513 89	»
1829	»	»	1574	2754	79	1 190 199 98	1 195 890 40 a
1832	»	»	1326	2382	65	1 005 427 57	»
1835	»	»	1289	2340	65	979 135 48	»
1838	»	»	1294	2404	65	984 363 51	»
1841	»	»	1294	2404	65	996 425 66	»
1844	30	25	1233	2356	65	997 581 85	»
1847	30	25	1233	2356	65	999 935 74	»
1848	30	25	1233	2356	65	994 841 79	»
1849	30	25	1233	2356	65	999 624 83	»
1850	30	25	1219	2384	65	999 994 93	
1851	30	25	1194	2434	65	1 001 942 51	»
1852	30	25	1187	2454	65	1 001 148 09	»
1853	30	25	1199	2484	65	1 014 520 60	»
1854	30	25	1199	2484	65	1 015 001 71	»
1855	30	25	1213	2516	65	1 027 894 57	»
1856	30	25	1213	2516	65	1 028 589 94	»

a. Ordonnance du 3 décembre 1828. La dépense est répartie entre 7826 demi-bourses à 150 fr., et 238 fractions de bourse à divers taux. Elle figure encore dans les comptes de l'exercice 1830 pour la somme de 1 179 851 fr. 16 c.; mais ce sont les seules fois qu'elle apparaisse.

XIII. — SECOURS A DES ECCLÉSIASTIQ[UES ET] A D'ANCIENNES RELIGIEUSES.

ANNÉES.	ANCIENNES RELIGIEUSES.		ANCIENS VICAIRES GÉNÉRAUX.		CURÉS ET DESSERVANTS en retraite.		ECCLÉSIASTIQUES âgés ou infirmes sans fonctions depuis le rétablissement du culte.		ECCLÉSIASTIQUES en activité de service.		ANCIENS RELIGIEUX et CHANOINESSES de l'ordre de Saint-Jean de Jérusalem.		TOTAL de la dépense.	OBSERVATIONS.
	Nombre.	Sommes.	Nombre.	Sommes.	Nombre.	Sommes.	Nombre.	Sommes.	Nombre.	Sommes.	Nombre.	Sommes.		
		fr. c.		fr. c.		fr. c.		fr.		fr. c.		fr.	fr. c.	
1817	»	»	»	»	»	»	»	»	»	»	»	»	421 666 64	
1820	»	476 920 83	»	»	»	245 754 87	»	221 021	[illegible]	»	»	»	943 697 27	
1823	»	481 486 »	»	»	»	235 263 »	»	196 395	[illegible]	»	»	»	914 144 44	
1826	6972	591 984 56	13	15 250 »	1068	296 310 »	908	188 288	[illegible]	13 335 »	23	13 500	1 118 667 66	
1829	5898	508 994 »	21	30 625 »	1120	322 524 »	713	164 309	[illegible]	18 110 »	23	13 000	1 147 562 65	
1832	4547	574 770 50	»	27 204 16	1239	348 440 »	629	142 681	[illegible]	12 256 »	8	4 909	1 110 252 56	
1835	3578	494 535 37	15	18 741 67	1471	350 263 75	475	116 040	[illegible]	28 450 »	10	6 500	1 044 031 28	
1838	2496	436 573 »	19	26 950 »	1695	453 843 27	404	102 372	[illegible]	29 260 »	9	5 300	1 054 248 27	
1841	1750	413 474 »	19	27 065 »	1882	514 951 »	292	79 089	[illegible]	15 345 »	6	4 200	1 054 124 »	
1844	1116	327 356 »	21	25 647 51	1807	498 220 »	193	56 309	[illegible]	20 20 »	6	4 200	934 932 31	
1847	655	223 435 »	15	19 358 34	867	529 520 »	124	38 145	[illegible]	54 955 »	2	1 400	867 313 34	
1848	513	176 285 »	15	13 500 »	612	478 340 »	77	29 603	[illegible]	21 650 »	»	»	720 578 »	
1849	430	146 840 »	11	12 393 30	1818	524 815 »	80	25 685	[illegible]	54 650 »	1	500	764 266 30	
1850	245	119 495 »	12	18 270 83	1721	533 810 »	61	20 713	[illegible]	67 350 »	1	500	758 138 83	
1851	295	105 931 »	15	19 190 17	1564	538 510 »	53	17 163	[illegible]	56 495 »	1	600	757 789 17	
1852	229	88 455 »	16	21 204 »	1920	582 790 »	37	13 823	[illegible]	53 600 »	»	»	759 972 »	
1853	169	70 845 »	18	26 533 »	2011	610 631 »	29	10 923	[illegible]	42 260 »	»	»	761 132 »	
1854	95	40 155 »	21	30 137 50	835	663 585 » a	10	4 528	[illegible]	26 150 »	»	»	764 555 50	a. Y compris 400 000 fr. versés à la caisse des retraites ecclésiastiques. (Décret du 9 janvier 1854.)
1855	90	35 950 »	21	30 441 67	1107	638 322 45 b	10	4 235	[illegible]	54 400 »	»	»	764 352 12	b. Y compris 302 962 fr. 45 c. pour le même objet.
1856	64	27 200 »	28	36 145 93	907	675 553 21 c	5	2 507	[illegible]	20 960 »	»	»	762 366 14	c. Y compris 387 609 fr. pour le même objet.

XIV. — PENSIONS ECCLÉSIASTIQUES INSCRITES AU TRÉSOR PUBLIC EN EXÉCUTION DES LOIS DE L'ASSEMBLÉE CONSTITUANTE.

Ce tableau fait connaître les pensions qui étaient en payement au 31 décembre de chaque année : les chiffres sont empruntés aux comptes généraux du Trésor public pour les années 1805 à 1809, et aux comptes rendus de l'Administration des finances pour les années suivantes. Nous avons rapproché du total des pensions inscrites le montant de celles qui étaient déduites du traitement des ecclésiastiques en fonctions conformément à l'article 67 de la loi du 18 germinal an X.

ANNÉES.	NOMBRE DES PENSIONNAIRES.			TOTAL des pensions.	PENSIONS déduites du traitement du clergé.	
	Prêtres et religieux.	Religieuses.	Total.		Nombre de pensions déduites.	Montant des déductions.
				fr.		fr.
1805	63 869	32 631	96 500	23 018 996	»	» a
1806	62 889	32 522	95 411	22 627 574	»	»
1807	60 191	31 379	91 570	21 607 593	»	»
1809	57 335	29 045	84 380	19 701 226	»	»
1817	36 436	17 921	54 357	12 682 720	18 662	5 027 843
1820	30 840	15 366	46 206	10 666 771	16 371	4 383 628
1823	25 913	13 101	39 014	8 914 956	13 400	3 564 967
1826	» b	»	32 624	7 373 519	10 654	2 820 828
1829	»	»	26 685	5 986 452	8 025	2 119 566
1832	»	»	20 886	4 662 409	5 526	1 456 604
1835	»	»	14 711	3 277 659	3 515	926 259
1838	»	»	10 363	2 303 192	2 112	556 203
1844	»	»	4 358	967 302	687	182 648
1847	»	»	2 542	563 426	365	95 432
1848	»	»	2 135	472 329	329	85 450
1851	»	»	1 095	242 930	183	47 759
1854	»	»	474	105 932	52	13 665
1856	»	»	261	58 089	19	5 039

a Je n'ai pas le chiffre exact des pensions qui, sous l'Empire, étaient déduites des traitements du clergé.

b A partir de 1825 les comptes de l'administration des finances donnent le chiffre total des pensionnaires sans distinguer les membres du clergé et les religieuses.

XV. — DÉPENSES DE SERVICE INTÉRIEUR DES ÉDIFICES DIOCÉSAINS.

| ANNÉES. | PERSONNEL. — DÉPENSES des bas-chœurs. | MATÉRIEL. | | TOTAL de la dépense. |
		DÉPENSES pour mobilier et ornements.	DÉPENSES diverses.	
	fr. c.	fr. c.	fr. c.	fr. c.
1817	»	»	»	575 627 00 a
1820	»	»	»	681 291 00 b
1823	»	»	»	818 591 65 c
1826	584 220 »	288 146 49	64 529 46	936 895 95
1829	674 681 33	195 427 49	71 439 36	939 548 18
1832	400 463 50	72 909 25	79 775 88	553 148 43
1835	328 455 50	83 813 68	31·408 34	443 677 52
1838	328 705 50	90 888 86	23 488 90	443 083 26
1841	333 157 10	116 872 12	32 463 15	482 492 37
1844	332 345 50	123 305 12	30 221 64	485 872 26
1847	338 138 50	170 738 39	54 771 50 d	563 648 39
1848	332 345 50	95 006 09	29 994 50	457 346 09
1849	332 345 50	67 633 51	27 776 15	427 755 16
1850	332 345 50	49 734 14	16 193 »	398 272 64
1851	334 001 75	109 260 82	16 013 »	459 275 57
1852	335 875 50	154 227 50	12 013 »	502 116 »
1853	361 338 »	149 743 98	16 898 21	527 980 19
1854	358 328 »	128 290 46	33 503 »	520 121 46
1855	358 828 »	130 529 »	31 138 »	520 495 60
1856	364 828 »	125 634 36	29 953 »	520 415 36

a Sur les centimes départementaux en vertu de l'article 53 de la loi du 25 mars 1817. Ce chiffre de 575 627 francs comprend aussi quelques dépenses pour l'entretien des bâtiments.

b Id.

c Id.

d Y compris 29 178 fr., montant d'une indemnité à la ville de Strasbourg pour le loyer de l'évêque.

XVI. — TRAVAUX ORDINAIRES D'ENTRETIEN ET GROSSES RÉPARATIONS DES ÉDIFICES DIOCÉSAINS.

Colonnes : ANNÉES — TRAVAUX D'ENTRETIEN AUX ÉDIFICES DIOCÉSAINS (Cathédrales : Nombre des édifices, Dépense effectuée ; Évêchés et archevêchés : Nombre des édifices, Dépense effectuée ; Séminaires : Nombre des édifices, Dépense effectuée ; Total) — DÉPENSES D'ACQUISITIONS, CONSTRUCTIONS, ETC. (Cathédrales : Nombre des édifices, Dépense effectuée ; Évêchés et archevêchés : Nombre des édifices, Dépense effectuée ; Séminaires : Nombre des édifices, Dépense effectuée ; Total) — FRAIS DIVERS de déplacem. et honoraires pour l'inspection des travaux exécutés aux édifices diocésains, rédactions de projets, copies de plans et révisions — TOTAL général.

ANNÉES	Cath. Nombre	Cath. Dépense effectuée	Évêch. Nombre	Évêch. Dépense effectuée	Sémin. Nombre	Sémin. Dépense effectuée	TOTAL	Cath. Nombre	Cath. Dépense effectuée	Évêch. Nombre	Évêch. Dépense effectuée	Sémin. Nombre	Sémin. Dépense effectuée	TOTAL	FRAIS DIVERS	TOTAL général
		fr. c.		fr. c.		fr. c.	fr. c.		fr. c.		fr. c.		fr. c.	fr. c.	fr. c.	fr. c.
1817	»	»	»	»	»	»	»	»	»	»	»	»	»	»	»	625 027 » a
1820	»	»	»	»	»	»	»	»	»	»	»	»	»	»	»	814 280 » b
1823	»	»	»	»	»	»	»	»	»	»	»	»	»	»	»	1 235 324 06 c
1826	»	»	»	»	»	»	338 546 88	»	»	»	»	»	»	1 619 273 60	»	1 937 820 48
1829	»	»	»	»	»	»	381 841 04	»	»	»	»	»	»	1 941 127 14	»	2 322 968 18
1832	»	»	»	»	»	»	354 497 03	»	»	»	»	»	»	1 178 880 78	»	1 533 377 86
1835	77	152 638 67	72	98 887 25	73	133 296 11	384 822 03	11	533 016 74	25	95 436 21	37	575 928 59	1 205 381 54	»	1 590 203 57
1838	77	154 449 91	75	100 184 19	75	132 669 79	387 303 89	12	1 192 424 54 d	27	145 242 04	31	330 419 15	1 677 085 73	»	2 064 389 62
1841	78	160 457 29	77	103 059 52	77	135 455 78	398 073 59	9	762 997 08 e	23	155 006 74	30	242 856 30	1 160 860 12	»	1 559 833 71
1844	78	154 323 99	78	102 101 39	78	136 722 56	393 147 94	12	1 025 322 30 f	38	247 643 14	32	364 344 70	1 640 310 23	»	2 023 458 17
1847	77	154 407 95	77	100 935 44	77	136 857 75	392 201 14	13	1 606 249 81 g	26	109 836 96	30	402 274 85	2 178 361 62	»	2 570 562 76
1848	77	158 440 91	77	99 755 50	77	137 971 53	396 167 94	13	1 545 757 » h	21	164 762 69	31	419 098 73	2 129 618 42	»	2 525 786 36
1849	57	76 369 38	58	70 871 45	60	91 537 10	238 777 93	16	1 307 632 92 i	25	191 825 90	27	573 401 88	2 072 860 70	39 780 91	2 351 419 54
1850	41	66 877 07	42	73 436 80	41	68 356 71	208 670 58	17	1 587 193 89	27	288 003 69	29	467 756 57	2 343 954 15 j	35 757 85	2 587 382 58
1851	64	189 270 78	59	183 920 99	56	205 306 49	578 498 26	14	1 384 592 42	21	232 445 04	29	676 440 68	2 293 481 14 k	43 927 53	2 915 906 95
1852	64	233 832 39	60	231 816 13	60	131 517 27	597 265 79	11	909 656 96 l	16	206 724 32	12	348 798 »	1 365 247 38	30 661 85	2 093 106 94
1853	58	166 865 4	67	172 948 79	65	149 034 38	488 848 66	14	2 159 501 93 m	24	273 891 37	26	621 173 80	3 054 567 10	69 101 16	3 612 516 02
1854	65	125 497 73	68	119 396 74	61	97 616 17	342 510 64	15	1 920 458 53 n	43	344 750 78	38	604 451 29 o	2 878 660 70	184 330 83	3 405 502 19
1855	67	100 024 14	69	87 469 51	65	90 412 96	277 846 91	13	1 883 707 14 p	52	465 853 41	35	831 259 58 q	3 030 850 23	217 371 56	3 727 168 70
1856	72	105 659 94	73	99 800 33	69	85 288 71	291 758 98	13	2 092 932 16 r	60	549 703 06	35	437 413 40 s	3 080 068 62	192 532 27	3 564 359 57

a. Savoir : 500 000 fr. sur les fonds du clergé, et 126 027 fr. sur les centimes départementaux, en vertu de l'article 53 de la loi du 25 mars 1817.
b. Savoir : 600 000 fr. sur le chapitre XI du budget du ministère de l'intérieur, et 214 280 fr. sur les fonds départementaux.
c. Savoir : 138 855 fr. 21 c. sur les fonds du clergé ; 886 055 fr. 85 c. sur le chapitre XI du budget du ministère de l'intérieur, et 210 403 fr. sur les centimes départementaux.
d. Y compris 509 703 fr. 19 c. pour la cathédrale de Chartres.
e. Y compris 41 628 fr. 31 c. pour la cathédrale de Troyes.
f. Y compris 39 020 fr. 97 c. pour le même objet.
g. Y compris 520 313 fr. 33 c. pour la cathédrale de Paris.
h. Y compris 583 008 fr. pour le même objet.
i. Y compris 610 000 fr. pour le même objet.
j. Y compris 550 000 fr. pour le même objet, et une dépense extraordinaire de 388 654 fr. répartis entre les cathédrales, évêchés et séminaires.
k. Y compris une dépense extraordinaire de 245 265 fr. 66 c. répartie entre quatre cathédrales & un séminaire.
l. Y compris 99 931 fr. 92 c. pour la cathédrale de Paris.
m. Y compris 649 997 fr. 31 c. pour les cathédrales de Paris et de Moulins.
n. Y compris 809 093 fr. 26 c. pour les cathédrales de Paris, Moulins et Marseille.
o. Y compris 43 876 fr. 42 c. pour le séminaire de Lyon.
p. Y compris 724 964 fr. 70 c. pour les cathédrales de Paris, Moulins et Marseille.
q. Y compris 201 100 fr. pour le séminaire de Lyon.
r. Y compris 886 525 fr. 96 c. pour les cathédrales de Paris, Moulins et Marseille.
s. Y compris 50 000 fr. pour le séminaire de Lyon.

XVII. — SECOURS AUX COMMUNES POUR LEURS ÉGLISES ET PRESBYTÈRES.

ANNÉES.	NOMBRE des communes secourues.	DÉPENSE effectuée.	OBSERVATIONS.
		fr. c.	
1817	»	400 000 »	
1820	»	205 715 »	
1823	»	200 500 ».	
1826	1899	789 894 67	
1829	2595	962 340 »	
1832	2237	697 598 60	
1835	1801	699 677 50	
1838	1713	696 166 76	
1841	1352	799 691 »	
1844	1483	1 188 075 »	
1847	1090	1 193 074 »	
1848	784	1 193 306 »	
1849	502	1 066 425 »	
1850	563	1 110 188 40	Y compris une dépense extraordinaire de 110 188 fr. 40 c.
1851	564	1 000 000 »	
1852	765	1 200 000 »	
1853	748	1 200 000 »	
1854	1016	1 450 000 »	Y compris une dépense extraordinaire de 250 000 francs.
1855	908	1 200 000 »	
1856	893	1 200 000 »	

XVIII. — SECOURS A DIVERS ÉTABLISSEMENTS ECCLÉSIASTIQUES.

ANNÉES.	MISSIONS étran- gères.		CONGRÉGATIONS de femmes.	ÉTABLISSEMENTS DIVERS. Séminaires.		ÉCOLES SECONDAIRES ecclésiastiques.	DÉPENSES DIVERSES et extraordinaires.		TOTAL.	
			fr.	fr.	c.	fr.	fr.	c.		
		fr.								
1817	»	13 000	19	132 000	»		»	.	»	145 000	»
1820	3	25 000	20	150 650	320 383	74	»		»	496 033	74
1823	3	25 000	21	148 000	79 350	»	»		»	252 350	»
1826	3	30 000	21	148 000	97 150	»	8 200	37 068	29 a	320 418	29
1829	3	30 000	22	148 000	100 500	»	10 000		»	288 500	»
1832	2	14 000	21	142 000	8 700	» b	»		»		»
1835	2	14 000	21	142 000	6 300	» c	»		»	162 300	»
1838	2	14 000	21	142 000	6 300	»	»		»	162 300	»
1841	2	14 000	22	142 000	300	»	»		»	162 300	»
1844	2	14 000	22	142 000	300	»	»		»	162 300	»
1847	2	14 000	22	142 000	300	»	»		»	162 300	»
1848	2	7 000	25	92 950	»		»		»	99 950	»
1849	2	7 000	21	87 050	»		»		»	94 050	»
1850	2	7 000	22	93 000	»		»		»	100 000	»
1851	2	7 000	22	93 000	»		»		»	100 000	»
1852	2	7 000	22	93 000	»		»		»	100 000	»
1853	2	7 000	22	93 000	»		»		»	100 000	»
1854	2	7 000	22	93 000	»		»		»	100 000	»
1855	2	7 000	22	93 000	»		»		»	100 000	»
1856	2	7 000	22	93 000	»		»		»	100 000	»

a. Acquisition d'immeubles pour les Lazaristes.
b. Hospices du Mont-Genèvre et de Saint-Fulgent, 6300 fr.; indemnité de 2400 fr. au séminaire d'Aix.
c. Hospices du Mont-Genèvre et de Saint-Fulgent.

XIX. — DÉPENSES ACCIDENTELLES.

ANNÉES.	DÉPENSES effectuées.		OBSERVATIONS.
	fr.	c.	
1817	102 014	09	Érection du tombeau du cardinal du Belloy. Envoi de missionnaires à l'étranger. Dépenses diverses.
1820	30 620	89	Envoi de missionnaires. Frais de dépêches à Rome. Almanach du clergé, etc.
1823	5 938	71	Idem. Frais d'impressions, etc.
1826	33 950	17	Idem. Translation des dépouilles des princes de Lorraine, etc.
1829	13 287	40	Voyages des missionnaires. Frais de dépêches et d'impression. Indemnités, etc.
1832	5 833	»	Frais de poste et de dépêches. Almanach du clergé. Voyages de missionnaires. Indemnités, etc.
1835	»		
1838	»		
1841	4 000	»	Indemnités à deux prélats pour frais de déplacement.
1844	3 270	»	Indemnités pour frais de déplacement.
1347	2 019	75	Frais de déplacement, etc.
1848	3 285	90	Frais de déplacement, etc.
1849	4 667	10	Idem.
1850	3 629	90	Idem.
1851	4 967	29	Indemnités, etc.
1852	5 000	»	Frais de déplacement. Indemnités à des évêques. Abonnements au *Moniteur*, etc.
1853	259 985	97	Y compris 256 003 fr. 30 c. destinés à désintéresser les créanciers de Mgr Dupuch, ancien évêque d'Alger.
1854	9 970	43	Frais de voyage. Abonnement au *Moniteur*, etc.
1855	4 995	95	Idem.
1856	4 998	50	Idem.

XX. — DÉPENSES DU PERSONNEL DES CULTES PROTESTANTS.

ANNÉES.	TRAITEMENTS des PASTEURS.	INDEMNITÉS et SECOURS.	BOURSES.	FRAIS d'administration du séminaire de Montauban.	TOTAL.
	fr. c.	fr. c.	fr. c.	fr. c.	fr. c.
1817	313 063 02	9 500 »	4 116 66	»	326 679 68
1820	451 265 57	10 918 12	10 823 09	»	473 106 78
1823	498 373 39	6 200 »	19 866 54	»	524 439 93
1826	515 577 57	7 934 11	21 000 »	»	544 511 68
1829	614 585 43	13 699 71	20 857 19	»	649 142 33
1832	662 063 63	26 226 11	21 182 27	»	709 472 01
1835	698 535 84	29 356 66	21 870 65	»	749 763 15
1838	744 464 05	36 206 09	17 248 73	»	797 918 87
1841	777 408 55	55 626 »	18 367 01	»	851 401 56
1844	988 544 85	62 640 20	19 875 42	»	1 071 060 47
1847	1 031 824 67	47 995 55	21 738 56	3 403 81	1 105 337 59
1848	1 040 637 88	57 268 31	21 384 67	5 999 67	1 125 290 53
1849	1 060 176 82	58 468 88	22 164 20	5 999 55	1 146 809 45
1850	1 077 956 54	48 493 32	22 273 87	5 980 20	1 154 703 93
1851	1 089 374 98	58 894 15	21 864 74	6 000 20	1 176 133 87
1852	1 102 498 95	61 795 »	20 865 22	6 000 »	1 191 159 17
1853	1 108 131 09	67 099 55	21 901 03	6 000 »	1 203 131 67
1851	1 114 986 47	68 200 »	21 873 89	7 830 47	1 212 890 83
1855	1 118 531 86	75 140 »	22 174 82	7 668 73	1 223 515 41
1856	1 125 388 78	82 000 83	23 011 66	7 691 43	1 238 092 70

XXI. — ÉTAT DU PERSONNEL DES CULTES LUTHÉRIEN ET RÉFORMÉ.

| ANNÉES. | NOMBRE DES EMPLOIS. | | | | | | | | | | DÉPENSE effectuée. |
| | PASTEURS DU CULTE RÉFORMÉ. | | | | | PASTEURS DU CULTE LUTHÉRIEN. | | | | | |
	de 1re classe, à 3000 fr., à Paris.	à 2000 fr.	de 2e classe.	de 3e classe.	Pasteurs adjoints, à divers taux.	de 1re classe, à 3000 fr., à Paris.	à 2000 fr.	de 2e classe.	de 3e classe.	Pasteurs adjoints, à divers taux.	
1817	»	»	»	»	»	»	»	»	»	»	fr. c. 313 063 02
1820	3	27	62	183	»	2	23	19	174	»	451 265 57
1823	3	28	67	197	»	2	25	21	172	»	498 373 39
1826	3	28	70	198	»	2	25	22	172	»	515 577 57
1829	3	27	76	209	.	2	25	23	175	»	614 585 43
1832	4	27	82	232	»	3	25	15	185	»	662 063 63
1835	4	28	84	249	1	3	25	15	187	»	698 535 84
1838	4	33	86	274	1	3	25	15	189	»	744 464 05
1841	5	36	83	298	5	4	25	15	190	»	777 408 55
1844	5	39	86	323	5	4	25	15	191	2	988 544 85
1847	5	44	85	339	2	4	25	15	199	2	1 031 824 67
1848	5	45	86	344	2	4	22	15	199	2	1 040 637 88
1849	5	45	86	353	2	4	22	15	201	2	1 060 176 82
1850	4	45	86	362	2	4	22	16	202	2	1 077 956 54
1851	5	46	87	364	2	4	22	16	202	2	1 089 374 98
1852	5	46	87	366	2	4	22	16	202	2	1 102 498 95
1853	5	47	87	371	1	4	23	16	203	2	1 108 131 09
1854	5	48	91	371	1	4	23	16	203	2	1 114 986 47
1855	5	49	92	371	1	5	23	16	203	2	1 118 531 86
1856	5	50	92	376	1	5	25	16	203	2	1 125 388 78

XXII. — INDEMNITÉS ET SECOURS AUX PASTEURS ET A LEURS VEUVES.

ANNÉES.	INDEMNITÉS à des pasteurs ou suffragants en activité.		SECOURS à d'anciens pasteurs ou à leurs veuves.		TOTAL de la dépense.
	Nombre des indemnités.	Sommes accordées.	Nombre des secours.	Sommes accordées.	
		fr. c.		fr.	fr. c.
1817		»	»	»	9 500 »
1820	»	»	»	»	10 918 12
1823	»	»	»	»	6 200 »
1826	»	»	»	»	7 934 11
1829	»	»	»	»	13 699 71
1832	»	»	»	»	26 226 11
1835	83	22 756 66	13	6 600	29 356 66
1838	95	26 106 09	24	10 100	36 206 09
1841	144	48 876 »	37	12 750	55 626 »
1844	133	46 440 20	37	16 200	62 640 20
1847	106	33 395 55	43	14 600	47 995 55
1848	144	40 918 31	75	16 350	57 268 31
1849	121	41 743 88	56	16 725	58 468 88
1850	91	30 053 32	87	18 440	48 493 32
1851	153	30 094 15	72	19 800	58 894 15
1852	157	42 295 »	68	19 500	61 795 »
1853	170	47 549 55	74	19 550	67 099 55
1854	175	48 150 »	76	20 050	68 200 »
1855	207	51 415 »	86	23 725	75 140 »
1856	221	57 925 83	91	24 075	82 000 83

XXIII. — BOURSES DES SÉMINAIRES PROTESTANTS.

ANNÉES.	BOURSES DES SÉMINAIRES.				DÉPENSE effectuée pour bourses.		FRAIS d'administration du séminaire de Montauban.		TOTAL de la dépense.	
	CULTE réformé.		CULTE luthérien.							
	Bourses à 400 fr.	Demi-bours. à 200 fr.	Bourses à 400 fr.	Demi-bourses à 200 fr.	fr.	c.	fr.	c.	fr.	c.
1817	»	»	»	»	4 116	66	»		4 116	66
1820	»	»	»	»	10 823	09	»		10 823	09
1823	18	36	12	24	19 866	54	»		19 866	54
1826	18	36	12	24	21 000	»	»		21 000	»
1829	18	36	12	24	20 857	19	»		20 857	19
1832	18	36	12	24	21 182	27	»		21 182	27
1835	18	36	12	24	21 870	65	»		21 870	65
1838	18	36	12	24	17 248	73	»		17 248	73
1841	18	36	12	24	18 367	01	»		18 367	01
1844	18	36	12	24	19 875	42	»		19 875	42
1847	18	36	12	24	21 738	56	3 403	81	25 142	37
1848	18	36	12	24	21 384	67	5 999	67	27 384	34
1849	18	36	12	24	22 164	20	5 999	55	28 163	75
1850	18	36	12	24	22 273	87	5 980	20	28 254	07
1851	18	36	12	24	21 864	74	6 000	20	27 864	94
1852	18	36	12	24	20 865	22	6 000	»	26 865	22
1853	18	36	12	24	21 901	03	6 000	»	27 901	03
1854	18	36	12	24	21 873	89	7 830	47	29 704	36
1855	18	36	11	24	22 174	82	7 668	73	29 843	55
1856	18	36	12	24	23 011	66	7 691	43	30 703	09

XXIV.—DÉPENSES DU MATÉRIEL DES CULTES PROTESTANTS.

ANNÉES.	SECOURS aux communes pour contribuer aux réparations de leurs temples.		TRAVAUX aux bâtiments de la Faculté de théologie de Montauban. — Frais divers.	TOTAL.	OBSERVATIONS.
	Nombre des communes secourues.	Sommes allouées.			
		fr. c.	fr c.	fr. c.	
1817	»	66 669 01	»	66 669 01	
1820	»	177 270 66	»	177 270 66	
1823	»	53 390 »	»	53 390 »	
1826	16	39 650 »	»	39 650 »	
1829	»	41 060 »	»	41 060 »	
1832	»	39 800 »	»	39 800 »	
1835	112	99 500 »	500 »	100 000 »	
1838	79	99 498 77	500 »	99 998 77	
1841	48	99 500 »	20 500 »	120 000 »	
1844	46	99 898 29	20 000 »	119 898 29	
1847	52	98 710 »	21 190 44a	119 900 44	a. Y compris un crédit de 20 000 fr. formant un chapitre spécial dans le compte de l'exercice.
1848	49	97 740 »	3 569 11	101 309 11	
1849	36	87 984 »	1 350 »	89 334 »	
1850	29	82 630 »	1 370 »	84 000 »	
1851	39	82 948 »	1 051 50	83 999 50	
1852	33	83 000 »	1 000 »	84 000 »	
1853	26	83 000 »	984 40	83 984 40	
1854	25	83 000 »	1 000 »	84 000 »	
1855	35	80 166 50	3 833 50b	84 000 »	b. Y compris 2833 fr. 50 c de frais divers.
1856	37	76 710 09	6 993 48c	83 708 57	c. Y compris 5000 fr. id.

XXV. — FRAIS D'ADMINISTRATION DU DIRECTOIRE DE LA CONFESSION D'AUGSBOURG.

ANNÉES.	PERSONNEL.		MATÉRIEL.		TOTAL.	
	fr.	c.	fr.	c.	fr.	c.
1838	»		»		12 212	32
1841	13 700	»	2 300	»	16 000	»
1844	13 700	»	2 300	»	16 000	»
1847	13 500	»	1 491	25	14 991	25
1848	11 707	15	1 492	75	13 199	90
1849	10 325	»	1 675	»	12 000	»
1850	13 395	50	2 064	50	16 000	»
1851	14 400	»	1 600	»	16 000	»
1852	14 400	»	1 600	»	16 000	»
1853	22 372	84	2 627	»	24 999	84
1854	28 171	18	3 828	71	31 999	89
1855	29 775	»	2 224	92	31 999	92
1856	29 775	»	2 224	92	31 999	92

XXVI. — DÉPENSES DU CULTE ISRAÉLITE.

ANNÉES.	NOMBRE DES EMPLOIS.		TRAITEMENTS.		INDEMNITÉS et SECOURS.		DÉPENSES de l'École centrale rabbinique.		DÉPENSES de matériel et d'administration. DÉPENSES DIVERSES.		TOTAL.	
	Grands rabbins.	Rabbins et ministres officiants.	fr.	c.	fr.	c.	fr.	c.	fr.	c.	fr.	c.
1831	8	55	49 999	73	800	»	8 500	»	4 000	»	63 299	73
1832	8	55	50 021	26	2 400	»	8 500	»	4 000	»	64 921	26
1835	8	90	66 745	27	750	»	8 500	»	4 000	»	79 995	27
1838	8	95	68 635	82	2 350	»	9 000	»	9 800	»	89 785	82
1841	8	95	68 403	32	1 200	»	9 700	»	11 500	»	90 803	32
1844	8	100	61 508	30	4 550	»	10 000	»	15 000	»	91 058	30
1847	8	101	79 636	18	4 200	»	10 000	»	11 500	»	108 836	18
1848	9	103	82 239	72	5 800	»	10 000	»	18 000	»	116 039	72
1849	9	104	89 408	34	5 000	»	10 000	»	12 000	»	116 408	34
1850	9	101	97 181	95	5 000	»	10 000	»	20 000	»	132 181	95
1851	9	101	98 403	85	7 000	»	20 422	»	18 000	»	143 825	85
1852	9	103	95 335	52	6 933	33	21 975	»	18 000	»	142 243	85
1853	9	104	96 567	21	7 473	33	21 999	90	20 000	»	146 040	44
1854	9	107	100 593	28	7 000	»	22 338	40	19 596	80	149 528	48
1855	9	107	114 752	80	7 000	»	22 000	»	20 000	»	163 752	80
1856	9	106	113 233	28	7 000	»	22 181	60	19 400	»	161 814	90

XXVII. — DÉPENSES DES CULTES EN ALGÉRIE.

ANNÉES.	PERSONNEL du culte catholique.		PERSONNEL du culte protestant.		PERSONNEL du culte israélite.		FRAIS de passage. Dépenses diverses.		DÉPENSES de matériel.		TOTAL de la dépense.	
	fr.	c.	fr.	c.	fr.	c.	fr.	c.	fr.	c.	fr.	c.
1832	3 000	» a	»		»		»		»		3 000	
1848	181 347	26	11 299	84	11 399	92	»		»		204 047	02
1849	215 489	99	10 699	92	11 123	88	879	12	113 433	81	351 626	72
1850	267 680	59	14 289	82	14 599	80	10 744	84	57 328	09	366 643	14
1851	286 922	74	19 826	62	14 599	81	13 641	62	98 127	82	433 118	01
1852	314 644	64	25 579	98	14 599	80	19 976	50	43 692	46	418 493	38
1853	362 991	90	22 793	28	14 599	80	19 524	11	82 190	91	502 100	
1854	384 207	21	30 599	62	14 599	80	13 891	28	119 725	69	568 023	60
1855	399 833	07	32 698	28	14 599	80	17 820	41	152 107	80	617 059	36
1856	429 344	67	30 071	61	14 599	40	17 561	04	243 580	06 b	735 157	18

a Traitement d'un préfet apostolique.

b Y compris une dépense extraordinaire de 100 000 fr. pour l'acquisition d'un terrain destiné à l'agrandissement de l'évêché d'Alger.

XXVIII. — DÉVELOPPEMENTS DES DÉPENSES DU CLERGÉ CATHOLIQUE EN ALGÉRIE.

ANNÉES.	Évêque à 25 000 fr.	Vicaires généraux à 3000 fr.	Chanoines à 2400 fr.	Administration de l'évêché.		Curés desservants à 2400 fr.	Desservants à 1800 fr.	Vicaires et prêtres auxiliaires à 1800 fr.		Aumôniers militaires à 1200 fr.	INDEMNITÉS diverses.	TOTAL des traitements et indemnités.	FRAIS de bas-chœur.	SUBVENTION aux séminaires et professeurs.	DÉPENSE effectuée.
				Secrétaires à 1800 fr.	Chaouch à 600 fr.			Vicaires	Prêtres auxiliaires.		fr. c.	fr. c.	fr. c.	fr. c.	fr. c.
1848	1	4	6	2	1	7	15	11	6	18	1 200 »	150 458 28	4 989 »	25 900 »	181 347 26
1849	1	4	6	2	1	7	16	16	10	18	3 300 »	150 289 99	5 000 »	51 200 »	215 489 99
1850	1	4	6	2	1	7	32	19	10	19	3 295 92	211 480 79	5 000 »	51 199 80	267 680 59
1851	1	4	6	2	1	8	41	20	10	19	7 351 31	230 873 01	4 849 93	51 199 80	286 922 74
1852	1	4	6	2	1	9	59	25	10	17	4 049 92	258 444 88	4 999 96	51 199 80	314 644 64
1853	1	4	6	2	1	9	65	32	10	17	6 299 92	296 793 24	4 998 90	61 199 76	362 991 90
1854	1	4	6	2	1	9	67	36	11	18	5 966 64	312 314 96	3 725 85	61 199 76	384 207 21
1855	1	4	6	2	1	9	84	37	10	20	5 800 »	327 833 31	5 000 »	61 199 76	399 833 07
1856	1	4	6	2	1	9	94	37	10	21	5 800 »	357 408 32	4 936 59	61 199 76	429 344 67

XXIX. — SITUATION DES BIENS DE MAINMORTE APPARTENANT A DES ÉTABLISSEMENTS RELIGIEUX.

A partir de 1851, l'état des biens de mainmorte fait partie des documents annexés annuellement au budget du ministère des Finances ; c'est là que nous avons puisé les chiffres compris dans le présent tableau.

ANNÉES.	CONTENANCE DES BIENS.			CONTRIBUTION FONCIÈRE EN PRINCIPAL.		
	SÉMINAIRES.	FABRIQUES.	CONGRÉGATIONS religieuses.	SÉMINAIRES.	FABRIQUES.	CONGRÉGATIONS religieuses.
	hectares. ares. cent.	hectares. ares. cent.	hectares. ares. cent.	fr. c.	fr. c.	fr. c.
1849	5 448 66 47	24 172 22 44	10 930 09 71	29 135 17	77 919 47	139 398 29
1850	5 294 20 22	23 024 51 05	9 185 48 23	27 684 48	77 691 84	118 126 43
1851	5 330 57 83	23 481 70 53	9 109 48 45	27 481 37	78 254 59	115 476 98
1852	5 394 86 31	25 604 35 44	9 133 95 08	27 876 96	79 591 72	116 604 61
1853	5 409 73 73	28 256 22 96	9 104 65 36	27 977 78	80 685 »	117 150 53
1854	5 463 85 94	28 792 28 55	9 715 59 86	28 364 77	82 391 48	131 355 77
1855	5 018 54 02	28 993 87 77	10 026 05 90	30 009 32	84 427 42	145 468 72
1856	5 697 00 33	29 213 93 68	12 001 57 88	29 938 07	86 507 93	154 990 87
1857	5 681 20 26	30 168 38 12	12 737 91 63	29 691 12	87 331 »	167 206 21
1858	5 757 85 29	33 009 82 55	13 837 74 80	30 622 08	88 602 50	183 744 30

XXX. — BUDGET DES DÉPENSES DES CULTES POUR L'EXERCICE 1859.

(Loi du 4 juin et décret du 14 novembre 1858.)

DÉSIGNATION DU SERVICE.		MONTANT des CRÉDITS ALLOUÉS.
		fr.
PERSONNEL DES BUREAUX DES CULTES............................		203 400
MATÉRIEL ET DÉPENSES DIVERSES DES BUREAUX....................		27 000
CARDINAUX, ARCHEVÊQUES ET ÉVÊQUES.		
Traitements des cardinaux, archevêques et évêques..	1 364 000	
Frais de visites diocésaines.......................	83 500	
Frais d'établissement..............................	40 000	1 507 500
Frais de bulles et informations....................	20 000	
MEMBRES DES CHAPITRES ET CLERGÉ PAROISSIAL.		
Vicaires généraux et chanoines.....................	1 537 900	
Curés de 1re et de 2e classe.......................	4 371 000	
Desservants des succursales........................	26 411 900	35 151 500
Vicariats..	2 550 700	
Indemnités de binage...............................	280 000	
CHAPITRE DE SAINT-DENIS ET CHAPELAINS DE SAINTE-GENEVIÈVE.		
Chapitre de Saint-Denis............................	141 000	
Chapelains de Sainte-Geneviève.....................	36 500	177 500
BOURSES DES SÉMINAIRES......................................		1 034 200
SECOURS A DES ECCLÉSIASTIQUES...............................		860 000
SERVICE INTÉRIEUR DES ÉDIFICES DIOCÉSAINS...................		528 000
ENTRETIEN ET RÉPARATIONS DES ÉDIFICES DIOCÉSAINS............		3 000 000
SUBVENTIONS AUX COMMUNES POUR LEURS ÉGLISES ET PRESBYTÈRES..		1 500 000
SECOURS A DES COMMUNAUTÉS RELIGIEUSES.......................		100 000
DÉPENSES DIVERSES ET ACCIDENTELLES.........................		5 000
RESTAURATION DE NOTRE-DAME DE PARIS........................		500 000
TRAVAUX AUX CATHÉDRALES DE MARSEILLE ET DE MOULINS.........		400 000
PERSONNEL DES CULTES PROTESTANTS.		
Traitements des pasteurs..	1 197 436	
Indemnités et secours..............................	65 000	1 292 436
Dépenses des séminaires............................	30 000	
MATÉRIEL DES CULTES PROTESTANTS............................		84 000
FRAIS D'ADMINISTRATION DU DIRECTOIRE DE LA CONFESSION D'AUGS-		
BOURG..		32 000
DÉPENSES DU CULTE ISRAÉLITE.		
Traitements..	128 500	
Dépenses de l'école rabbinique.....................	22 000	189 400
Indemnités, secours, dépenses diverses.............	38 900	
TOTAL......................		46 591 936
DÉPENSES DES CULTES EN ALGÉRIE (pour mémoire)...............		830 200
TOTAL GÉNÉRAL........		47 422 136

TABLE DES MATIÈRES.

FIN DE LA TABLE DES MATIÈRES.

ERRATA.

Page 47, ligne 18 : Pour l'évêque, *lisez* pour l'archevêque.

Page 71, ligne 15 : Pour le premier vicaire du diocèse, *lisez* pour le premier vicaire général.

Page 77, note 1 : Pour désigner les simples succursales, *lisez* pour désigner la circonscription des cures et des simples succursales.

Page 88, ligne 6 : Pour porter le traitement des desservants à 608 francs, *lisez* à 600 francs.

Page 98, ligne 5 : Restés, *lisez* restées.

Page 107 : *La note 3 au bas de la page doit être complétée ainsi qu'il suit :* Voyez aussi les circulaires des 20 juin 1827 et 2 août 1833 qui ont modifié celle de 1823, en ce sens que le binage ne peut donner lieu à une indemnité que dans les succursales et non dans les cures. C'est la règle universellement suivie aujourd'hui.

Page 139, ligne 4 : Et 100 francs par demi-bourse, *lisez* et 200 francs.

PARIS. — IMPRIMERIE DE CH. LAHURE ET Cⁱᵉ

Rues de Fleurus, 9, et de l'Ouest, 21.

www.ingramcontent.com/pod-product-compliance
Ingram Content Group UK Ltd.
Pitfield, Milton Keynes, MK11 3LW, UK
UKHW020124130726
13696UKWH00001B/196